Allitera Verlag

Elisabeth Tworek

Sehnsucht Oberbayern

Spaziergänge durch das
Alpenvorland der
Literaten, Musiker und Maler

Allitera Verlag

Originalausgabe Juni 2018
Allitera Verlag
Ein Verlag der Buch&media GmbH München

Lektorat: Dietlind Pedarnig
Layout und Satz: Franziska Gumpp
Gesetzt aus der Dax und der Minion Pro
Umschlaggestaltung: Johanna Conrad unter Verwendung der Porträts von Thomas Mann, Franziska zu Reventlow, Rainer Maria Rilke, Ludwig Thoma (v. l. n. r.)

Printed in Europe · ISBN 978-3-86906-925-8

Allitera Verlag
Merianstraße 24, 80637 München
info@allitera.de, www.allitera.de

Inhalt

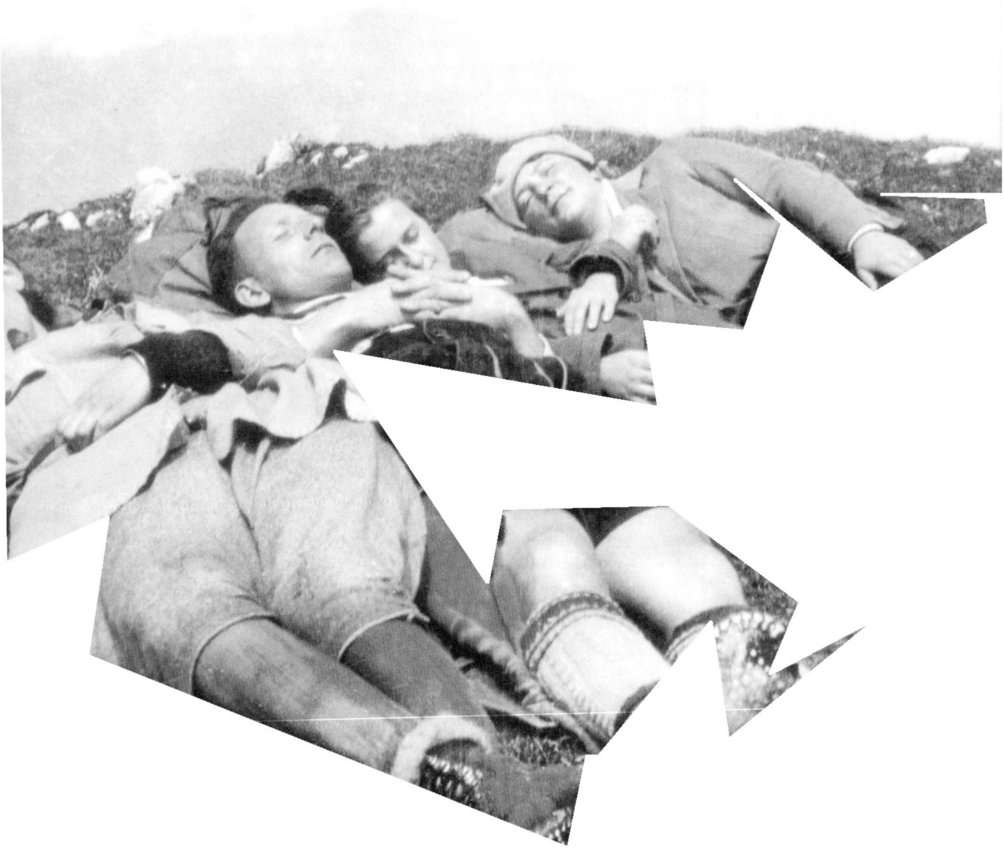

Landpartien ins Gelobte Land – Literaten, Musiker und Maler entdecken das Alpenvorland

»Wer das bayerische Hochland und die Vorgebirge durchwandert, spürt bald, hier ist die andere Welt einer fremdartigen Religion. Es ist eine fremdartige Landschaft, entlegen, für sich.«
D. H. Lawrence, Söhne und Liebhaber

Der englische Schriftsteller David Herbert Lawrence liebte das Alpenvorland. In mehreren Werken setzte er dieser einzigartigen Landschaft ein literarisches Denkmal. In seinem Roman *Mr. Noon* von 1921 beschrieb er das Lebensgefühl eines unbeschwerten Sommertags im Isartal inmitten der unberührten Natur. Da pflegten Gilbert und Johanna »zusammen in der Sonne zu sitzen, zu reden, das Blitzen der Berge zu betrachten, das magische Tong-Tong der Kuhglocken zu hören und sich außerhalb der Welt vorzukommen«. (*D. H. Lawrence, Mr. Noon*) Die üppige, fruchtbare Flusslandschaft entlang der Isar und die Sinnenlust der dort lebenden Menschen inspirierten ihn auf zahlreichen Sommerfrischen im Alpenvorland zur Intensität seiner sprachlichen Bilder. D. H. Lawrence war nicht der Einzige, der sich von der Schönheit der Landschaft und der Lebensfreude der Einheimischen magisch angezogen fühlte. Zuerst kam der Adel, dann folgten seit Mitte des 19. Jahrhunderts die Künstler und um 1900 drängten immer mehr wohlhabende Bürger von der Stadt aufs Land. Ein weitverzweigtes Eisenbahnnetz und der Ausbau von Alpenstraßen machten auch entlegene Winkel des Alpenvorlands für Erholungsuchende zugänglich. Von München aus konnte man seit 1883 bequem an den Tegernsee, nach Berchtesgaden (1888), ins Werdenfelser Land (1889) und an den Kochelsee (1898) reisen. Immer mehr Schriftsteller, Musiker und Künstler zog es seither hinaus aufs Land, um in der erholsamen Stille des Alpenvorlands Kraft zu schöpfen und neue Stoffe zu finden. Sie kamen mit der Kutsche, der Eisenbahn, dem Fahrrad und zu Fuß, später mit Omnibus und Auto. Schon bald entstanden an den von Bergen umsäumten Seen Tegernsee, Kochelsee und Staffelsee sowie entlang der Isar Künstlerorte. Der gegenseitige geistige Austausch und die gegenseitige Beeinflussung bewirkten, dass von den Künstlerorten ganz entscheidende Impulse für die Entwicklung der Moderne ausgingen. Die direkte Auseinandersetzung mit der Natur und mit der regionalen Volkskunst inspirierten Maler wie

Franz Marc, August Macke, Marianne von Werefkin, Gabriele Münter und Wassily Kandinsky zu neuen Wegen in der Malerei. Aber auch Schriftsteller wie Rainer Maria Rilke, Thomas Mann, D. H. Lawrence, Ödön von Horváth sowie Musiker wie Edward Elgar, Richard Strauss, Arnold Schönberg und Sergej Prokofjew wurden von der vielfältigen Volkskultur des Alpenvorlands zu Kunstwerken inspiriert, die bis in die Gegenwart international bedeutend sind. Diese Künstler waren in Metropolen wie London, Moskau, Berlin und Prag aufgewachsen und bereits in Europa weit herumgekommen, bevor sie die Dörfer im Alpenvorland als Durchreisende, Sommerfrischler und Bewohner auf Zeit kennenlernten. Mit Begeisterung nahmen sie wahr, wie die Menschen dort wohnten, wie sie miteinander sprachen, welche Bilder in ihren Stuben hingen, was es zum Essen gab, wie sie ihre Feste feierten, welche Musik sie zum Tanz aufspielten und wie das direkte Erleben in ihrer eigenen Volkskultur einen Ausdruck fand. Die Einfachheit und Klarheit des Landlebens faszinierte sie. Durch ihr besonderes Sensorium der Wahrnehmung erkannten sie rascher als ihre Zeitgenossen, wie der enorme Fortschritt in Wissenschaft und Technik den Alltag der Menschen in ganz Europa gravierend veränderte. Je mehr die Städte des 19. Jahrhunderts im Zuge der Industrialisierung

Klaus Mann (rechts) mit Freunden am Walchensee, Ende der 1920er-Jahre

in Dreck und Kohlestaub versanken, um so mehr Sehnsucht entwickelten die Stadtbewohner nach der Schönheit der Bergwelt und nach dem Einssein mit der Natur. Im Alpenvorland fanden nicht nur Literaten, Musiker und Maler eine kernig-urwüchsige Alternative zur immer anonymer werdenden Zivilisation der Großstädte, aus denen sie kamen. Im Alpenvorland entdeckten Menschen aus aller Welt das, wonach sie suchten: Naturnähe, Einfachheit und Ursprünglichkeit.

Eine bildschöne Landschaft

Die bizarre Landschaft zwischen Mittenwald und Wolfratshausen mit ihren zahlreichen Seen, Hügeln und Mooren hat besonders bei Föhn etwas von einer Theaterbühne, deren Kulisse die weiß-blauen Berge bilden. Dann strahlt der Himmel intensiv blau und die Berge verwandeln sich in dunkelgrüne Matten, die zum Greifen nah scheinen. Den Schriftsteller Klaus Mann erinnern sie an glückliche Kindertage im Landhaus der Manns in Bad Tölz: »Dies ist der Sommerhimmel: In seinem Blau schwimmen weiße, flockige Wolken, die sich zwischen den alpinen Gipfeln zu barocken Formationen ballen. Die Luft riecht nach Sommer, schmeckt nach Sommer, klingt nach Sommer. Die Grillen singen ihr monoton-hypnotisierendes Sommerlied. (…) Um uns breitet sich die Sommerwiese; vor uns ragt das Gebirge, gewaltig getürmt, dabei zart, verklärt im Dunst der sommerlichen Mittagsstunde«. (*Klaus Mann, Wendepunkt*) Diesen Himmel hat der Münchner Schriftsteller Carl Amery einmal den »weißblauen Prunk-Baldachin der Gemütlichkeit« genannt, so sehr prägt er die Gemüter der Bayern. Doch das Wetter in unmittelbarer Gebirgsnähe hat viele Facetten; es ist sehr wechselhaft, launig und extrem. Im Hochsommer folgt auf ein Gebräu aus schwefelgelben Gewitterwänden oft wochenlanger Regen mit einer Wolkendecke grau in grau – verbunden mit Nässe, Wind und Kälte. Im Gebirge schneit es dann auch im Juli bis auf 1000 Meter herunter. Gibt es Föhn, so schnellt das Thermometer gerne um 15 Grad in die Höhe. Im Herbst lasten dichte Nebelbänke über Südbayern. Sie gehen fast übergangslos in gewaltig aufgetürmte Schneewolken über.

Das Klima in Südbayern ist von den Alpen bestimmt. Je mehr wir uns von der Donauniederung über die schwäbisch-bayerische Hochebene den Alpen nähern, desto größer wird der Einfluss dieses mächtigen Gebirgswalls auf das Wetter im Alpenvorland. Gerade auf der Nordseite der Alpen ist der Unterschied besonders krass zwischen den leichten Moränenhügeln und den steilen Gebirgsriesen. Da setzen sich die Regenwolken besonders gerne fest. Das wiederum prägt die Landschaft seit Jahrtausenden. Denn wo es viel regnet, entstehen Flüsse, Hochmoore und Seen zwischen saftig grünen Wiesen. Gleichzeitig bedeutet viel Regen Hochwassergefahr für die zahlreichen Flüsse und Moore. Wie wäre wohl das Klima in Südbayern, wenn sich die Alpen dem Rhein entlang erstrecken würden oder wenn es gar keine Alpen gäbe? Dann hätten wir viel heißere Sommer und strengere Winter als jetzt. Das Klima wäre kontinentaler. Unsere Wiesen und Flussbetten würden im Sommer austrocknen. Dass es bei uns so schön grün ist, verdanken wir den Alpen. Sie sind zwar ständig da, sind aber nicht immer zu sehen. Dafür sorgen Wolken, die sich besonders gern in Alpennähe stauen und abregnen. Tagelang verhüllen sie wie blickdichte Vorhänge die Berge. Dann sitzt die ganze Gegend unter einem grauen Tuch. Wenn sich die Wolkenfetzen dann über die Steilhänge nach oben verziehen, enthüllen sie immer mehr vom Reiz der Gebirgslandschaft. Setzt sich die Sonne durch, entfalten die Alpen ihre majestätische Pracht. Fliegen Wolken am Himmel dahin, werfen sie Schatten auf die dicht bewaldeten Bergrücken und verleihen ihnen Struktur und Tiefe. Je näher man den Alpen kommt, desto mehr verändern sie Gestalt und Farbe. Wolken zwischen Gebirgsstöcken machen sichtbar, dass hintereinander gefaltete Steilhänge das Bergmassiv bilden. Die Farben des Himmels spiegeln sich in den Flüssen und Seen und lassen das Wasser je nach Wetterlage schwarz, grau oder blau erscheinen. Lovis Corinth war von diesem Farbenspiel fasziniert. Der Berliner Maler baute sich 1919 am Walchensee ein Sommerhaus.

Lovis Corinth: Am Walchensee, um 1919

Der Gebirgssee oberhalb Kochel entfachte in ihm eine solche Schaffenskraft, dass in nur wenigen Jahren 58 Gemälde und Aquarelle vom Walchensee entstanden. Tag und Nacht beobachtete der Maler, wie das Wetter die Landschaft ständig verändert: »Wunderschön ist der Walchensee, wenn der Himmel schön ist, aber unheimlich, wenn die Naturgewalten toben. Wenn die Steinlawinen von den Bergspitzen herunterrollen und die stärksten Bäume wie Streichhölzer knicken, kennzeichnen sie die Spur ihres Unheils in grauenvoller Verwüstung bis in den See hinein. Es ist keine Seltenheit, derartige Naturkatastrophen zu erleben.« (*Lovis Corinth, 1921, zit. n.: Ostdeutsche Galerie Regensburg, Lovis Corinth. Die Bilder vom Walchensee: Vision und Realität*)

Naturtheater im Gelobten Land

Kein Wunder, dass Künstler aus aller Welt zur Sommerfrische ins Alpenvorland strömten. Im Sommer 1910 kam ein Sommergast nach Murnau, der den Namen des Marktfleckens auf ganz eigene Art weltweit bekannt machte: der Filmpionier Friedrich Wilhelm Murnau. Der größte Filmregisseur der Stummfilmzeit entdeckte als Friedrich Wilhelm Plumpe den Markt Murnau und wählte kurz darauf den Ortsnamen zu seinem Pseudonym. Der neue Name ermöglichte ihm, sich eine eigene Identität aufzubauen, jenseits der restriktiven Zukunftspläne seines Vaters, eines geschäftstüchtigen Tuchfabrikanten aus Wuppertal. Unter falschem Namen konnte Friedrich Wilhelm Plumpe heimlich die Schauspielschule besuchen, ein Liebesleben seiner Wahl führen und die ersten Gehversuche auf den Brettern der Theaterwelt unternehmen. So weltberühmte Stummfilme wie *Nosferatu*, *Der letzte Mann*, *Faust*, *Sunrise* und *Tabu* drehte er unter diesem Namen. In den 1920er-Jahren entstanden, sind diese Filme bis heute von filmhistorisch epochaler Bedeutung geblieben.

Nicht erst durch F. W. Murnau, vielmehr bereits durch die Mitglieder des »Blauen Reiter« wurde Murnau zum Inbegriff der modernen Kunstgeschichte. Wassily Kandinsky und Gabriele Münter lebten von 1908 bis 1914 in einem kleinen Landhaus am Ortsrand, bei den Einheimischen bis heute »Russenhaus« genannt. Häufig bekamen sie in Murnau Besuch vom Malerfreund Franz Marc aus dem nahegelegenen Sindelsdorf. Der wiederum war eng befreundet mit Else Lasker-Schüler, die F. W. Plumpe alias F. W. Murnau durch dessen engsten Freund kannte, den expressionistischen Dichter Hans Ehrenbaum-Degele. Else Lasker-Schüler, die expressionistische Dichterin, und F. W. Murnau, der spätere Meister des expressionistischen Films, schrieben sich viele Briefe, ihm widmete Else Lasker-Schüler das Gedicht *Wir drei.*

Friedrich Wilhelm Plumpe und Hans Ehrenbaum-Degele wechselten im April 1910 von der Universität Berlin nach Heidelberg, wo sie sich für die Fächer Germanistik, Romanistik, Kunstgeschichte und Philosophie einschrieben. Die Semesterferien nutzen sie zu gemeinsamen Reisen und Wanderungen. Einer dieser Ausflüge führte die beiden im August 1910 nach Murnau. Zu dieser Zeit führte der Theaterregisseur Max Reinhardt im Park des Murnauer Landhauses von Emanuel von Seidl, Stararchitekt aus München, inmitten von Hügeln, Schluchten, Weihern, Wasserfällen, Hainen und Wiesen den *Sommernachtstraum* von William Shakespeare im Freien auf. Liebevoll steht auf dem Programmzettel als Veranstaltungsort »Naturtheater im Gelobten Land«. Sicher hatte der Theaternarr F. W. Plumpe die berühmte Inszenierung von Max Reinhardt bereits im Deutschen Theater in Berlin gesehen. Jetzt nutzte er die Gelegenheit, zusammen mit seinem Freund Hans Ehrenbaum-Degele die legendäre Inszenierung ganz aus der Nähe an Naturschauplätzen zu verfolgen. Ob Max Reinhardt ihn dazu eingeladen hatte, wissen wir nicht. Auf jeden Fall kannte Max Reinhardt den jungen Friedrich Wilhelm Plumpe persönlich. Möglicherweise wurde F. W. Plumpe in Murnau schlagartig klar, dass das Theater der Ort ist, wo er eigentlich hingehörte, wo er alle seine diametralen Sehnsüchte kanalisieren konnte. Vielleicht war es auch ein einschneidendes Liebeserlebnis, das den späteren Stummfilmregisseur mit dem Ort Murnau verband: die Wahl des Pseudonyms »Murnau« quasi ein Liebesbekenntnis an den expressionistischen Dichter Hans Ehrenbaum-Degele und Murnau der

Friedrich Wilhelm Murnau bei Murnau, 1924

Ort, wo beide sich ihre Liebe zueinander eingestanden. So jedenfalls sieht es F. W. Murnaus erste Biografin Lotte H. Eisner: »Auch des Vaters wegen nannte er sich, als er Schauspieler wurde, zuerst Helmuth, dann Wilhelm Murnau, wohl eines Liebeserlebnisses wegen nach der kleinen bayerischen Stadt Murnau, in die er mit seinem Freund Ehrenbaum-Degele auf seinen Reisen gekommen sein mag.« (*Lotte H. Eisner, Murnau. Der Klassiker des deutschen Films*) Später gestand F. W. Murnau der Schauspielerin Camilla Horn, die in seiner legendären *Faust*-Verfilmung das Gretchen spielte, warum er »Murnau« als Pseudonym wählte. Camilla Horn erinnerte sich: »Das Zimmer war nicht sehr hell. Es war nicht so ein sonniges. (...) Und ein buntes Bild hing mir gegenüber – es war ein Aquarell, und man las genau darunter »Murnau«. Und – na ja – aus Verlegenheit – oder war es was anderes – fragte ich ihn damals, wieso Murnau, ob das seine Heimatstadt wäre. Nein, nein, nein, sagte er, mit diesem Ort verbindet mich eine wichtige Phase meines Daseins, meiner Karriere, meines Lebens kann man sagen. Und ungefähr so, sagte er, wie Sie jetzt, was Sie jetzt hier durchmachen, das habe ich dort ungefähr erlebt.« (*Schauspielerin Camilla Horn im Gespräch mit Elisabeth Tworek. Erstsendung des Interviews in kultur aktuell, BR2 Radio, 28. Dezember 1988, anlässlich des 100. Geburtstags von F. W. Murnau. Wieder aufgenommen in die Sendung »Murnau in Murnau. Wie ein Filmregisseur zu seinem Namen kam« von Elisabeth Tworek. Bayerischer Rundfunk. Redaktion: Land und Leute. Erstsendung: 28. Januar 2001/Bayern2Radio*) Fest steht, dass sich Friedrich Wilhelm Plumpe an Weihnachten 1910 zum ersten Mal »Friedrich Wilhelm Murnau« nannte; da ist er gerade einmal 21 Jahre alt. Ein halbes Jahr später, Ende des Sommersemesters 1911, brach er sein Studium ab und wurde Schauspieleleve bei Max Reinhardt. Es war der Anfang einer atemberaubenden Karriere als Filmemacher.

Volkskultur als Inspirationsquelle

Je mehr Menschen ins Alpenvorland strömten, um so rascher entwickelte sich um 1900 der Fremdenverkehr, der den Einheimischen neue Erwerbsquellen erschloss. Die Sehnsucht nach Natur, Einfachheit und Ursprünglichkeit wurde zum Geschäft. Die Einheimischen passten sich schon bald dem Bild an, das sich die Städter von ihnen machten. Sie entwickelten Programme zur Unterhaltung der Gäste – die Keimzelle des Heimatabends, meint der Kulturwissenschaftler Andreas Koll: »Mit dem Aufkommen der Sommerfrische musste man den Menschen, die da kamen, ja irgendetwas bieten. So hat man Unterhaltungsprogramme erfunden. Eine Kommerzialisierung der alten Traditionen setzte ein. Tänze, die es bereits gab, wurden institutionalisiert – es wurde nicht mehr auf dem Berg oben schuhgeplattelt, sondern rituell auf der Bühne.« (*Zit. n.: Elisabeth Tworek, Ursprünglich und echt. Echt? Eine Spurensuche nach dem bayerischen Heimatabend*)

Mit Schuhplattler, Holzhacker und Watschentanz trafen im bayerischen Heimatabend Zeigefreudigkeit und Heimatstolz der Einheimischen und die touristische Sehnsucht nach einer heilen Welt aufs Trefflichste aufeinander. Die ferne »Geraer Zeitung« aus Thüringen etwa verbreitete im September 1899 diesen Gedanken vom bayerischen Heimatidyll in schwärmerischer Prosa: »Wenn man in das bayerische Oberland kommt, dann ist einem gleich die stille und innige Gegend mit den harmlosen, frohen, den ganzen Tag singenden Menschen lieb, dass man jedes Jahr dorthin möchte: Nirgends wird einem so froh ums Herz, nirgends kann man den Verdruss der Stadt so schön vergessen. Alles ist heiter, jeder Rede wachsen Flügel an, gleich flattert ein Lied heraus; das Leben wiegt sich lustig und ist zum Tanz bereit. Die Gräser sind schmal und zart, wie zum Scherz für artige

Oberbayerische Schuhplattler, 1930er-Jahre

Kinder liegen die blanken Häuser am Fuße der Berge. Hier kann man nicht traurig sein, die Gegend erlaubt es nicht. Die Leute, die da wohnen, sind eins mit ihrer Heimat.« (*Zit. n.: Elisabeth Tworek, Ursprünglich und echt. Echt? Eine Spurensuche nach dem bayerischen Heimatabend*)

Auch die Kleidung der Gastgeber wurde zu einer Projektionsfläche für Sehnsüchte. Wenn sie das Sonntagsgewand der Gebirgsbewohner anzögen, so sahen es Sommergäste von überall her, könnten sie an der Natürlichkeit und Ursprünglichkeit des Landlebens teilhaben – die Landhausmoden- und Trachtenindustrie lebt bis heute von dieser Verknüpfung. Andreas Koll sagt: »Diese Sehnsucht gibt es nach wie vor – heute noch mehr als damals, als Gegenentwurf zur urbanen Welt, als Gegenentwurf zur Globalisierung.« (*Zit. n.: Elisabeth Tworek, Ursprünglich und echt. Echt? Eine Spurensuche nach dem bayerischen Heimatabend*)

Erste Sommergäste sind in Garmisch und Partenkirchen schon ab 1830 dokumentiert und die damals noch eigenständigen Nachbargemeinden richteten sich allmählich auf die Unterhaltung der immer zahlreicher eintreffenden Besucher ein. Im August 1893 hielt der Volkstrachtenverein Die Werdenfelser beim Rassenkeller in

Sommerfrischler entdecken die bayerischen Naturburschen in sich, um 1925

Partenkirchen ein Sommerfest für Einheimische und Kurgäste ab, mit Schuhplattlern, Theateraufführungen und Volksbelustigungen. Möglicherweise saß der englische Komponist Edward Elgar mitten unter den Gästen; jedenfalls verbrachte Elgar zwischen 1892 und 1897 regelmäßig die Sommer in Garmisch. Seine Frau Alice zeigte sich gern im Dirndl und übersetzte bairische Schnaderhüpferl ins Englische. Der feinfühlige Komponist registrierte sehr genau, wie Werdenfelser Burschen in der Gaststube des Hotels Drei Mohren zur Zithermusik plattelten, wie sie aufhüpften und sich auf die genagelten Schuhe schlugen. Besonders die Volkslieder, Schnaderhüpfl und Volkstänze aus dem Werdenfelser Land begeisterten ihn. Mit seinem Chor- und Orchesterwerk *Scenes from the Bavarian Highlands* setzte er diesen typischen Klängen 1895 ein musikalisches Denkmal. Wie Elgar flohen viele wohlhabende Engländer im Sommer aus ihren rußgeschwärzten Städten in die Alpen und genossen dort die reine Luft und das saubere Quellwasser. Der bereits erwähnte Schriftsteller David Herbert Lawrence gehörte zu ihnen; später wurde er durch seinen Skandalroman *Lady Chatterleys Liebhaber* bekannt. Im August 1912 kam er mit seiner Geliebten Frieda von Richthofen ins Isartal. Im Gasthaus in Beuerberg beobachtete er die einfachen Bauern beim Volkstanz. Ihre saft- und kraftvolle Lebendigkeit hielt der spartanische Geistesmensch Lawrence in seinem autobiografischen Roman *Mr. Noon* von 1921 fest und beförderte das Bild vom ständig schuhplattelnden, vor Kraft strotzenden Alpenbewohner: »Einmal gingen Gilbert und Johanna abends ins Wirtshaus, wo Zithern näselten und Männer in ihren schweren Bergschuhen den Schuhplattler tanzten. Es herrschte ungestümes Durcheinander, ungestümer Lärm und ein Gefühl ungestümer Vitalität. Gilbert, mit seiner fatalen Zurückhaltung, zögerte, mitzumachen. Aber Johanna, die mit strahlendem, erregtem Gesicht zusah, wurde aufgefordert und nahm den Tanz an.« (*D. H. Lawrence, Mr. Noon*) In all dem »Rausch und Staub« wird Johanna, das Alter Ego Frieda von Richthofens, »von einem lüsternen Dörfler mit langem Schnurrbart und kleinem Tirolerhut« zum Tanz gebeten und dem schmalbrüstigen Engländer bleibt der Mund offen stehen ob dessen urwüchsiger Lebensgier: »Wie kräftig und muskulös es war, das grobe, männliche Tier mit seinen großen, neugierigen blauen Augen! Er packte sie mit seinen großen Händen unter den Brüsten und warf sie im Augenblick des Tanzhöhepunkts in die Luft und stampfte wie ein Stier mit seinen großen, beschuhten Füßen. Und Johanna stieß einen bewusstlosen Schrei aus, wie ihn eine Frau auf dem Höhepunkt der Umarmung ausstößt.« (*D. H. Lawrence, Mr. Noon*)

Mitglieder des 1892 gegründeten Schlierseer Bauerntheaters, um 1900

Auch das Schlierseer Bauerntheater, das erste bayerische Bauerntheater, bediente seit 1892 diese Sehnsucht nach der heilen Welt. Die Idee der Gründer Konrad Dreher und Xaver Terofal war einfach: Auf der Schlierseer Bühne sollten echte Bauern und Handwerker das urwüchsige Leben auf dem Land darstellen. Gespielt wurde in bairischer Sprache, zum Ensemble gehörten stets vier Schuhplattler. Das Schlierseer Bauerntheater entwickelte sich rasch zu einem Exportschlager: Im Sommer spielte man in Schliersee, im Winter ging man auf Tournee, bevorzugt in Städte, aus denen die Sommerfrischler kamen: in Stuttgart, Frankfurt, Hamburg, Wien. 1895 traten die Schlierseer auf ihrer Amerikatournee sogar in der New Yorker Metropolitan Opera auf. Eine Werbeschrift von 1897 versprach »Naturkinder« auf der Bühne: »Auf dem ›Schliersee'r Bauerntheater‹ ist kein Berufsschauspieler zu finden; es sind durchweg Einwohner von Schliersee und Umgebung, wirklich ächte, wahre, leibhaftige Bauern, Bäuerinnen, Feldarbeiter und Handwerker. (…) Das ›Schliersee'r Bauerntheater‹ zaubert den Stadtbewohnern ein liebliches Stück voll Naturschönheit vor. (…) Und wer die Leute urwüchsig, kraftstrotzend spielen, tanzen, springen sieht, wer sie reden und singen hört, wird an die Echtheit glauben und daran Freude haben!« (*Zit. n.: Elisabeth Tworek, Ursprünglich und echt. Echt? Eine Spurensuche nach dem bayerischen Heimatabend*)

Diese Art von Volkstheater bekam Ödön von Horváth auf der Ganghofer-Thoma-Bühne im nahegelegenen Egern am Tegernsee zu sehen, wo er häufig bei seinen Freunden Albrecht und Rudolf Joseph zu Gast war. Um die Brüder scharte sich ein illustrer Kreis berühmter Künstler: die Schriftsteller Max Mohr und Bruno Frank, die Operettendiva Fritzi Massary und ihr Mann, der Schauspieler und Komiker Max Pallenberg. Horváths Schriftstellerfreund Carl Zuckmayer kam aus Henndorf bei Salzburg herüber und machte mit seinen Zeitungsrezensionen die Bauernbühne in Berlin publik. Die Botschaft fiel in der Metropole auf fruchtbaren Boden, denn für die Berliner waren die Alpen seit der Jahrhundertwende ein beliebtes Urlaubsziel. Bereits im dortigen Kaufhaus Wertheim konnten die Sommerfrischler das bayerische »National-Costüm« erwerben, um perfekt gewandet in Dirndl und Trachtenjanker in Tegernsee aus dem Zug zu steigen. Dieses Idyll von der »heilen Welt« wollte der junge, altösterreichische Schriftsteller Ödön von Horváth zerstören. Für Berliner Zeitungen schrieb er mehrere Reisefeuilletons wie *Abseits der Alpenstrasse* und *Souvenir de Hinterhornbach*, in denen er seine Leser darüber aufklärte, wie hinterwäldlerisch und rückständig es im Alpenvorland zugeht. Ödön von Horváth fuhr mit der Bahn oft zwischen Murnau und Berlin hin und her. Berlin war der Ort, wo er Geld verdiente. Im Berliner Ullstein Verlag erschien sein Roman *Der ewige Spießer*; dort wurden auf renommierten Bühnen seine Stücke uraufgeführt. Nach getaner Arbeit drängte es ihn aber schnell wieder nach Murnau zu den Vorbildern seiner Erzählungen und Theaterstücke; in Gaststätten und Biergärten hörte er ihnen zu, machte sich Notizen und sammelte in zahlreichen Notizbüchern den Rohstoff für seine Literatur. In Murnau entstanden

Ödön von Horváth vor dem Utzschneiderhof in Murnau, 1925

seine berühmten Volksstücke, Erzählungen und Romane. Entdeckt hatte die Familie Horváth den malerischen Ort 1920 auf einer Spritztour mit dem Auto durch das Alpenvorland. »Der Vater trifft einen alten Bekannten, man macht Station in Murnau. Man bleibt in Murnau, im Hotel Fröhler in der Bahnhofstrasse 4.« (*Traugott Krischke, Ödön von Horváth. Kind seiner Zeit*) Ein Jahr später kaufte Ministerialrat Edmund von Horváth in der Bahnhofstraße ein Grundstück und ließ nach eigenen Plänen ein schmuckes Landhaus errichten. Im Herbst 1924 war es bezugsfertig und diente der Familie neben dem Münchner Domizil als Sommersitz. Bis 1933 hielt sich Ödön von Horváth nun bevorzugt in Murnau auf und war auch dort polizeilich gemeldet. Auch besuchte er, der sich in Lederhose, Leinenhemd und Haferlschuhen gerne als Bayer stilisierte, regelmäßig die Heimatabende und Aufführungen des Murnauer Bauerntheaters. Es bereitete ihm höchstes Vergnügen, die Murnauer Handwerker, Hausbesitzer und Ladenmädchen auf der Amateurbühne spielen zu sehen. Manchmal waren die Auftritte unfreiwillig komisch und brachten die Zuschauer selbst bei tragischen Szenen zum Lachen. Sie inspirierten ihn dazu, eine neue Art des Volksstücks zu schaffen, indem er Muster des alten Volkstheaters und der Volkssänger mit modernen Dramenelementen verschmolz.

»Gruß aus der Sommerfrische«, Humoransichtskarte, 1899

Der Zivilisation entkommen

Nach dem Zweiten Weltkrieg entwickelte sich in nur wenigen Jahrzehnten aus verstaubten Fremdenverkehrsämtern eine perfekt organisierte Tourismusindustrie. Aus den »Fremden« wurden Geld bringende »Touristen«. Die ständig steigende Nachfrage verlangte immer mehr und billigere Unterkünfte und führte in manchen Regionen zu seelenlosen Retortendörfern ohne Ortskern. Inzwischen reicht das Angebot von Wellnessprogrammen und Nordic-Walking-Touren, über »Bavarian-Lifestyle«-Abenden bis zu nächtlichen Fackelwanderungen. In Fitnesscentern und Schwimmbädern schöpfen die Sonnenanbeter von heute Kraft für die Bewältigung des Stressalltags. Die neuen Formen des »umweltgerechten Tourismus« knüpfen auf verblüffende Weise an die Sommerfrische von früher an, neuerdings gesteuert von einem perfekten Gesundheitsmanagement. Wie vor 100 Jahren geht es ums Ausspannen, Abschalten, Auftanken und Wohlfühlen auf völlig natürliche Weise. Kutschfahrten sorgen für Entschleunigung, Angebote rund ums Heu für »wohltuende Entspannung direkt aus der Natur«. In Kräuterbädern, Heuwickeln und bloßem Liegen in duftendem Heu entfaltet sich die Heilwirkung des Bergwiesenheus unter fachlicher Obhut optimal. So oder so ähnlich muss es D. H. Lawrence und seiner Geliebten Frieda von Richthofen ergangen sein, wenn der englische Literat in *Mr. Noon* schwärmt: »Dann vergruben sich die beiden in einem tiefen Loch im Heu, häuften das Heu über sich und dachten, sie hätten es gut. Johanna war hellauf begeistert. Endlich war sie ihrer Villa Marvell in Boston und der ganzen Zivilisation entkommen und schlief wie eine Landstreicherin«. (*D. H. Lawrence, Mr. Noon*)

Das vorliegende Buch folgt den Spuren von Literaten, Musikern und Malern durchs Alpenvorland. In Porträtbildern, Landschaftsansichten, Biografieskizzen, Zitaten entsteht eine literarische Topografie, die von Kompositionen, Büchern und Bildern inspiriert ist. Die literarischen und künstlerischen Reflexionen finden sich in Tagebüchern, Briefen, persönlichen Dokumenten, Autobiografien, Erzählungen, Romanen und vor allem auf Fotografien. Sie sind Zeugnisse des reichen kulturellen Erbes im Alpenvorland und leisten einen ureigenen Beitrag zu veschiedenen kulturellen Identitäten in Europa.

Elisabeth Tworek, Murnau, Juni 2018

1

Spaziergänge im »Blauen Land« – Murnau und Umgebung

Am Graswegerer
20
Bahnhofstraße
Seestraße
Seehauser Straße
B2
1
Reschstraße
7
16
Staffelsee
2
5
3
4
6
19
Obermarkt
Bahnhofstraße
17
18
Seewaldweg
9
8
7
Untermarkt
11
12
Schloßbergstraße
15
Kohlgruber Straße
10
Mayr-Graz-
Kellerstraße
13
14
Am Dünaberg
Kocheler Straße
Kottmüllerallee

Ödön von Horváth in Murnau

»Das Entscheidende für einen Autor ist es,
dass er sein Material findet.«
V. S. Naipaul

1 Bahnhof Murnau

»Hier hält kein Expreß, ja nicht einmal ein Eilzug, denn der Ort, zu dem dieser Bahnhof gehört, ist nur ein etwas größeres Dorf. Es ist eine kleine Station, aber an einer großen Linie.« (*Ödön von Horváth, Der jüngste Tag*) Ödön von Horváth (1901–1938) hatte beim Schreiben der Tragödie *Der jüngste Tag* den Bahnhof Murnau vor Augen, der sich an der Bahnlinie von München nach Mittenwald befindet. Zu Horváths Zeiten gab es noch einen zweiten Bahnhof schräg gegenüber dem Bahnhofsvorplatz. »Die kgl. Eisenbahnstation ist zugleich Ausgangsstation der elektrischen Lokalbahn Murnau–Oberammergau. In den Zügen laufen direkte Wagen von München–Garmisch und retour. Von Murnau nach München und umgekehrt verkehren täglich zwei Schnellzüge, 6 Eilzüge mit 90 Min. und 12 Personenzüge mit zweieinhalb Stunden Fahrzeit.« (*Kur- und Verkehrsverein, Führer Murnau am Staffelsee, Bayerisches Hochland*) Für die Sommerfrischler und Kurgäste, die Maler des »Blauen Reiter« und den Schriftsteller Ödön von Horváth war der Bahnhof Murnau der erste Eindruck beim Ankommen und der letzte beim Abschiednehmen. 1879 wurde er gebaut, als man die Eisenbahnstrecke München–Weilheim nach Murnau verlängerte. Zwischen 1927 und 1929 kam ein Anbau hinzu. Vor wenigen Jahren wurde der Bahnhof aufwendig saniert und den zeitgemäßen Anforderungen angepasst. Am Murnauer Bahnhof begannen und endeten die vielen Reisen Ödön von Horváths nach Berlin, der kulturellen Metropole Deutschlands. Anders als in Bayern boten sich dort dem angehenden Schriftsteller diverse Verdienstmöglichkeiten. Regelmäßig schrieb er für Berliner Zeitungen Kurzkolumnen; seine Theaterstücke und Bücher erschienen im Ullstein Verlag; seine Volksstücke waren im Theater am Bülowplatz, am Deutschen Theater Berlin, im Komödienhaus und im Theater am Schiffbauerdamm zu sehen. In Berlin wurde ihm im Herbst 1931 der renommierte »Kleist-Preis«

Bahnhof Murnau, um 1910

zuerkannt. Durch das Theater gewann Ödön von Horváth viele Freunde, die ihn in Murnau besuchten: Carl Zuckmayer, Walter Mehring, Géza von Cziffra, Francesco von Mendelssohn und dessen Schwester Eleonora. Horváth blieb nur so lange in Berlin, wie es seine Arbeit unbedingt erforderte, dann fuhr er mit der Bahn zurück nach Murnau, denn erst seit September 1934 hatte er einen Führerschein. Auch die vielen Fahrten nach München zu den Eltern, zur »Simplicissimus«-Redaktion und zu Lukas Kristl, mit dem er gemeinsam das Volksstück *Glaube Liebe Hoffnung* schrieb, begannen und endeten am Bahnhof Murnau, dem Ausgangspunkt der legendären Saalschlacht am 1. Februar 1931. Ödön von Horváth gab als Zeuge im Prozess zu Protokoll: »Am Tag der Versammlung war ich bis 1.40 Uhr am Bahnhof. Als um 1.10 Uhr die beiden Züge in Richtung Garmisch und Weilheim kamen, stiegen etwa 60 bis 70 junge Leute aus, die ich später als Nationalsozialisten erkannte. (…) Vom Bahnhof aus ging ich mit den jungen Leuten in den Kirchmeiersaal

Ödön von Horváth, 1934

und setzte mich an einen Tisch in der Nähe des Musikpodiums, wo ich bis zum Schluß der Versammlung blieb.« (*Gerichtsprotokoll der Zeugenaussage Ödön von Horváths im Saalschlachtprozess, Revisionsverfahren, 31. Oktober 1931*) Am 11. Februar 1933, einen Tag nach dem Zusammenstoß mit einheimischen Nationalsozialisten, begann am Murnauer Bahnhof für Ödön von Horváth die Flucht in eine ungewisse Zukunft.

2 Gartenwirtschaft Pantlkeller, *Ortsumgehung / Kellerstraße*

Der Pantlkeller ist längst abgerissen und stand früher ganz in der Nähe der evangelischen Christuskirche auf halbem Weg zwischen Bahnhof und Horváth-Villa. Heute ist hier an dieser Stelle ein großer Supermarkt und die neue Ortsumfahrung mit Fußgängerbrücke und Tunnel macht es einem nicht leicht, sich vorzustellen, wie es früher dort wohl ausgesehen haben mag. Bis in die 1970er-Jahre war die Gartenwirtschaft Pantlkeller bequem vom Grundstück der Familie Horváth über einen Fußweg zu erreichen. In dieser Gartenwirtschaft saßen Ödön von Horváth und seine Eltern im Sommer besonders gern. Wie in oberbayerischen Biergärten üblich, brachte man das Essen mit und bestellte lediglich eine frische Maß Fassbier, das in den tiefen Kellern der Pantlbrauerei kühl lagerte. Riesige Kastanien spendeten den Gästen Schatten und hielten das Bier in den Kellern unterhalb der Biergärten kühl. Seit 1928 betrieben der Brauer Josef Wirth und seine Frau Katharina den Pantlkeller. (*Inserat im Staffelsee-Bote, 5. Juni 1928*) Ödön von

Pantlkeller, 1932

Horváth ließ sich von dieser Gartenwirtschaft zum »Gartenlokal des Josef Lehninger« in seinem Volksstück *Italienische Nacht* anregen. Wie Josef Lehninger legte sich Josef Wirth politisch nicht fest und »reserviert unseren Stammtisch für die Reaktion!« (*Ödön von Horváth, Italienische Nacht*) So gab es im Juni 1929 dort einen Abend des Wehrverbands »Stahlhelm. Bund der Frontsoldaten«. Gesungen wurde das Deutschlandlied und das Soldatenlied »vom guten Kameraden«. Zu essen gab es – nach alter Feldküchenart – Erbsensuppe mit Wurst. (*Vgl. Staffelsee-Bote, 8. Juni 1929*) Möglicherweise bedauerte Josef Wirth, genauso wie sein Alter Ego Josef Lehninger, des Öfteren: »Aber was ist denn das jetzt auch für eine verkehrte Welt! Früher, da war so ein Sonntag das pure Vergnügen, und wenn mal in Gottes Namen gerauft worden ist, dann wegen irgendeinem Trumm Weib, aber doch schon gar niemals wegen dieser Scheißpolitik! Das sind doch ganz ungesunde Symptome, meine Herren!« (*Ödön von Horváth, Italienische Nacht*) Und vielleicht kam auch er angesichts der desolaten politischen und wirtschaftlichen Verhältnisse manchmal ins Grübeln: »Ich denk jetzt an meinen Abort. Siehst, früher da waren nur so erotische Sprüch an der Wand dringestanden, hernach im Krieg lauter patriotische und jetzt lauter politische – glaubs mir: solangs nicht wieder erotisch werden, solang wird das deutsche Volk nicht wieder gesunden –« (*Ödön von Horváth, Italienische Nacht*)

3 Landhaus Josef Riedl, *Bahnhofstraße 19 (früher Nr. 77)*

Villa Riedl, 1934

Der Architekt und Marktbaumeister Josef Riedl errichtete fast zeitgleich wie die Horváths auf deren Nachbargrundstück ein Landhaus. Die beiden Familien lebten in guter Nachbarschaft miteinander. Häufig lud man sich gegenseitig zum Essen ein. Ödön von Horváth verstand sich besonders gut mit der musisch begabten Antonie Riedl, Josef Riedls Ehefrau jüdischer Herkunft. Die guten Beziehungen wurden hart auf die Probe gestellt, als Ödön von Horváth im Februar 1933 aus Murnau vertrieben wurde. Zurück in die elterliche Villa konnte er nicht mehr. Das wäre nach der Hausdurchsuchung durch einheimische Nationalsozialisten zu gefährlich gewesen. Deshalb hielt er sich bis Sommer 1934 während seiner Aufenthalte in Murnau im Dachgeschoss des Nachbarhauses der Familie Riedl auf. Er sammelte Materialien für einen Roman, der 1937 unter dem Titel *Jugend ohne Gott* im Exilverlag Allert de Lange in Amsterdam erschien und binnen eines Jahres in acht Sprachen übersetzt wurde. *Jugend ohne Gott* begründete den internationalen Erfolg Ödön von Horváths, wurde mehrmals verfilmt und gehört in den deutschsprachigen Ländern bis heute zur Schulpflichtlektüre.

4 Horváth-Villa, ehemaliges Wohnhaus von Ödön von Horváth, *Bahnhofstraße 19 (früher Nr. 76)*

Wo sich zwischen 1924 und 1973 das Landhaus der Familie Horváth befand, steht heute ein Geschäfts- und Appartementhaus namens Horváth-Haus. Im August 1921 hatte »Baron Dr. von Horváth«, wie Ödön von Horváths Vater Dr. Edmund von Horváth in den Bauunterlagen genannt wird, vom Baumeister Josef Reiser Grundstücke samt Zäune für 50 000 Mark gekauft, die er bar bezahlte. *(Staatsarchiv München, Akte Villa Horváth)* Kurz darauf gab der Ministerialrat a. D. einen Bauplan beim Architekturbüro Josef Adler München in Auftrag, den er allerdings wieder verwarf. Der zweite Bauplan wurde realisiert. Edmund von Horváth ließ vom ortsansässigen Bauunternehmer Gabriel Reiser

Horváth-Villa, um 1925

Horváth-Villa von Osten, um 1930

auf dem Grundstück 1924 ein Landhaus errichten mit sieben Zimmern, Küche, Bad und Mädchenzimmer. Über dem Rundportikus befand sich das Familíenwappen. Baubeginn war der 7. März 1924. Die Villa wurde noch im selben Jahr bezugsfertig und diente neben dem stattlichen fünfgeschossigen Münchner Haus in der Martiusstraße 4 als Sommersitz. Von 1924 bis 1933 verbrachte Horváth die meiste Zeit des Jahres im Haus seiner Eltern in der Bahnhofstraße und war in Murnau polizeilich gemeldet. In den Sommermonaten hielten sich des Weiteren sein Bruder Lajos, seine Mutter Maria Hermine und seine Großmutter mütterlicherseits Maria Prehnal und manchmal ihr Sohn Josef Prehnal, Horváths Onkel, dort auf. Die beiden sind auf dem Murnauer Friedhof beerdigt. Der Vater war in München beruflich beschäftigt und fuhr meist an den Wochenenden hinaus aufs Land. Das Personal, Hausmädchen und eine Köchin, wohnten im Haus gegenüber. Freunde und Bekannte von auswärts bezogen in den umliegenden Gasthäusern oder Privatquartieren Logis.

1924 wusste Ödön von Horváth noch nicht so recht, was er werden wollte. Gerade hatte er das Studium der Theaterwissenschaft, Germanistik und Kunstgeschichte an der Münchner Ludwig-Maximilians-Universität abgebrochen und eine Auftragsarbeit mit dem Komponisten Siegfried Kallenberg verfasst. Seine erste Publikation *Das Buch der Tänze* war soeben in einem Münchner Verlag erschienen. Der begeisterte Bergsteiger nutzte das neue Domizil in Murnau als Ausgangspunkt zahlreicher Berg- und Klettertouren. Zudem bot die Villa der Eltern kostenlose Logis.

Ödön von Horváth (rechts) mit Mutter Maria Hermine und Bruder Lajos, 1925

In Murnau entdeckte Horváth seine literarischen Vorbilder und Motive, dort wurde er Schriftsteller. In Kleidung und Auftreten passte er sich schon bald an die Einheimischen an. Er lief in Lederhosen und Bauernleinen herum und präsentierte sich seinen Berliner Freunden als Bayer. Anfang der 1930er-Jahre verschärfte sich das politische Klima in Murnau zunehmend. Nach einer Saalschlacht 1931 geriet Ödön von Horváth immer öfter mit Mitgliedern der NSDAP in Konflikt. Im Februar 1933 musste er nach einem Streit mit der örtlichen SA in einer Nacht- und Nebelaktion Murnau verlassen. In der Villa der Diplomatenfamilie fand eine Hausdurchsuchung statt. Die Nationalsozialisten beanspruchten den Ort nun für sich. So heißt es in einem Flugblatt im Mai 1933: »Murnau ist seit 1923 die nationalsozialistische Hochburg des Werdenfelser Landes.« *(Flugblatt anlässlich der Verleihung des Ehrenbürgerrechts an Adolf Hitler 1933)* Und am 14. November 1933 verkündete das »Murnauer Tagblatt«: »Mit Stolz kann die Ortsgruppenleitung feststellen, daß der Markt Murnau nun so gut wie restlos nationalsozialistisch geworden ist.« Als die Eltern in manchen Gastwirtschaften und Geschäften nicht mehr bedient wurden, verkauften sie das Landhaus im Dezember 1933 an Kommerzienrat Rechberg. 1936 erwarb es die Familie von Scheven und blieb dort bis 1973 wohnen. Dann veräußerte sie es an eine Immobilienfirma, die das äußerlich intakte Landhaus abreißen ließ.

Am 22. September 1924, brachte die Münchner Satirezeitschrift »Simplicissimus« als erste Zeitschrift die Kurzgeschichte *Der Faustkampf, das Harfenkonzert und die Meinung des lieben Gottes* von Ödön von Horváth heraus. Es war das erste von insgesamt 27 solcher *Sportmärchen*, die der angehende Schriftsteller mit der

Mit Felizia Seyd im Garten der Horváth-Villa, 1925

Hand in ein Poesiealbum geschrieben hatte. Ödön von Horváth hatte es seiner damaligen Geliebten Felizia Seyd mit den Worten gewidmet: »Oh, könnt ich nur schreiben so sauber und rein. Für mein buchstabierendes Lizzilein.« Auf der letzten Seite des Albums steht: »Geschichten zu Murnau im Jahre des Heils 1924 im Monate September. Dieses Buch wurde in einem Exemplar auf ff. Bütten, in Leder gebunden, und vom Autor signiert, hergestellt. Nr. 1 Ödön von Horváth.« Fotos zeigen das junge Paar im Garten der Villa unbeschwert in die Sonne blinzeln. Horváths Freundin Felizia Seyd, genannt Lizzy, war acht Jahre älter als er. Später schrieb sie in einem Brief: »Ödöns und meine Beziehung war zauberhaft (im Anfang), aber vielleicht allzu typisch für junge Menschen. Wir waren mehr an uns selbst interessiert als aneinander. Ich war älter und in mancher

Beziehung blasierter, auch politisch gesehen, was uns langsam auseinanderbrachte. Ich hatte schon mehrere Jahre Amerika hinter mir und eine eben beendete Schweizer Scheidung und war immer mit einem Fuß in Paris. Was wir gemeinsam hatten, war unsere Liebe für Lyrik und Märchen und ›all things phantastic‹, und grüne Wiesen und die Natur, aber Einfluß auf den späteren Ödön als Schriftsteller und Dramatiker hatte ich nicht.« Als Felicia Seyd in die USA auswanderte, nahm sie das Poesiealbum mit. Später schickte es die Lehrerin und Publizistin nach Deutschland an Horváths besten Freund Karl-Heinrich (Heiner) Emhardt zurück.

5 TSV-Turnhalle Murnau, *Bahnhofstraße*

Schräg gegenüber der Villa der Familie von Horváth stand bis in die 1980er-Jahre die Turnhalle Murnau. Der damalige Stararchitekt Emanuel von Seidl, der in Murnau einen großzügigen Landsitz besaß, wurde mit der Planung beauftragt. 1905 war das Schmuckstück bezugsfertig. In der Turnhalle mit Bühne, Schnürboden und Zuschauergalerie fanden neben Sportaktivitäten politische und kulturelle Veranstaltungen statt. Adolf Hitler hielt am Sonntag, 6. Mai 1923 in der Turnhalle eine Rede vor über 1000 Zuhörern, die von der Murnauer Lokalzeitung begeistert gewürdigt wurde: »Noch nie sprach wohl hier in Murnau ein Mann mit solcher gewaltiger Kraft, mit solchem heiligen Feuer, noch nie klangen aus eines Mannes Munde so hinreißende Worte, noch nie spürten wohl Zuhörer wie heute die befreiende Gewißheit, daß dort oben am Rednertisch einer von den Seltenen, den Überragenden stand, eine geborene Führernatur, die den Mut und den ungeheuren Willen hat, Deutschlands Schicksal zu wenden.« *(Zit. n.: Marion Hruschka, Markt Murnau am Staffelsee)*

Emanuel von Seidl, um 1900

Ödön von Horváth hatte es nicht weit, wenn er Aufführungen des

Murnauer Bauerntheaters besuchen wollte. Auch zur Theatertruppe des Gebirgstrachtenerhaltungsvereins, die im nahe gelegenen Griesbräu in einem Holzanbau spielte, war es für Horváth nur ein Katzensprung. Zur Aufführung kamen Schwänke und oberbayerische Gebirgsstücke mit Gesang und Schuhplattlereinlagen, selten Volksstücke von Ludwig Anzengruber, Paul Schönherr, Ludwig Ganghofer und Ludwig Thoma. Was die Theaterbegeisterten mit ihren Bühnenaktivitäten beabsichtigten, ist in einer Murnauer Fremdenverkehrsbroschüre von 1920 bestens dokumentiert: »Das in der Turnhalle eingebaute Bauerntheater, in dem ausschließlich oberbayerische Gebirgsstücke mit Gesang u. Schuhplattlertänzen von Einheimischen zur Aufführung gelangen, sorgt für gute Abendunterhaltung. 2 Vorstellungen und zwar meistens Donnerstag und Sonntag. Außerdem pflegen noch drei Gebirgstrachtenerhaltungsvereine speziell Volksgesang und Schuhplattltanz und treten während der Saison wiederholt in die Öffentlichkeit. In der Turnhalle, in den Gasthöfen und in den herrlich gelegenen Sommerkellern finden öfters Conzerte und Unterhaltungen statt. Näheren Aufschluß bei den Spielleitern Josef Fürst und Leo Portenreuther.« (*Kur- und Verkehrsverein, Führer Murnau am Staffelsee, Bayerisches Hochland*) Das volksnahe Theatererlebnis auf

Barrenturnen vor der Turnhalle, um 1910

Frauenturnriege, um 1905

Bühne in der TSV-Turnhalle, 1920er-Jahre

dem Lande inspirierte Horváth zu einer neuen Art des Volkstheaters, in dem er Muster des alten Volksstücks mit modernen Dramenelementen verschmolz. In Hamburg, Berlin und Leipzig brachte er zeitgemäße Stoffe mit zeitgemäßen Akteuren auf die Bühne, deren Sprache die Abgründe ihres Denkens entlarvte. Im September 1932 gastierte die Ganghofer-Thoma-Bühne mit Ludwig Thomas Tragödie *Magdalena* in der Murnauer Turnhalle. Die Inszenierung der renommierten Laienbühne aus Egern fand internationale Beachtung und wurde von Horváths bestem Freund, dem Schriftsteller Carl Zuckmayer, im August 1930 in der »Berliner Zeitung« euphorisch gelobt. Auf der Ganghofer-Thoma-Bühne entdeckte Horváth die ideale Besetzung für sein Volksstück *Kasimir und Karoline* (1932).

6 Hotel Zur schönen Aussicht, *Ödön von Horváth-Platz (früher Bahnhofstraße 85a)*

Bis in die 1980er-Jahre stand schräg gegenüber der Horváth-Villa und in unmittelbarer Nachbarschaft zur TSV-Turnhalle an dieser Stelle ein markanter Fachwerkbau, der bis 1927 als Hotel diente. 1920 und 1921

Hotel Zur schönen Aussicht, um 1925

verbrachten die Horváths in diesem Hotel die Sommerfrische. 1920 hatten sie auf einer Spritztour mit dem Auto durch das Alpenvorland den Marktflecken entdeckt. »Der Vater trifft einen alten Bekannten, man macht Station in Murnau. Man bleibt in Murnau, im Hotel Fröhler in der Bahnhofstraße 4.« (*Traugott Krischke, Ödön von Horváth. Kind seiner Zeit*) 1921 kamen sie wieder nach Murnau und kauften im selben Jahr das freie Grundstück schräg gegenüber an der Bahnhofstraße. Vom Hotel Fröhler aus machten die beiden Söhne zahlreiche Ausflüge und Bergtouren ins Wettersteingebirge und auf die Zugspitze (2964 Meter) und schickten von der Höllentalhütte aus eine Karte an »J. Hochw. Herrn und Frau Dr. von Horváth« mit folgendem

Text: »Den 14. Juli 1920 von unserer schönen Tour senden wir Euch die besten Grüsse und Küsse Ödön Grüsse mit Küssen Luci«. Diese, laut Lajos von Horváth, »windige Pension« mit ihren illustren Gästen regte Ödön von Horváth wenige Jahre später zur gleichnamigen Komödie an: »Dies Hotel zur schönen Aussicht liegt am Rande eines mitteleuropäischen Dorfes, das Dank seiner geographischen Lage einigen Fremdenverkehr hat. Saison Juli–August. Zimmer mit voller Verpflegung sechs Mark. Die übrige Zeit sieht nur durch Zufall einen Gast.« (*Ödön von Horváth, Zur schönen Aussicht*) Das Stück *Zur schönen Aussicht* entstand 1926 und zeigt vor der Kulisse eines idyllischen Alpenpanoramas den trostlosen Alltag einer dem Untergang geweihten Gesellschaft. Ort dieser gallenbitteren Komödie ist ein abgewirtschaftetes, dem Bankrott preisgegebenes Hotel gleichen Namens, wo sich Gäste und Personal des Hauses gegenseitig zugrunde richten. *Nach der Saison* sollte das Stück ursprünglich heißen, in dessen ersten Entwurf Horváth viele Murnauer bei ihren richtigen Namen nannte. Offensichtlich flossen in die Komödie Beobachtungen und Erfahrungen ein, die Ödön von Horváth als Stammgast des Strandhotels und des Café Seerose mit dem dortigen Personal gemacht hatte.

Horváth im Wettersteingebirge, 1920er-Jahre

Der mehrstöckige Fachwerkbau, von Münchner Kaufleuten um die Jahrhundertwende errichtet, hatte anfangs den Ruf eines erstklassigen Hotels: »Otto Steiger's Wein- und Kaffee-Restaurant, Bahnhofstraße 85a war ein schön gelegenes Haus mit herrlicher Aussicht auf See und Gebirge, mit Telefonanschluss, vorzügliche Fremdenzimmer, gute reine Weine, anerkannt vorzügliche Verpflegung, Bäder im Hause.« (*Zeitungsannonce im Staffelsee-Boten*) Nach mehreren Besitzer- und Namenswechseln – Café-Restaurant Fröhler, später Hotel und Café-Restaurant Zur schönen Aussicht, schließlich Hotel Schönblick – kam das Etablissement allmählich herunter. 1924 richtete Hotelier Georg Ertl im Foyer des Hotels Schönblick Murnaus erste Radiostation ein, sodass man sich dort regelmäßig treffen konnte, um das ohnehin schmale Radioprogramm zu hören. Der

»Verein für das Deutschtum im Ausland«, dessen »Sektion Murnau« 1924 von Oberlehrer Robert Wohlgeschaffen (zwischen 1931 und 1933 Erster Bürgermeister von Murnau) und von Oberst Schierlinger gegründet wurde, hielt bis 1927 regelmäßig seine Vereinsabende dort ab. So sprach am 11. Dezember 1925 Major Pöppel im Hotel Schönblick über seine »12 Jahre in Deutsch-Südwest-Afrika«. »Mitgebrachte Andenken von der Welt da drüben, die Deutschland in zähem Kampfe gegen Natur und Eingeborene kultivierte und in beispiellosem Opfermut gegen eine ungeheuere Übermacht unbesiegt verteidigte, wanderten von Tisch zu Tisch.« (*Staffelsee-Bote, 15. Dezember 1925*) Major Pöppel, der nach seinem Aufenthalt in der ehemaligen deutschen Kolonie Südwest-Afrika (heute Namibia) den kleinen Markt Murnau als Wohnsitz wählte, war später Vorsitzender des »Vereins für das Deutschtum im Auslande«, Ortsgruppe Murnau und trug seine koloniale Gesinnung stets durch eine kakifarbene »Südwest-Uniform« zur Schau. Er stand Modell für den Major in *Italienische Nacht*, den Adele, brave Ehefrau des Stadtrats Ammetsberger, heftig attackiert: »Halten Sie Ihr Maul! Und ziehen Sie sich mal das Zeug da aus, der Krieg ist doch endlich vorbei, Sie Hanswurscht! Verzichtens lieber auf Ihre Pension zugunsten der Kriegskrüppel und arbeitens mal was Anständiges.« (*Ödön von Horváth, Italienische Nacht*) Anfang 1927 verkaufte Georg Ertl das Hotel an die Geschäftsfrau Stoeß, Stuttgart, »Mutter des Herrn Max Stoeß photogr. Kunstanstalt in Murnau-Seehausen«. Bis 1980 diente der markante Fachwerkbau als Wohn- und Geschäftshaus, dann wurde er abgerissen und auf dem Grundstück ein Neubau errichtet.

7 **Ödön-von-Horváth-Platz,** *Platz vor dem Kultur- und Tagungszentrum (früher Kohlgruber Straße)*

Ab Herbst 2018 wird der Platz vor dem Kultur- und Tagungszentrum Ödön-von-Horváth-Platz heißen. Damit erinnert der Markt Murnau an zentraler Stelle an den großen deutschsprachigen Schriftsteller und Dramatiker des 20. Jahrhunderts, der von 1924 bis 1933 Murnau zu seinem Lebensmittelpunkt wählte. Murnau war seit Ende des 19. Jahrhunderts ein beliebter Fremdenverkehrsort: »Murnau, Markt und Luftkurort in Oberbayern. Bezirksamt Weilheim, (1925) 2764 meist katholische Einwohner, 691 Meter ü.M., nahe dem Fuß der Alpen, zwischen Staffelsee und Loisach. Knotenpunkt der Bahn Weilheim-Garmisch-Partenkirchen, hat Schloß, Pfarrkirche (18. Jh.), bemalte Häuser, Forstamt, Stahl-, Moor- und Strandbad, Brauerei und Käsefabriken.« (*Meyers Lexikon, 8. Band, Bibliographisches Institut*) Die Einwohner waren damals überwiegend Handwerker, Geschäftsleute, Bauern und höhere Beamte. Nur wenige Arbeiter und Angestellte gab es in dem industriell kaum erschlossenen Fremdenverkehrsort, der damals wie heute vom Tourismus lebt. Diese kleine, überschaubare Welt war völlig anders strukturiert, als die Metropolen der österreichisch-ungarischen k.u.k. Monarchie, die Ödön von Horváth bisher kennengelernt hatte. Um so mehr beeindruckte ihn Murnau: »Seit dem Herbst leb ich in Oberbayern am Rande der nördlichen Kalkalpen, so siebzig Kilometer südlich von München, in einem grösseren Dorf, das offiziell den Titel »Markt« trägt und an einem nach meinem Geschmack fast zu lieblichen See liegt. Man sieht die Berge von Tölz bis Neuschwanstein, jenem romantischen Baukasten weiland Ludwigs des Zweiten.« (*Ödön von Horváth, Karfreitag. Entwurf*) Viele seiner Stücke und Prosaskizzen wurzeln in Beobachtungen, Erlebnissen und Notizen während seiner Murnauer Jahre. Manchmal sind die Bezüge zu Murnauer Lokalitäten, Vorkommnissen und markanten Persönlichkeiten gar nicht zu übersehen, wie etwa in der Komödie *Zur schönen Aussicht* (1926), im Volksstück *Italienische Nacht* (1931) und im Roman *Jugend ohne Gott* (1937). Manchmal belässt es Horváth bei Andeutungen. In wenigen Jahren entstanden in Murnau seine bedeutenden Theaterstücke *Zur schönen Aussicht* (1926), *Die Bergbahn* (1929), *Italienische Nacht* (1931), *Geschichten aus dem Wiener Wald (1931), Kasimir und Karoline (1932), Glaube Liebe Hoffnung (1933)* und der Roman *Der ewige Spießer* (1930). Noch in seinem Spätwerk schöpfte Ödön von Horváth aus dem reichen Fundus an Motiven und Themen, die ihm bei seinen Landaufenthalten in Murnau und Umgebung aufgefallen waren.

8 König-Ludwig-Denkmal, *Ödön-von-Horváth-Platz (früher Kohlgruber Straße)*

Für seine Theaterstücke fand Ödön von Horváth in Murnau zahlreiche Charaktere und Schauplätze, darunter das König-Ludwig-Denkmal mit der imposanten Inschrift: »Ihrem unvergesslichen Ludwig II. König v. Bayern, gewidmet v. treuen Landeskindern MDCCCXCIV«. Initiator dieses ersten König-Ludwig-Denkmals war der Posthalter August Bayerlacher, der es auf dem eigenen Grundstück im Postanger 1895 errichten ließ. Als glühender Verehrer wollte er damit dem glücklosen »Märchenkönig« gedenken, der die Kohlgruber Straße auf seinen vielen nächtlichen Fahrten von München nach Schloss Linderhof im Graswangtal regelmäßig benutzt hatte, bevor er am 13. Juni 1886 erst 41-jährig im Starnberger See auf bisher nicht geklärte Weise umkam. Die Anlage ist Vorbild für das »Denkmal des ehemaligen Landesvaters« in *Italienische Nacht*, wo zwei Burschen die Büste mit roter Farbe beschmieren. Vorbild könnte die »Verunglimpfung« des König-Ludwig-Denkmals sein, die im August 1924 im »Staffelsee-Bote« stand. In einer nächtlichen Aktion war ein Bronzelöwe vor dem Standbild von seinem Sockel heruntergehoben worden. Als Täter konnte der besonders kräftige Fleischer und Boxer Ludwig Haller ermittelt werden, den Horváth

König-Ludwig-Denkmal, um 1900

sehr gut kannte. Da es trotz vereinter Kräfte nicht gelungen sein soll, den Löwen zurück auf seinen angestammten Platz zu hieven, wurde der »Haller Wiggerl« um Unterstützung gebeten. Nach Zusicherung von Straffreiheit hob er den Löwen wieder zurück auf den Sockel.

9 Hotel Post, *Obermarkt 1*

Mitten in der Marktstraße schräg gegenüber der Maria-Hilf-Kirche steht das Hotel Post, eines der traditionsreichsten Gebäude in Murnau. Seit 1632 im Besitz der Familie Wagner, war es die frühere königliche Poststatthalterei. Die Gasträume im Parterre beherbergen inzwischen einen bestens sortierten Schreibwarenladen in Familienbesitz, den es sich zu besuchen lohnt. Und auch im Hotel mit seinen 40 Betten übernachten nach wie vor Jahr für Jahr viele Sommergäste. Der bayerische Schriftsteller Ludwig Thoma etwa machte zusammen mit dem dänischen Maler und Schriftsteller Holger Drachmann (1846–1908) im Hotel Post öfter Station. Er war auf dem Weg zum Maler Friedrich August von Kaulbach, der im 5 Kilometer entfernt gelegenen Ohlstadt einen Sommersitz mit einem großzügigen Atelier besaß. Ludwig Thoma erinnerte sich später: »Einmal trafen wir die Verabredung, mitsammen zu Fritz August von Kaulbach nach Ohlstadt zu fahren. Wir nahmen den Schnellzug bis Murnau und wollten von dort mit einem Schnellzug weiter. Da es aber Sonntag war, und da es im Gasthof ›Zur Post‹ frische Weißwürste gab, beschlossen wir, erst einmal zu frühstücken. Am Stammtisch saßen schon etliche Murnauer Bürger, von denen mich einer erkannte und freundlich einlud, bei ihnen Platz zu nehmen. Ich sagte ihnen, daß mein Begleiter der dänische Dichter Drachmann sei, und sie begrüßten ihn respektvoll und jovial. ›Aus Dänemark? So … so? Der Herr Drachmann? No, wie g'fallt's Ihnen dann bei uns herunt? Laßt si scho leben, net wahr?' Drachmann fühlte sich gleich heimisch und stieß mit jedem an; es kamen immer mehr Gäste, und der wackere Zecher aus Mitternachtsland gefiel allen sehr wohl und war gleich der Mittelpunkt des Interesses. (…) Als wir endlich wegfuhren, hatte der Dichter einen tüchtigen Zungenschlag. (…) ›Thoma, in dieser Gegend muß ich wohnen. Ich werde hierher kommen. Es ist prachtvoll (…). Noch nie habe ich Menschen getroffen, die so einfach menschlich waren.‹« (*Das Bayerland, April 1929*)

Das traditionsreiche Hotel hat in seiner Jahrhunderte langen Geschichte viel erlebt. Während der Revolution 1918/1919 hatte der rote Soldatenrat dort seine Geschäftszimmer. Bereits am 18. Februar 1923 wurde im Hotel Post die Ortsgruppe der NSDAP gegründet. In dessen Ratskeller fanden zwischen 1924 und 1933 häufig Parteiversammlungen der NSDAP statt. Ödön von Horváth wählte das Hotel Post wohl deshalb zu seinem Stammlokal, weil er hier den Aufstieg der Nationalsozialisten aus allernächster Nähe beobachten konnte. Vor allem an Nachmittagen,

Hotel Post, Obermarkt 1, um 1910

Ratskeller im Hotel Post, 1929

wenn es etwas ruhiger in der Gaststube war, trank er dort seinen Kaffee und las Zeitung. Das Hotel war bekannt für seine gute Küche und seine »erstklassigen Moselweine«. Kurz nach der Saalschlacht am 1. Februar 1931 traf Ödön von Horváth im Hotel Post auf seinen ärgsten Widersacher Otto Engelbrecht, Parteivorsitzender der Murnauer NSDAP, Kreisleiter und 1933 kurze Zeit Erster Bürgermeister von Murnau, wie Ödön von Horváth vor Gericht zu Protokoll gab: »Als später in der Post Engelbrecht zu mir kam, mußte ich ihm sagen, daß ich mit einem Mann, der die Sprengung einer Versammlung herbeiführte, nichts mehr zu tun haben wollte.« *(LRA, W 824-873/32)* 1933 wurde auf dem Dach des Hotel Post ein Großlautsprecher installiert, um die zentralen NS-Aufmärsche in die Marktstraße übertragen zu können. In seinem Stammlokal hörte Ödön von Horváth am Abend des 10. Februar 1933 die Übertragung der ersten Rede des gerade ernannten Reichskanzlers Adolf Hitler aus dem Berliner Sportpalast, die von sämtlichen deutschen Rundfunkstationen übertragen wurde. Horváth fühlte sich belästigt und forderte die Kellnerin auf, das Radiogerät abzuschalten. Das provozierte anwesende Nationalsozialisten. Es kam zu einem heftigen Streit, in dessen Verlauf zwei SA-Leute Horváth aus dem Lokal schafften und »nach Hause begleiteten«. Am nächsten Morgen nahm Horvath den ersten Zug und verließ Murnau fluchtartig.

10 Rathaus, *Untermarkt 13*

Das frisch renovierte Rathaus im neugotischen Stil zeigt auf der Frontseite den Ortsgründer Kaiser Ludwig den Bayer als weltliches und eine Mariendarstellung als spirituelles Element. Im Murnauer Rathaus reichte der Diplomat Dr. Edmund von Horváth am 30. September 1921 den Bauantrag auf »Neubau eines Landhauses von Dr. Horváth« ein. Der Murnauer Gemeinderat stimmte seinem Antrag ohne Einwände zu, »nachdem Herr v. Horváth persönlich erklärte, daß der im Plan eingezeichnete Nebenbau unterbleibt«. (*MGR ÖNÖ*) 1926 verlegte sein Sohn Ödön den festen Wohnsitz von München nach Murnau und meldete sich im Einwohnermeldeamt an. Als Ortsansässiger musste er sein »Gesuch um Einbürgerung« am 7. April 1927 im Rathaus Murnau stellen. Ödön von Horváth, seit 1919 ungarischer Staatsbürger, wollte übrigens als Einziger seiner Familie bayerischer – und damit deutscher – Staatsbürger werden. Der Murnauer Gemeinderat beschloss in seiner Sitzung vom 20. Juli 1927 mit einer knappen Mehrheit von sieben zu sechs Stimmen, »daß kein Nachweis erbracht ist, ob Gesuchsteller imstande ist, sich dauernd selbständig zu ernähren« und kam zu dem Ergebnis, daß »die nachgesuchte Einbürgerung deshalb nicht begutachtet« wird. Dann wurde das Gesuch an die übergeordnete Kreisbehörde weitergeleitet. Das Bezirksamt Weilheim recherierte gründlich, stellte Rückfragen, lud Ödön von Horváth persönlich vor und kam – im Gegensatz zu den Murnauer Gemeinderäten – zu dem Schluss, das Gesuch zu befürworten. Die Regierung von Oberbayern als entscheidungsbefugtes Gremium schloss sich nach einem insgesamt aufwändigen Verfahren dem Votum der Marktgemeinde Murnau an. Wenige Wochen später erfuhr Ödön von Horváth im Rathaus unter »Aushändigung eines Taufscheines und eines Zuständigkeitszeugnisses«, dass »nach Regg. Entschl. V18.5.1928 Nr. d. 1513 AI dem Schriftsteller Edmund

Murnauer Rathaus, 1920er-Jahren

(Ödön) von Horváth von Budapest die Einbürgerung in Bayern nicht in Aussicht gestellt werden kann«. Ödön von Horváth sprach öffentlich nie über seinen gescheiterten Einbürgerungsversuch. Vielmehr machte er aus der Not eine Tugend und betonte ganz offensiv sein Weltbürgertum. Bis 1934 behielt der Schriftsteller in Murnau seinen festen Wohnsitz bei, wie aus Anmeldeformularen hervorgeht. Noch am 7. Februar 1934 gab Ödön von Horváth im Hotel Bristol Wien auf dem »Meldezettel für ›Reisende‹« Murnau als ordentlichen Wohnsitz an. (*Unveröffentlichtes Dokument, Privatbesitz*)

11 Gaststätte und Weinhaus Kirchmeir – Ödön von Horváths Lieblingsgaststätte, *Schloßbergstraße 2*

Eine goldene Traube ziert noch heute das stattliche Eckhaus neben dem Rathaus, in dem früher Ödön von Horváth mit Vorliebe sein Bier trank. Bereits zum Frühstück gab es dort jeden Tag »selbst gemachte feine Brat-, Weiß- und Schweinswürste, sowie eine große Auswahl von vorzüglichen reinen Weinen« und »frisches Murnauer Lagerbier«. Am Stammtisch, wo sich Lehrer, Pfarrer und Geschäftsleute zum Gespräch trafen, war Ödön von Horváth ein häufig und gern gesehener Gast und machte

Weinhaus Kirchmeir, um 1910

Speisesaal und Weinstube im Weinhaus Kirchmeir, 1920er-Jahre

sich seine Notizen. Bisweilen lieh er sich das Papier von den Wirtsleuten und skizzierte etwa das Konzept für den Roman *Hannes, das Arbeiterkind* am 11. Juni 1930 auf das Briefpapier der Weinwirtschaft Kirchmeir. Gut ein Jahr zuvor hatte Ignaz Kirchmeir, von 1904 bis 1926 Besitzer des Hotel Seerose am Staffelsee, diese traditionsreiche Murnauer Weinwirtschaft übernommen. Doch die Gaststätte brachte ihm kein Glück. Der Familienbetrieb wurde nicht zuletzt durch einen Brand und durch die sogenannte Murnauer Saalschlacht ruiniert. Am 1. Februar 1931 sprengten Nationalsozialisten, die zum Teil mit Bussen und mit der Bahn aus der näheren Umgebung angereist waren, eine öffentliche Parteiveranstaltung der Sozialdemokratischen Partei, Ortsgruppe Murnau. Als Hauptredner war der Vizepräsident des bayerischen Landtags Erhard Auer angekündigt, der über das Thema »Demokratie oder Diktatur« referierte. »Für die Versammlung standen zwei Räume der Gastwirtschaft Kirchmeir zur Verfügung und zwar der Speisesaal und die Weinstube. Die zwischen beiden Zimmern befindliche Holzwand wurde entfernt, so daß die Räume ein einziges Ganzes darstellten. (…) Insgesamt war der Kirchmeir-Saal von etwa 250 bis 300 Personen besucht, die teilweise auch die Gänge besetzt hielten«, ist in den Gerichtsprotokollen dokumentiert. 26 Personen wurden bei der Schlägerei zum Teil schwer verletzt. Der angerichtete Sachschaden belief sich auf 2800 Reichsmark. Horváth saß zwischen den raufenden Kontrahenten und beeidigte beim Prozess wegen Landfriedensbruchs vor dem Amtsgericht Weilheim am 20. Juli 1931, dass »nach meiner Ansicht die Biergläser von den Nationalsozialisten geworfen wurden. Ein Nationalsozialist wollte mich mit einem Stuhl schlagen, er wendete sich dann wieder von mir ab und schlug den Stuhl einem anderen auf den Kopf.« (*Gerichtsprotokoll im Saalschlachtprozess, 20. Juli 1931*) Mit seiner beeidigten Zeugenaussage beim Prozess vor dem Amtsgericht Weilheim Ende Juli 1931 und beim Berufungsverfahren vor dem Landgericht München II Ende Oktober 1931 belastete Ödön von Horváth die Nationalsozialisten und insbesondere den Parteivorsitzenden Otto Engelbrecht schwer: »Die Rede des Herrn Engelbrecht war nach meinem Empfinden sehr provozierend. (…) Seine Rede klang mit einem ›Heil Hitler‹ aus.« (*Gerichtsprotokoll im Saalschlachtprozess, Revisionsverfahren, 31. Oktober 1931*) Die Nationalsozialisten wurden von hochkarätigen Anwälten, unter ihnen Dr. Hans Frank, Hitlers Rechtsberater und späterer »Generalgouverneur« des besetzten Polen, vertreten. Dieser zweifelte Horváths Glaubwürdigkeit an: »Ich stelle fest, daß es sich hier um einen Zeugen handelt, der nur Tendenzstücke gegen die Nationalsozialisten schreibt!« (*Münchner Post, 23. Juli 1931*) Der Prozess und das Berufungsverfahren endeten mit dem Freispruch aller Nationalsozialisten. Horváths Ansehen in Murnau war damit endgültig verspielt. Nahezu zeitgleich mit der Saalschlacht liefen in Berlin die Proben für die Uraufführung des Volksstücks *Italienische*

Familie Kirchmeir vor dem Gasthaus Seerose am Staffelsee, 1906

Nacht. Möglicherweise schrieb Ödön von Horváth unter dem Eindruck der Murnauer Ereignisse während der Aufführungsproben dessen Schluss noch einmal um, verwarf diese Textpassage allerdings wieder. Jedenfalls heißt es in einer der vier Schlussvarianten: »Ein Faschist aus dem Hintergrunde: Ein Heil unserem unvergleichlichen Führer. Alle Faschisten, ein Dreizehnjähriger ist auch dabei: Heil! Heil! Sie singen: ›Siegreich wollen wir Frankreich schlagen‹. Martin und seine Kameraden hören es sich zuerst ruhig an, dann kommt aber etwas Bewegung in sie – sie prüfen die Stühle auf ihre Festigkeit, stellen Krüge vor sich hin – werfen mit Bierfilzeln – auf den Faschistentisch. Dieses Werfen wird schwach erwidert – ein Kamerad Martins schüttet seinen Krug nach den Faschisten – einer steht auf und krempelt sich die Ärmel hoch.« (*Ödön von Horváth, Italienische Nacht, Schlussvariante (1a)*) Im März 1933 wurde die Gastwirtschaft zwangsversteigert. Meistbietender Käufer war das Kloster Ettal, das die Gaststätte für 52 500 Reichsmark erwarb und im August 1934 an den Hotelier Paul Behrendt weiterverkaufte. Dieser führte die Gastwirtschaft unter dem Namen Traube bis in die Nachkriegszeit weiter. Seit Langem befindet sich in den ehemaligen Wirtsräumen eine Bank.

12 Schloßmuseum Murnau – Dauerausstellung zu Ödön von Horváth, *Schlosshof 4–5*

Das Murnauer Schloss schaut rein baulich auf eine sehr lange Tradition zurück. Der Wohnturm der Murnauer Burg wurde bereits 1233 von den Wittelsbacher Herrschern errichtet. Bis zur Säkularisation war sie 400 Jahre Amts- und Wohnsitz der Pfleger des Klosters Ettal, die hier die Gerichtsbarkeit ausübten. Dann diente der mächtige Herrschaftssitz verschiedenen Besitzern als Wohnung und der Marktgemeinde Murnau bis 1980 als Schule. Seit 1993 wird es als Kunstmuseum genutzt. Das Schloßmuseum zeigt seither die international bedeutende Kunst- und Literaturgeschichte, die sich im ersten Drittel des 20. Jahrhunderts in Auseinandersetzung mit der örtlichen Tradition und Kultur des kleinen Marktorts entwickelte. Der Schwerpunkt liegt dabei auf der Verknüpfung von Kunst und Landschaft. Das mit Seen reich gesegnete Alpenvorland mit dem Murnauer Moos vor majestätischer Alpenkulisse zog seit Jahrhunderten renommierte Künstler und Schriftsteller magisch an. Die expressive Malerei von Wassily Kandinsky, Alexej von Jawlensky, Marianne von Werefkin und Gabriele Münter, aber auch die Literatur

Ödön von Horváths schöpfen aus der Begegnung mit der Murnauer Landschaft, dem Ort und seinen Menschen. Sie weisen gleichermaßen Bezüge zur örtlich gepflegten Volkskultur wie der Hinterglasmalerei und dem Volkstheater auf. Herzstück des Schloßmuseums bildet die umfangreichste öffentlich gezeigte Dauerausstellung von Gemälden, Zeichnungen und Druckgrafiken von Gabriele Münter, Lebensgefährtin von Wassily Kandinsky, sowie Arbeiten der Künstler der »Neuen Künstlervereinigung München« (u.a. Marianne von Werefkin, Alexej von Jawlensky) und des »Blauen Reiter« (u.a. Wassily Kandinsky, Franz Marc, Heinrich Campendonk). Die Exponate dokumentieren, dass diese Künstler in Murnau und Umgebung seit 1908 viele ihrer Bildmotive fanden und sich von der bayerischen Volkskunst zu Neuem inspirieren ließen. Kandinsky verfolgte in Murnau seinen konsequenten Weg zur gegenstandsfreien Kunst und verbrachte hier mit Franz Marc, Gabriele Münter und August Macke wichtige Arbeitsphasen zur Vorbereitung des Almanachs *Der Blaue Reiter*. Dem Schriftsteller Ödön von Horváth, der von 1924 bis 1933 hauptsächlich in Murnau lebte, ist im Schloßmuseum seit 2010 eine umfangreiche Dokumentation mit zahlreichen Fotos, Autografen, Briefen und biografischen Dokumenten gewidmet. Die Ausstellung dokumentiert die Murnauer Zeit Ödön von Horváths und die Werkbezüge zu Murnauer Ereignissen, Persönlichkeiten und Lokalitäten in den 1920er- und 1930er-Jahren. Sie stellt Horváths Murnauer Jahre in einen größeren biografischen Kontext und informiert über Zusammenhänge mit der Orts- und Zeitgeschichte.

Horváth-Raum im Schloßmuseum Murnau, 2010

Schlosshof in Murnau, um 2000

13 Friedhof der Pfarrkirche St. Nikolaus – Grab der Großmutter und von Onkel Pepi, *Mayr-Graz-Weg 10*

Der Murnauer Friedhof weist mehrere prominente Künstlergräber des 20. Jahrhunderts auf, darunter das Grab der Malerin Gabriele Münter und das Grab der Familie Horváth. Ödöns Großmutter mütterlicherseits Maria Prehnal (1851–1938), k. u. k. Oberstabsarztenswitwe, und deren Sohn Josef Prehnal (1875–1929), Inspektor der Österreichischen Nationalbank, k. u. k. Leutnant d. R., sind dort beerdigt. Von diesen beiden Gräbern hat man einen herrlichen Blick auf das Murnauer Moos vor imposanter Gebirgskulisse und auf das Münter-Haus, das am gegenüberliegenden Hügel liegt.

Das Grab der Familie Horváth verrät viel über die Herkunft von Ödön von Horváth, der sich in einem autobiografischen Text einmal als »typisch altösterreichisch-ungarische Mischung« bezeichnet: »magyarisch, kroatisch, deutsch, tschechisch«. (*Ödön von Horváth, Fiume, Belgrad, Budapest*) Horváths Großmutter Maria Prehnal wurde am 24. Januar 1851 als Maria Querfeld in Pancsova in der Provinz Voivodina / Südbanat etwa 16 Kilometer nordöstlich von Belgrad als Tochter des Architektenehepaars Anton und Maria Querfeld, geborene Fuchs, geboren. Heute liegt die Stadt in Serbien und hat 127 262 Einwohner. 1881 hatte die königliche Freistadt 17 127 Einwohner, überwiegend Serben und Deutsche, und gehörte bis zur Zerschlagung des Habsburger Reiches zum ungarischen Komitat Totontál. Nach 1921 wurde es dem Königreich der Serben, Kroaten und Slowenen einverleibt. In Pancsova heiratete Maria Querfeld 1870 den k. u. k. Oberstabsarzt Dr. Joseph Prehnal, der am 30. Oktober 1838 in Nenakowitz als Sohn des Schreinermeisters Prehnal geboren worden war. Nenakowitz lag damals in Böhmen-Mähren und gehörte bis 1918 zum Habsburger Reich, dann zur Tschechoslowakei. Beide waren katholisch getauft. Wegen seines Berufs als verbeamteter Militärarzt wurde die Familie Prehnal immer wieder in andere Garnisonen versetzt. Kurz nach der Hochzeit zog das junge Paar nach ungarisch Weißkirchen an den Ausläufern der Karpaten um. Dort kam 1871 das erste Kind, die Tochter Sidonie, zur Welt, die 1878 mit nur sieben Jahren in ungarisch Weißkirchen starb. 1881 wurde dort Horváths Mutter Maria Hermine geboren. Die Meldekarte im Stadtarchiv München von 1935 dokumentiert, dass Horváths Großmutter die »Tschecho.Sl(owakische)« Staatsbürgerschaft hatte. Ödön von Horváth erlebte den Tod seiner Großmutter nicht. Sie starb im August 1938 wenige Monate nach seinem Unfalltod in Paris – wohl aus Gram über den Tod ihres Lieblingsenkels: »Diese kleine zierliche Großmutter war ein Original, und wenn Ödön von einem Familienmitglied seinen Hang zum Erzählen, seine Phantasie, seinen Witz und Humor und seine Bosheit geerbt hat, so war es von seiner Großmutter. Sie war voll von Geschichten aus ihrer Jugend, aus der Zeit, da ihr Mann Militärarzt war«, erinnerte sich später Horváths Freundin und Schwägerin Gustl Emhardt. *(Gustl Schneider-Emhardt, Erinnerungen an Ödön von Horváths Jugendzeit)*

Horváths Großmutter teilt das Familiengrab mit ihrem einzigen Sohn Joseph Prehnal. Wie seine Mutter Maria kam Onkel Pepi, wie Ödön von Horváth seinen Onkel nannte, am 23. September 1875 in Pancsova zur Welt. Wie sie hatte der ledige Bankangestellte nach 1918 die tschechoslowakische Staatsangehörigkeit. Nach dem Militärdienst wurde Josef Prehnal Inspektor der Österreichischen Nationalbank in Wien. Bei der Eheschließung seiner Schwester Maria Hermine, Horváths Mutter, im Februar 1901 war er Trauzeuge. Horváths Großmutter lebte nach dem Tod ihres Mannes 1898 bis 1909 bei ihrem Sohn in Wien. Als Ödön von Horváths Vater Dr. Edmund von Horváth mit Frau und Kindern nach München versetzt wurde, zog sie mit nach München. In Onkel Pepis Wohnung in der Piaristengasse 62 in Wien, achter Bezirk, Mezzanin, kam Ödön von Horváth 1919 für mehrere Monate unter, als er an der Privatschule Vrtel in der Habsburgergasse 5 die Matura ablegte. Nach Kriegsende wurde Onkel Pepi für kurze Zeit nach München versetzt und lebte im Haus seines Schwagers in der Martiusstraße 4 im zweiten Stock. Im Meldebogen gibt er »bei den Eltern« an. Nach seiner Pensionierung war er vom 3. Januar 1927 bis zu seinem Tod in Murnau in der Horváth-Villa in der Bahnhofstraße gemeldet. Am 29. August 1929 starb er in Murnau »nach kurzem schweren Leiden im 53. Lebensjahr«. Die Todesanzeige im »Staffelsee-Bote« vom 31. August 1929 dokumentiert, wie international sich das Netz der verwandtschaftlichen Beziehungen

Edmund von Horváth (links), seine Frau Maria Hermine, ihre Mutter Maria Prehnal und Onkel Pepi, um 1925

über den Globus zog. Als Orte der Hinterbliebenen werden »Murnau, München, Pancsova, Berlin, Mohacs, New York« (*Todesanzeige im Staffelsee-Bote, 31. August 1929*) genannt. Im Nachruf heißt es: »Im ganzen Ort war Herr Inspektor Prehnal bekannt, weniger unter seinem Familiennamen, überall wurde von ihm als von dem ›Onkel Pepi‹ gesprochen, vertraut und doch respektvoll klang dieser Ehrenname (…). Wer die rührende Anhänglichkeit an seine Familie, an die Liebe zu seiner Mutter kannte, fühlt in dem Schmerz mit, der in die Familien v. Horváth, Querfeld, Emhardt eingezogen ist. Von Herrn Inspektor Prehnal, dem guten ›Onkel Pepi‹, der hier doch nur wenige Jahre ansässig war, wird noch viele Jahre in höchster Wertschätzung gesprochen werden, seine Persönlichkeit bleibt unvergeßlich.« (*Staffelsee-Bote, 31. August 1929*) Ödön von Horváth setzte in seiner Erzählung *Mein Onkel Pepi* dem Bruder seiner Mutter mit einem leichten Schmunzeln im Mundwinkel ein literarisches Denkmal: »Herrlich ist seine Wespentaille, korrekt seine Haltung, überhaupt: ›wie aus an Schachterl‹ – aufregend für die Damenwelt, von der grande Zuzott bis zum süßen Mädl aus Purkersdorf.« (*Ödön von Horváth, Mein Onkel Pep*) Für ihn ist er ein Überbleibsel aus einer anderen Zeit: »stolz, elegant und liebenswürdig«, aber dennoch überholt. »Er ist ein echter Altösterreicher und konstatiert mit wehmütiger Ironie, daß er in der feschen Uniform eines verfaulten Reiches steckt.« (*Ödön von Horváth, Geschichten aus dem Wiener Wald*)

Der Herr der Fürst-Alm: Josef Fürst, 1930er-Jahre

14 Aussichtscafé Fürst-Alm, *Am Dünaberg*

Auf dem Dünaberg, dem Hügel gegenüber dem Murnauer Friedhof, eröffnete Josef Fürst (1863–1940) ganz in der Nähe der Bahnlinie nach Oberammergau 1927 ein Aussichtscafé mit Gartenbetrieb namens Fürst-Alm. Der umtriebige Tausendsassa war

Gründer und Herausgeber der Lokalzeitung »Staffelsee-Bote«, langjähriges Gemeinderatsmitglied, Gründer des Gebirgstrachtenerhaltungsvereins und jahrzehntelanger Vorsitzender des Turnvereins. Es dauerte nicht lang, bis Ödön von Horváth bei seinen zahlreichen Besuchen in Murnauer Gasthäusern, Biergärten und Cafés Josef Fürst kennenlernte. Schon bald wurde der angehende Schriftsteller dort Stammgast und genoss allein oder mit Freunden bei einem Schoppen Rotwein den einzigartigen Rundblick. Mit dem Text *Die Fürst-Alm* schrieb er eine Liebeserklärung auf Wirt und Wirtschaft: »Von der Fürst-Alm sieht man die Berge vom Allgäu bis Tölz, Zugspitze und Wetterstein, Teufelsgrat, Wank und Krottenkopf, Heimgarten, Herzogstand, Benediktenwand und das Ettaler Mandl und alles, was sich um diese Berge herumgruppiert, Täler und Dörfer und den See nordwärts mit der oberbayerischen Hochebene. Nirgends in ganz Oberbayern hat man solch einen instruktiven Überblick über eine typisch oberbayerische Landschaft.« Selbst in Berlin träumte Horváth von diesem »schönsten Punkt am nördlichen Rande der bayerischen Alpen«. Seiner Freundin Lotte Fahr gestand er: »(…) aber wenn Du wüßtest, wie ich herumgehetzt werde, es ist wirklich nicht mehr schön und ich sehne mich nach der Fürst-Alm, um mit Dir Schach spielen zu können.«

Fürst-Alm, um 1925

Ödön von Horváth (rechts) und Bekannte auf der Terrasse der Fürst-Alm bei Murnau, 1929

Die Fürst-Alm ist in den 1950er-Jahren zum Wohnhaus umgebaut worden. Doch die wunderbare Aussicht vom Dünaberg auf die »weiß-blauen Kalkalpen« (*Ödön von Horváth*), das Murnauer Schloss, die Pfarrkirche und den Friedhof sind geblieben.

15 Geburtshaus von Christoph Probst, *Kohlgruber Straße 20 (früher Haus Nr. 75c)*

Auf dem Weg vom Dünaberg zum Staffelsee kann man das Geburtshaus von Christoph Probst (1919–1943) gar nicht verfehlen. Das exponierte Mitglied der studentischen Widerstandsgruppe »Weiße Rose«, kam am 6. November 1919 in Murnau in der Kohlgruber Straße 20 zur Welt. Seine Eltern Katharina und Hermann Probst und seine Schwester Angelika wohnten bis 1920 im sogenannten Buck-Leuthner-Haus, einem herrschaftlichen, mehrstöckigen Landhaus mit Türmchen und wunderbarem Blick auf den Staffelsee. Hermann Probst war ein universal gebildeter Privatgelehrter und Kunsthistoriker, der sich bevorzugt mit östlichen Religionen beschäftigte. Die Verbindung nach Murnau kam über Gabriele Münter und Wassily Kandinsky zustande, zu denen Hermann Probst beste Kontakte pflegte. Aufgrund der frühen Trennung der Eltern verbrachte Sohn Christoph seine Kindheit an verschiedenen Wohnorten, zunächst mit seinem Vater im nahegelegenen Kochel, dann mit seiner Mutter mehrere Jahre in Murnau. Zwischen 1930 und 1937 wechselte Christoph Probst mehrmals die Schule und legte im Landerziehungsheim Schondorf am Ammersee 1937 sein Abitur ab. 1939 begann er sein Medizinstudium in München, das er in Straßburg und ab 1942 in Innsbruck fortsetzte. Seine Frau und seine drei Kinder lebten zu dieser Zeit im Haus seiner Mutter in Tegernsee. Christoph Probst kam durch seinen Freund Alexander Schmorell, den er 1936 im Neuen Realgymnasium (heute Albert-Einstein-Gymnasium) kennengelernt hatte, in Kontakt mit dem Widerstandskreis der »Weißen Rose«. Menschenwürde, Toleranz, kritisches Denken und geistige Bildung besaßen für den angehenden Humanmediziner einen hohen Stellenwert. Deshalb leistete er gegen die Nationalsozialisten Widerstand und bezahlte dafür mit dem Leben. Im Sommer 1942 begann Hans Scholl

Kohlgruber Straße 20 in Murnau, 1970er-Jahre

zusammen mit Alexander Schmorell mit den Flugblattaktionen, an denen sich schon bald Hans Scholls Schwester Sophie und andere Freunde beteiligten. Obwohl Christoph Probst zu dieser Zeit in Innsbruck studierte, nahm er regelmäßig an den Treffen der Gruppe in München teil. Nach der Katastrophe von Stalingrad formulierte er den Entwurf für das siebte Flugblatt, in dem er u. a. den sinnlosen Tod von 200 000 deutschen Soldaten in Stalingrad, die Vernichtung der Polen und Russen sowie die Ausrottung der Juden anprangerte. Hans Scholl hatte das Manuskript noch in seiner Jackentasche, als er am 18. Februar 1943 zusammen mit seiner Schwester Sophie im Lichthof der Universität München verhaftet wurde. Der Verfasser war schnell ermittelt. Am 19. Februar 1943 nahm die Gestapo Christoph Probst in Innsbruck fest, am 22. Februar 1943 wurde er zusammen mit den Geschwistern Scholl nach einem Schauprozess zum Tode verurteilt und im Gefängnis München-Stadelheim ermordet. Sein Grab, wie das seiner Weggefährten Sophie Scholl, Hans Scholl, Willi Graf, Alexander Schmorell und Kurt Huber, befindet sich auf dem Friedhof Perlacher Forst in München.

Christoph Probst, um 1940

Seit 1983 erinnert eine Straße in Murnau an Christoph Probst. Die Mittelschule Murnau trägt seit 2016 seinen Namen und hält die Erinnerung an dieses bewundernswerte Vorbild lebendig. Sein Erbe zu bewahren, die Erinnerung an die Gräueltaten der Nationalsozialisten wachzuhalten und sich dem Rechtsextremismus entgegenzustellen, dafür setzt sich das »Werdenfelser Bündnis« ein.

16 Wochenend am Staffelsee

Die Murnauer Bucht am Staffelsee war früher durch eine geschickte Wegführung wesentlich enger an die Ortsmitte angebunden. Der Gasthof Seerose, das Strandhotel Murnau und das Strandcafé säumten bis in die 1960er-Jahre wie Perlen die Murnauer Bucht. Sommer wie Winter lockten sie Einheimische und Gäste zu Vergnügungen, zum Genießen und Entspannen an den Staffelsee. Nach einem erfrischenden Bad im wärmsten See Bayerns oder einer erholsamen Ruderpartie kehrte man dort ein. Für jeden Geschmack und Geldbeutel war etwas dabei. In der Prinzregentenzeit war der »Kurort mit Stahlbad« eine Art Geheimtipp für Sommerfrischler und Wohlhabende aus der Stadt, aber auch ein Treffpunkt für viele Künstler, die sich von der Schönheit der Gegend angezogen fühlten. Um 1910 hatte Murnau ca. 2500 Einwohner und war bereits seit mehreren Jahrzehnten ein beliebter Bade-, Höhen- und Luftkurort. Seit der Anbindung an die Eisenbahnstrecke 1879 hatte sich das Geschäft mit den Sommerfrischlern zur Haupteinnahmequelle entwickelt. Während der Sommermonate kamen bis zu 1700 Gäste. Um 1889 stammten 70 Prozent der Sommergäste aus dem damals zweieinviertel Bahnstunden entfernten München, 20 Prozent kamen aus dem restlichen Bayern, drei Prozent aus dem Deutschen Reich und

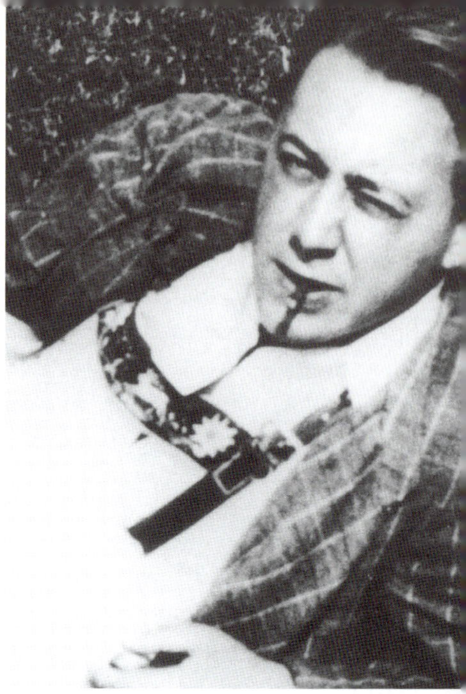
Ödön von Horváth, 1925

nur 1 Prozent kam aus dem Ausland. Ödön von Horváth und seine Freunde liebten das Treiben am Staffelsee. Wenn der See zugefroren war, trafen sie sich zum Eisstockschießen, Schlittschuhlaufen und zu den regelmäßig stattfindenden Eisrennen. Im Sommer waren sie regelmäßig im Strandbad anzutreffen und nach dem Sonnenbad im Strandhotel, ein wichtiger gesellschaftlicher Treffpunkt in den 1920er-Jahren. Ödön von Horváth verortet sein Volksstück *Italienische Nacht* ursprünglich am Staffelsee und wollte es *Wochenend am Staffelsee* nennen. Doch dann verwarf er diesen für die Tourismusbranche so werbewirksamen Titel und nannte es vorübergehend *Ein Wochenendspiel. Volksstück in sechs Bildern.*

17 Gasthof Seerose am Staffelsee, *Seewaldweg*

»10 Minuten vom Bahnhof, am Staffelsee gelegen. Großer, schattiger, staubfreier Garten. Moderner, luftiger Speisesaal, Kegelbahn. Bekannt gute auswahlreiche Küche, schöne Fremdenzimmer mit vorzüglichen Betten. Elektrisches Licht, Bad, Closett, Wasserleitg. Gutes Bier. ff.Kaffee. Spezialität: Reine Weine und ausgezeichnete, selbstgem. Weiß-& Bratwürste – Aufmerksame Bedienung!«, so beschrieb eine Werbung im Reiseführer *Murnau am Staffelsee. Bayr. Hochland* das Gasthaus. Seit 1904 war Ignaz Kirchmeir, der spätere Wirt der Gaststätte und Weinhaus Kirchmeir der Besitzer des Hotel Seerose, bevor er es an eine Münchner Immobilienfirma verkaufte, aber weiterhin Geschäftsführer blieb. Am 1. Mai 1929 übernahm Heinz Reichhard für kurze Zeit die Seerose. Gleichzeitig pachtete er das Café Greif am Münchner Marienplatz, was erfreulich viele Münchner Musiker zu »Künstler-Konzerten« nach Murnau lockte. Zwischen seinen Münchner und Murnauer Gästen fand ein reger Austausch statt. Nach Heinz Reichhard führte Hotelier Philip Schnepf das Hotel. Beide Namen tauchen in Horváths Entwurf *Nach der Saison*, einer Vorarbeit zur Komödie *Zur Schönen Aussicht*, auf. Philip Schnepf verkaufte die Seerose am 10. Januar 1930 an Johann Fischer, den bisherigen Besitzer des Alten Spaten in München. Dieser belebte das Hotel mit unterschiedlichsten Aktivitäten. Jeden Mittwoch gab es einen »original Schuhplattler Abend«; sogar Theater wurde in der Seerose gespielt und im Wirtsgarten fand das Gartenfest des »Frontkriegerbundes Ortsgruppe Murnau« mit einem »Deutschen Feierabend« statt, das Horváth zu seinem »Deutschen Tag« der Faschisten in *Italienische Nacht* inspirierte. Hotelier Johann Fischer starb im Januar 1933 an den Folgen einer schweren Operation. Der Gasthof Seerose erlebte noch mehrere Besitzer, bevor er Anfang der 1970er-Jahre einem Appartementbau zum Opfer fiel.

18 Kurhaus Staffelsee / Strandhotel, *Seewaldweg*

Nur wenige Minuten vom Gasthof Seerose entfernt stand bis Ende der 1970er-Jahre das Strandhotel, das zuletzt als Seniorenheim genutzt wurde. Das erstklassige Kurhotel in einzigartiger Lage wurde 1878 erbaut und wechselte seit 1910 mehrmals Namen und Besitzer. Nach Heinz Reichhard, der das Hotel zwischen 1921 und 1926 führte, pachteten die Herren Kraus

Murnau, Strandhotel, um 1920

Murnau, Strandcafé, 1920er-Jahre

Murnau, Strandcafé, Innenraum, 1920er-Jahre

und Fernau das Strandhotel. Ab Ostern 1927 übernahm es Herr Grauvogel, Schwiegersohn des Herrn Anast vom Hofgartencafé am Odeonsplatz in München. Das erklärt den regen Austausch von Konzertgeigern zwischen dem Anast und dem Strandhotel: »Im Winter gab es im Strandhotel immer rauschende Karnevalfeste, und unsere ganze Clique verkleidete sich jeweils nach einem bestimmten Motto. Einmal waren alle Männer als kleine Buben in Matrosenanzügen oder als Neger in Ballettröcken, oder die ganze Bande waren Apachen oder Lehrer mit Schülern und Schülerinnen«, erinnerte sich Ödön von Horváths Schwägerin Gustl Schneider-Emhardt. (*Gustl Schneider-Emhardt, Erinnerungen an Ödön von Horváths Jugendzeit*) Das Strandhotel bot um die Jahrhundertwende den Schönen und Reichen aus dem nahegelegenen München »ausgezeichnete Moor- und heilkräftige Sool- und Fichtennadelbäder« an. Doch auch für Gäste aus dem Ausland bot das Nobelhotel adäquate Logis: »Je nachdem, welche Nation die gute Valuta hatte, waren die meisten Sommergäste Ungarn oder Schweden, Dänen oder Amerikaner. Und es gab viele Künstler, mit denen man sich am Abend zum Tanzen traf und zum Debattieren.« (*Gustl Schneider-Emhardt, Erinnerungen an Ödön von Horváths Jugendzeit*) Dann verkam das Strandhotel allmählich, blieb aber gesellschaftlicher Treffpunkt. Dort gab es das ganze Jahr über Künstlerkonzerte und im Fasching einfallsreiche Maskenbälle. Ödön von Horváth ließ sich von diesem gesellschaftlichen Treiben literarisch inspirieren. In seine Komödie *Zur schönen Aussicht* (1926) flossen Beobachtungen und Erfahrungen ein, die er als Stammgast des Strandhotels und des Gasthof Seerose mit dem dortigen Personal gemacht hatte. Den Pächter des Kurhotels Heinz Reichhard und seine Frau Gustl Müller nennt Ödön von Horváth in der Vorarbeit *Nach der Saison* in der Rollenliste. Nach Lajos von Horváth war sein »Hotel lustig, aber völlig verkommen«. Man sagte Reichhard, der nie Geld besaß, nach, dass er häufig Liebesbeziehungen zu Damen aus gehobenen Kreisen pflegte. Lajos von Horváth erinnerte sich, dass es im Strandhotel einen Kellner gab, »der durch seine Präpotenz auffiel« und den die Gäste »immer wieder in seine Schranken verweisen mussten«. Er »servierte immer in Socken: seine Schuhe standen dann mitten im Lokal«.

In unmittelbarer Nähe zum Strandhotel, direkt am See, lag das Strandcafé. Seit dem Kauf des Strandhotels durch die »Urania« 1929 war es nicht mehr bewirtschaftet. Doch das änderte sich, als Hotelier Fischer es im März 1930 zur großen Freude der Murnauer wieder eröffnete. Von dort konnte man zum Murnauer Strandbad hinüberschauen, das sich auch heute noch auf der anderen Seite der Murnauer Bucht befindet.

Blick auf die Murnauer Staffelsee-Bucht mit den zwei Strandbädern mit Badehütten und dem Strandhotel (hinten links), um 1925

19 Strandbad Murnau, Murnauer Bucht, *Seewaldweg und Seestraße 31*

Um 1900 gab es in der Murnauer Bucht zwei Badeanstalten: Die Badeanstalt am östlichen Ufer des Staffelsees wurde 1890 vom Verschönerungsverein neu erbaut und in den späteren Jahren bedeutend erweitert; das ältere Bad am Südufer wurde neu hergerichtet: »Auch was Bäder anbelangt, hat der rührige Verschönerungsverein in Murnau durch Errichtung von zwei bedeutenden Badeanstalten am See Hervorragendes geleistet. Jede Anstalt besitzt eine größere Anzahl Badehütten, ein Schwimmbad und Kabinen für Damen und Herren, sowie getrennte Kinderbäder. In der Badeanstalt 2 ein Sonnenbad mit Kabinen für Damen und Herren getrennt. Strahl-Brauseduschen sind in beiden Anstalten vorhanden.« (*Führer durch Murnau und Umgebung*) Die Malerin und Schriftstellerin Franziska Gräfin zu Reventlow kam gerne mit ihrem Sohn Bubi und Freunden aus dem 70 Kilometer entfernten München an den Staffelsee. Die Sommerfrische am Wasser erinnerte sie an ihre Kindheit in Husum. In ihr Tagebuch notierte sie am 26. Juni 1901: »Samstag nach Murnau, A., Sonni und ich bei großer Hitze, dort gleich gebadet, nachher gerudert, ich, Baschl und Bubi über den See gefahren, an Jugendzeiten gedacht, wo ich den halben Tag auf dem Wasser war. (…) Das Sonnenwendfest wirklich ein Fest, wenigstens für mich. Ums Feuer gelegen und getanzt, das Gewand halb zerrissen. Durch den Tau die Abhänge hinabgerollt.« (*Franziska zu Reventlow, Tagebücher*) Um 1910 betrug die jährliche Durchschnittsfrequenz der zwei Murnauer Badeanstalten am Staffelsee 30 000 Besucher. Gebadet wurde streng getrennt nach Geschlechtern. Seit 1920 verbrachte Ödön von Horváth mit seinen Eltern, seinem Bruder Lajos und

Ödön von Horváth (rechts) mit dem Schriftsteller Wolf Justin Hartmann, 1920er-Jahre

seiner Schwägerin Gustl Emhardt den Sommer im Strandbad. Sie erinnerte sich: »Damals gab es in Murnau noch streng getrennt ein Männer- und Frauenbad, und es war ein herrlicher Spaß, wenn die Brüder Horváth sich mit Damenmützen und Bademänteln hüftewiegend ins Frauenbad schlichen, nur an ihren großen Füßen erkennbar, bis sie von der resoluten Badefrau Roserl erkannt und hinausgeschmissen wurden.« (*Gustl Schneider-Emhardt, Erinnerungen an Ödön von Horváths Jugendzeit*) Ödön von Horváth balgte mit seinem Schriftstellerkollegen Wolf Justin Hartmann (1894–1968) und lag faul mit seinen Münchner Künstlerfreunden Lukas Kristl (1903–1985), Klaus Mann (1906–1949) und Erika Mann (1905–1969) in der Sonne. Manchmal kamen der Regisseur Francesco von Mendelssohn (1901–1972), der Schriftsteller Carl Zuckmayer (1896–1977) und Regisseur und Schauspieler Gustaf Gründgens (1899–1963) aus Berlin zu Besuch. Sie alle besuchten gern Ödön von Horváth in Murnau, weil sie das Treiben am Staffelsee liebten.

Ödön von Horváth (ganz hinten links) mit Freunden im Murnauer Strandbad, um 1925

20 Staffelseemuseum in Seehausen, *Seestraße 1*

Wer mehr über den Staffelsee und seine Bewohner erfahren will, sollte das Staffelseemuseum in Seehausen besuchen. Anfang 2018 wurde es im Obergeschoss des alten Pfarrhofs schräg gegenüber der Pfarrkirche Sankt Michael neu eröffnet. Das denkmalgeschützte Gebäude mit seinem markanten Schopfwalmdach geht auf das Jahr 1777 zurück und gehört zu den ältesten Gebäuden im ehemaligen Fischerdorf. Die Ausstellungsthemen sind eng mit der Kunst- und Kulturgeschichte des Staffelseeraums verbunden. Sie hat ihren Beginn auf der Insel Wörth, der größten der sieben Inseln. Ein sehenswertes Exponat ist beispielsweise ein im Staffelsee gefundenes Schwert aus der Bronzezeit. Ein Ausstellungsmodell veranschaulicht das karolingische Kloster aus dem 8. Jahrhundert, das vermutlich durch die Ungarn im 10. Jahrhundert zerstört wurde. Nach Auflösung des Klosters im 11. Jahrhundert wurde aus der Klosterkirche eine Pfarrkirche für die zehn umliegenden Anrainer. Durch eine Schenkung von Kaiser Ludwig dem Bayern kam der Staffelsee 1330 zum Kloster Ettal. Die Fischer und die meisten Bauern in Seehausen unterstanden nun bis 1803 dem Kloster. Ein Holzsteg von der Halbinsel Burg über die kleinste Insel Sankt Jakob zur Insel Wörth ermöglichte den Gläubigen den Besuch ihrer Pfarrkirche auch ohne Boot, wie ein Bild aus dem Jahr 1770 zeigt. Weil der Weg sehr beschwerlich war, wurde die Pfarrkirche im Jahr 1773 abgebrochen und auf dem Festland wieder errichtet.

Staffelmuseum in Seehausen: Außen- und Innenansicht sowie Exponat eines Hinterglasbildes (rechts)

Auch die Kunst der Hinterglasmalerei als ein europaweites Phänomen findet in der neuen Ausstellung gebührende Beachtung. Seehausen war mit den Malerdynastien Gege und Noder im 18. und 19. Jahrhundert ein bedeutendes »Zentrum« dieser Maltechnik. Neben dem Fischfang war die Hinterglasmalerei damals eine bedeutende Erwerbsquelle. Heute üben nur noch drei Familien das Fischereigewerbe im Nebenerwerb aus. Viele Seehauser leben inzwischen vom Tourismus, wie die Geschichte der Schifffahrt auf dem Staffelsee dokumentiert. Weil die Fangzahlen zurückgingen, kauften die Seehauser 1927 gemeinschaftlich ein Motorboot

für die Sommerfrischler. Nach dem Zweiten Weltkrieg erhielten sie von den US-Besatzern ein ausgedientes Sturmboot zur gewerblichen Schifffahrt. Es wurde 1959 von einem Panoramaschiff für Rundfahrten auf dem See abgelöst. Da sich die Bootsausflüge auf dem idyllisch gelegenen Staffelsee immer größerer Beliebtheit erfreuten, wurde es 1998 durch ein modernes Ausflugsschiff ersetzt. Die »MS Seehausen« mit 270 Sitzplätzen ist seit 2009 im Einsatz. Wie ihre Vorgänger verbindet sie den Sommer über die Staffelsee-Anrainer Uffing, Seehausen und Murnau auf dem Seeweg.

B2
Reschstraße
Weindorfer Straße
Bahnhofstraße
Obermarkt
Untermarkt
Schloßbergstraße
Burggraben
Kellerstraße
Mayr-Graz-Weg
Kohlgruber Straße
Kocheler Straße
Kottmüllerallee
Hechendorfer Straße
1
2
3
4
5
6
7
8
9
10
11

Auf den Spuren des »Blauen Reiter«

1 Gedenkbüste für die Malerin Gabriele Münter, *Gabriele-Münter-Platz*

Am Gabriele-Münter-Platz erinnert ein Gedenkstein an die große Künstlerin des »Blauen Reiter«, die über 40 Jahre in Murnau lebte, von 1909 bis 1914 an der Seite von Wassily Kandinsky. »Während dieser Zeit gelang ihnen mit den Freunden Alexej von Jawlensky, Marianne von Werefkin, Franz Marc, August Macke und anderen der Durchbruch zu einer neuen Expressiven Malerei«, so die Inschrift. Zentrale Elemente des Gabriele-Münter-Platzes sind zum einen die Gabriele-Münter-Büste von Herbert Elflein, gefertigt nach einer Büste des Bildhauers Rudolf Pfefferer (1910–1986), und zum anderen eine Raumskulptur des Murnauer Bildhauers Hans Angerer. Sie bildet den Grundriss des Münter-Hauses nach und deutet die von Wassily Kandinsky bemalte Treppe im »Russenhaus« an, wie die Murnauer das Münter-Haus nennen. Hans Angerer schuf mit seinem Kunstwerk eine gedankliche Verbindung zum nur wenige 100 Meter entfernten Haus von Gabriele Münter. Am 19. Februar 1877 wurde die Malerin als Kind einer wohlhabenden Familie, die lange in den USA gelebt hatte, in Berlin geboren. Um die Jahrhundertwende begann sie in München ein Kunststudium. 1902 belegte sie Kurse bei Wassily Kandinsky, was ihr neue, entscheidende Impulse für

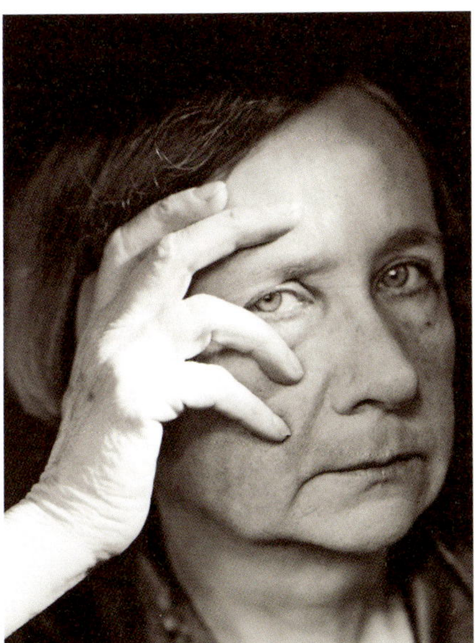

Gabriele Münter, um 1935

ihre künstlerische und persönliche Zukunft gab. Zusammen mit Kandinsky unternahm sie zwischen 1903 und 1907 zahlreiche größere Studienreisen. 1907 lebten und arbeiteten beide in Berlin. 1908 kehrten sie gemeinsam nach München zurück und entdeckten im Sommer Murnau und den Staffelsee.

Angeregt durch Kandinsky, der bereits 1889 als Jurist und Nationalökonom auf einer Forschungsreise im russischen Gouvernement Wologda die Volkskultur entdeckt hatte, begeisterte sich Gabriele Münter in Murnau zunehmend für Erzeugnisse der einheimischen Volkskunst. Marianne von Werefkin und Alexej Jawlensky ging es nicht viel anders. Auch sie gewannen den Eindruck, dass russischer Volksglaube und russische Volkskunst sehr der oberbayerischen Volkskultur ähnelten. Sprachprobleme kannten diese Russen nicht. Kandinsky, Jawlensky und Werefkin sprachen fließend Deutsch. Kandinsky hatte es schon als kleiner Junge von seiner Großmutter mütterlicherseits gelernt, die eine Deutsche war. Seine Tante, die nach der Scheidung der Eltern die Erziehung übernommen hatte, war eine Deutsch-Baltin und machte Kandinsky mit den Märchen ihrer Herkunft vertraut. 1896 war Wassily Kandinsky nach München gekommen, der Stadt des Jugendstils, wo er wenige Jahre später beim Malerfürsten Franz von Stuck studierte. Kandinskys frühe Münchner Bilder standen im Schnittpunkt von Jugendstil und russischer Volkskunst. 1904 arbeitete er an einer »Theorie der Farbe«. Aufmerksam wollte er sich in sie vertiefen, wie er seiner Geliebten und Schülerin Gabriele Münter anvertraute, »um die Farben – wirkend auf meine Seele beurteilen zu können«. Für ihn hatten Farben eine magische Kraft. Auf einer Radtour durch das Alpenvorland lernte Kandinsky im August 1904 Murnau zum ersten Mal kennen und war sofort begeistert. In einer Ansichtskarte an Gabriele Münter, mit der ihn seit 1902 eine innige Liebschaft verband, schrieb er am 25. August 1904: »Seht, sehr schön ist es. (…) Diese ganz tiefliegenden und sich langsam bewegenden Wolken, der düstere, dunkelviolette Wald, die blendend-weißen Gebäude, sammettiefe Dächer der Kirchen, dieses sattgrüne Laub – habe ich noch immer vor Augen, habe sogar von den Sachen geträumt.« Wassily Kandinsky sah die Hinterglasbilder als exemplarisch für eine aus der inneren Notwendigkeit gewachsenen Form an. In seiner kunsttheoretischen Abhandlung *Über das Geistige in der Kunst* schrieb er: »Ebenso wie wir suchten diese reinen Künstler nur das Innerlich-Wesentliche in ihren Werken zu bringen.« (*Wassily Kandinsky, Über das Geistige in der Kunst*) Unter seinem Einfluss begann Gabriele Mün-

Heinrich Rambold in seiner Murnauer Werkstatt, um 1940

ter, Hinterglas- und Votivbilder, Heiligen- und Spielzeugfiguren zu sammeln, die sie auf gemeinsamen Reisen, während ihrer Aufenthalte in Murnau und Umgebung, aber auch in München auf der Auer Dult oder bei Händlern fand. In der Region um den Staffelsee blickt die Hinterglaskunst auf eine lange Tradition zurück. In Murnau und im benachbarten Seehausen hatte sich die Herstellung von Hinterglasbildern seit dem 18. Jahrhundert etabliert und bis Ende des 19. Jahrhunderts zu einem starken Wirtschaftsfaktor entwickelt.

2 Die Werkstatt von Heinrich Rambold, Hinterglasmaler in Murnau, *Burggraben 46*

Gabriele Münter erlernte die Glasmaltechnik bei Heinrich Rambold, einem in Murnau ansässigen Hinterglasmaler. Alexej Jawlensky, ihr Malerfreund, war auf diese in Murnau bereits ausgestorbene Volkskunst aufmerksam geworden: Um 1890 hatte Rambold diese Technik bei Josef Gege in Seehausen abgeschaut, um sie wieder zu beleben – nicht zuletzt mit dem Ziel, Sommerfrischler mit Souvenirs aus Murnau zu versorgen. Heinrich Rambold sah sich als Retter und Bewahrer dieser traditionsreichen Volkskunst und war um 1900 der letzte aktive oberbayerische Hinterglasmaler. Gabriele Münter erinnerte sich später: »Aber Glasbilder, scheint mir, lernten wir erst hier kennen. Es wird Jawlensky gewesen sein, der zuerst auf Rambold und die Sammlung Krötz aufmerksam machte. Wir waren alle begeistert für die Sachen. Bei Rambold sah ich,

Heinrich Rambold: Hl. Scius, Hinterglasbild, um 1920

dass und wie man es machen kann. Ich war in Murnau – soviel ich weiß – die erste, die Glasscheiben nahm und auch was machte. Zuerst Kopien – dann auch verschiedene eigene Dinge (…). Ich war entzückt von der Technik und wie schön das ging und erzählte Kandinsky immer davon, um ihn auch dazu anzuregen – bis er auch anfing und dann viele Glasbilder machte.«

Gabriele Münter verfeinerte ihre Fertigkeit des Hinterglasmalens, indem sie zuerst die Vorlagen von Heinrich Rambold kopierte. Bevor sie eigene Hinterglasbilder schuf, malte sie zudem Originale aus der Sammlung des Braumeisters Johann Krötz nach. Auch beim Bemalen der Bilderrahmen orientierte sie sich an Rambolds Vorbildern. Doch schon bald entwickelte Gabriele Münter einen eigenständigen Malstil. Zunehmend verabschiedete sie sich beim Hinterglasmalen von sakralen Motiven und malte Porträts, die Voralpenlandschaft um Murnau und Straßenszenen. Heinrich Rambold war sehr produktiv und hinterließ ein umfangreiches Werk, das heute im Werdenfels Museum Partenkirchen betreut wird. Doch er beeindruckte bereits seine Zeitgenossen, wie den Schriftsteller und Dramatiker Hans Kyser, der 1912 im »Berliner Tageblatt« schrieb: »Alle seine Farben lachen, und er weiß, worauf es ankommt: ein reines Rot und Blau und herzhafte Striche. In ihm lebt noch eine Ahnung des Wesentlichen und des Volkstümlichen.« Wie sehr Kandinsky und Münter den ortsansässigen Hinterglasmaler schätzten, sieht man daran, dass Münter über 20 Hinterglasbilder von Rambold in ihre Sammlung aufnahm. Rambold war es auch, der den innovativen Malern aus München den Kontakt zu Braumeister Johann Krötz herstellte.

3 Haus von Johann Krötz, Hinterglasbildsammler, *Burggraben 29 (früher Haus Nr. 53)*

Der Braumeister Johann Krötz (1858–1919), ein gebürtiger Seehauser, baute ab Ende der 1880er-Jahre eine Sammlung von Hinterglasbildern vorwiegend aus der Region um den Staffelsee auf. Die über 1000 Stücke umfassende Sammlung, die seit 1955 in weiten Teilen dem Oberammergau Museum gehört, ermöglichte Gabriele Münter – wie auch Kandinsky, Franz Marc und Alexej von Jawlensky – einen tieferen Einblick in Themen, Motive und regionale Charakteristika der Hinterglasmalerei. Johann Krötz führte genauestens Buch über Maler, Motive und Herkunft der Bilder. Inspirieren ließ er sich dabei von der Volkskunstbewegung und bewahrte mit seiner Sammlerleidenschaft, die er mehrere Jahrzehnte pflegte, diese Volkskunst vor dem Vergessen. In seinem Haus am Burggraben in Murnau war seine einmalige Sammlung seit 1905 öffentlich zugänglich. Hier besichtigten Gabriele Münter und Wassily Kandinsky bei zahlreichen Besuchen die Bilder hinter Glas. Besuche bei Rambold und Krötz waren selbstverständlich, wenn Künstlerfreunde und Bekannte aus anderen Städten und Ländern zu ihnen nach Murnau kamen. Die Malerei auf Glas entwickelte sich für die Maler um den »Blauen Reiter« seit 1911 zu einer gemeinsamen Leidenschaft. Allein Wassily Kandinsky malte in wenigen Jahren an die 60 Hinterglasbilder; von August Macke sind zehn und von Franz Marc acht Hinterglasbilder nachweisbar. Mit seinem Malerfreund, der vom nahe gelegenen Sindelsdorf zu Fuß nach Murnau herüberkam, wählte Wassily Kandinsky im August 1911 zehn Abbildungen »bayerischer Glasbilder« aus. Neun davon stammten aus der Sammlung von Johann Krötz: drei Spiegelbilder aus Raimundsreut im Bayerischen Wald, ein Hinterglasbild aus Winklarn / Oberpfalz und fünf Werke aus Seehausen. Darunter befindet sich nur ein Bild, »Der Winter« aus einer Jahreszeitenfolge, das kein sakrales Motiv darstellt. Am 19. August 1911 schrieb Kandinsky an Münter nach Bonn: »Gestern mit Marc u. K. beim Brauermeister (Krötz) gewesen u. heut ist mir wieder etwas klar in meinem Bilde geworden. Ach! Er hat auch noch wundervolle Sachen. Marcs, Köhler, Rambolds lassen dich schön grüßen. Die ersten 3 bedauerten sehr, dass du noch nicht da bist.« Jahrzehnte später wies Gabriele Münter darauf hin, wie groß der Einfluss der Volkskunst auf ihre Malerei war: »Vor allem wies mir die Volkskunst den Weg, namentlich die um den Staffelsee einst blühende bäuerliche Hinterglasmalerei mit ihrer unbekümmerten Formvereinfachung und den starken Farben in dunklen Umrissen.« Die Hinterglasbildsammlung von Johann Krötz versetzte noch eine andere bedeutende Künstlerin des 20. Jahrhunderts in Erstaunen. 1919 besuchte die Künstlerin Hannah Höch (1889–1978) ihre jüngere Schwester Grete in Murnau. Sie war mit Franz Xaver Krötz, dem Sohn von Johann Krötz, befreundet, der ihr den Familienschatz zeigte. 1959 bzw. 1964 ließen sich Hannah Höchs Schwestern Grete und Marianne in Murnau nieder, was mehrere Besuche von Hannah Höch in Murnau nach sich zog. Das Haus von Johann Krötz ist längst abgerissen.

4 **Münter-Haus,** *Kottmüllerallee 6*

Im Juni 1909 mieteten Kandinsky und Münter das neugebaute Haus des Maurerpoliers Xaver Streidl in der Kottmüllerallee. Wassily Kandinsky verliebte sich auf den ersten Blick in dieses schmucke Häuschen und Gabriele Münter kaufte es zwei Monate später. Der Kunsthistoriker Johannes Eichner, Gabriele Münters späterer Lebensgefährte, erinnerte sich: »Im Sommer 1909 kamen Kandinsky und Gabriele Münter wieder nach Murnau. Jetzt fanden sie in einem Bauerngarten, dessen Blumen- und Gemüsebeete sie beim Vorbeispazieren im Jahr vorher mit Vergnügen gesehen hatten, ein Haus stehen, das soeben fertig geworden war. Unter zwei großen Eichen lag es außerhalb des Ortes, an der Allee zu dem uralten Ramsach-Kirchlein, damals das einzige Haus jenseits der Eisenbahn, inmitten von Wiesen.« (*Johannes Eichner, Kandinsky und Gabriele Münter. Von Ursprüngen moderner Kunst*) Das einfache Landleben in Murnau war Programm. Kandinsky und Münter begannen damit, volkstümliche Schnitzereien, Hinter-

Münter-Haus in Murnau, 2010

glasbilder und Spielzeug zu sammeln. Gemeinsam bemalten sie die Treppe und Gebrauchsmöbel mit volkstümlichen Motiven. »Auch das Gartenhäuschen, in dem man gern den Tee nahm, strich Kandinsky eigenhändig blau an. (…) Man hatte moderne Tapeten gewählt und Bauernstoffe an die Fenster gehängt. Alles war farbig, halb Volkskunst, halb Jugendstil.« (*Johannes Eichner, Kandinsky und Gabriele Münter. Von Ursprüngen moderner Kunst*)

In Lederhosen und Dirndl arbeiteten die beiden eifrig im Garten, pflanzten Gemüse und Blumen, jäteten das Unkraut, ernteten die Gartenfrüchte und machten daraus herrliche Gerichte. Sogar das Murnauer Bauerntheater besuchten sie. Sie schätzten die Begegnung mit den Einheimischen in Biergärten und Gastwirtschaften. Der Russe Kandinsky genoss die Ruhe und das bäuerliche Leben auf dem Land. In Murnau fand er, was er bereits aus seiner Heimat kannte: Die farbigen Trachten, das Brauchtum und die geschmückten Häuser erinnerten ihn an seine Fahrten in der Kindheit entlang der Wolga. Auch war er 1889 – kurz nach Beendigung seines Jurastudiums – im Auftrag der Kaiserlichen Gesellschaft für Freunde der Naturwissenschaft, Anthropologie und Ethnografie einem Forschungsauftrag in das weite, östlich bis in den Ural heranreichende Gouvernement Wolodga gefolgt. Der 23-jährige Kandinsky sollte die archaischen Rechts- und Kultformen dieses russifizierten, finnischen Volksstammes von Fischern und Viehzüchtern aufspüren. Von deren Alltagskultur war er so tief beeindruckt, dass er fortan davon überzeugt war, dass Kunst und Ethnografie verwandte, nicht voneinander abtrennbare Gebiete seien und alle Bildkraft im Volkstum ruhe. In seinem autobiografischen Text *Rückblicke* von 1913 schreibt er: »Die großen, mit Schnitzereien bedeckten Holzhäuser werde ich nie vergessen. In diesen Wunderhäusern habe ich eine Sache erlebt, die sich seitdem nicht wiederholt hat. Sie lehrten mich, im Bilde mich zu bewegen, im Bilde zu leben.« (*Helmut Friedel und Annegret Hoberg, Der Blaue Reiter*) Das Murnauer Haus wurde bald zentraler Treffpunkt der Künstlerfreunde. August Macke und seine Frau fuhren aus Tegernsee herüber, Heinrich Campendonk, Helmuth Macke, Franz Marc und seine Frau Maria kamen aus dem nahegelegenen Sindelsdorf, und aus München reisten Erma Bossi, Adolf Erbslöh, Alexander Kanoldt, Marianne von Werefkin und Alexej von Jawlensky an. Sie hatten sich im Januar 1909 zur »Neuen Künstlervereinigung München« zusammengeschlossen. Jetzt entstanden in intensiver gemeinsamer Arbeit zahlreiche Landschaftsbilder und Ortsansichten. In Murnau machten Jawlensky, Werefkin, Kandinsky und Münter die künstlerisch entscheidenden Schritte hin zur expressiven Malerei.

Nach Ausbruch des Ersten Weltkriegs mussten sie als Russen und damit als Kriegsgegner Deutschland überstürzt verlassen. Für Ausstellungszwecke nahm Kandinsky nur einige größere Gemälde mit, ließ aber alles andere – Skizzen, kleinere Bilder, mittlere Formate, Studien, Bücher, Möbel usw. – in Münters Obhut zurück. Er glaubte an eine schnelle Rückkehr; doch nach der Trennung von Gabriele Münter kam es nicht mehr dazu. Gabriele Münter lebte bis 1920 in Kopenhagen, dann überwiegend auf Schloss Elmau, in München und Murnau. Es dauerte lange, bis sie die Trennung von Kandinsky überwand. In dieser Zeit wohnte Katharina Probst, mit ihren beiden Kindern Christoph und Angelika im Münter-Haus. Im Frühjahr 1922 besuchte der Schriftsteller Hugo Ball von München aus Gabriele Münter in Murnau. Im Brief vom 29. März 1922 an Hermann Hesse nennt er sie »Frau Kandinsky«, obwohl Wassily Kandinsky damals bereits fünf Jahre mit Nina von Andreewsky verheiratet war: »Einige Tage war ich auch verreist. Nun, es war keine große Reise. Frau Kandinsky, die ich bei Bekannten wieder traf, hatte mich in ihr Häuschen nach Murnau eingeladen. Ich war nur einen Tag dort und bewunderte die vielen prächtigen Glasbilder, die ihr Gatte dort hinterlassen hat. Vor dem Kriege sah dieses Häuschen öfters Arnold Schönberg und Franz Marc. Jetzt ist es ganz vereinsamt. Ein paar verstreute Veilchen blühten im Garten. Ein Vogel sang auf der Eiche, die vor dem Eingang steht. Es war wie ein Sonntag auf dem Friedhof. Es schien mir so phantastisch, dass ich flüchtete.« 1931 kehrte Gabriele Münter end-

gültig nach Murnau zurück und lebte bis zu ihrem Lebensende dort, ab 1933 zusammen mit ihrem Lebensgefährten Johannes Eichner. In Murnau begegnete sie dem jungen Dramatiker Ödön von Horváth, der nicht weit von ihr entfernt wohnte. Die beiden besuchten sich öfter. Gabriele Münter fertigte mehrere Porträtskizzen und ein Gemälde von Ödön von Horváth und besuchte in Berlin die Uraufführung seines Volksstücks *Italienische Nacht*. Gabriele Münter versteckte die von Kandinsky zurückgelassenen Bilder in ihrem Keller und rettete sie so über die Zeit des Nationalsozialismus. 1962 ist sie in ihrem Haus in Murnau gestorben.

Murnauer Moos mit Blick auf Estergebirge und Wetterstein

5 Kottmüllerallee – malerischer Spaziergang vom Münter-Haus zum Ramsachkircherl St. Georg

Eine Eichenallee führt vom Münter-Haus über die Kottmüllerallee zu einer der ältesten Kirchen in der Gegend, dem idyllisch gelegenen Ramsachkircherl. Die Allee verdankt ihren Namen Emeran Kottmüller (1825–1905), ein in Murnau ansässiger Bierbrauer und Reichstagsabgeordneter. Er hatte 1870 angeregt, dass ein Spazierweg, gesäumt von 140 mächtigen Eichen, vom Ortsausgang Murnau zum Murnauer Moos angelegt wurde, hinunter zum Flüsschen Ramsach, zum Ramsachkircherl und zur Gastwirtschaft Ähndl. Für die Maler des »Blauen Reiter« war die Kottmüllerallee Ausgangspunkt zahlreicher Spaziergänge zum Murnauer Moos. In ihren Bildern, Aquarellen und Skizzenbüchern hielten sie die heute nahezu ausgestorbene Heu- und Einstreugewinnung fest. Bis in die 1960er-Jahre wurde das sogenannte Strah – Schilf und Hartgras aus dem Murnauer Moos – in den »Strahdrischen« rund um eine Holzstange auf einem Haufen aufgeschichtet. Im Winter, wenn der Boden des Murnauer Mooses gefroren war, wurde es mit Ochsenfuhrwerken geholt. Das sparte in den meist kleinen Bauernhäusern Lagerplatz.

Auch die bizarr wirkenden »Heustanker« oder »Heumandeln« zogen die Blicke der auswärtigen Künstler auf sich. Auf diese Weise hielten die Maler um Wassily Kandinsky und Gabriele Münter in ihren Bildern ein Stück typisch alpenländische Alltagskultur in ihren Bildern fest. Hinter dem Murnauer Moos türmen sich die Alpenriesen zum Himmel. Bei gutem Wetter kann man die Alpenkette von Benediktbeuern (Benediktenwand, Herzogstand,

Abtransport eines Heufuders mit Schubochsen an der Deichsel, 1935. Die Ladung ist noch mit Wiesbaum und Heuseil gebunden.

Heimgarten, Mittagsspitze) bis Garmisch-Partenkirchen (Alpspitze, Zugspitze, Waxensteine) sehen. Nach Beendigung des Spaziergangs kann man in der traditionsreichen Wirtschaft Ähndl, Ramsachstraße 2, einkehren. Vor allem aber sollte man dem Ramsachkircherl St. Georg einen Besuch abstatten. Es lohnt sich!

6 Ramsachkircherl St. Georg, *Ramsachstraße 2*

Das Ramsachkircherl liegt am Nordrand des Murnauer Mooses auf einer kleinen Anhöhe. Es ist das älteste Gotteshaus der Gegend und wird im Volksmund »Ähndl« genannt, was »die Alte« bedeutet. An der Stelle des heutigen Altars soll sich in vorchristlicher Zeit schon ein keltischer Opferstein befunden haben. Wie der Deckeninschrift zu entnehmen ist, steht an der Stelle schon seit Mitte des 8. Jahrhunderts eine Kirche. 1332 kam sie mit dem ganzen Murnauer Raum in den Besitz des Klosters Ettal. 1440 erwarb die Murnauer Katharinenstiftung die kleine Kirche. In der Urkunde von 1453 ist von einer St. Georgs-Kirche die Rede; also muss dieser Heilige bereits damals Patron gewesen sein. Nach Gründung der Pfarrei Murnau im Jahr 1744 wurde sie zur kleinsten der sieben Murnauer Filialkirchen und ist es noch heute. Die Georgsstatue an der Südwand (um 1500) stellt den Kirchenpatron dar, wie er dem sich aufbäumenden Drachen die Lanze in den offenen Schlund stößt. Das Altarbild von 1663 zeigt den Heiligen Georg als reitenden Drachentöter. Statue und Altarbild inspirierten zu Beginn des 20. Jahrhunderts die Künstler des »Blauen Reiter«. Auf ihren zahlreichen Malausflügen ins Murnauer Moos kamen Wassily Kandinsky, Gabriele Münter und ihre russischen Freunde Alexej von Jawlensky und Marianne von Werefkin wiederholt ins Ramsachkircherl. Die Volkskunst als Ausdruck bayerischer Volksfrömmigkeit faszinierte die weltgewandten Maler. Kandinsky war mit dieser Art von Volkskultur von seiner russischen Heimat her vertraut. Das kommt besonders im Motiv des Heiligen Georg zum Ausdruck. Der Märtyrer St. Georg hat für Murnau und Moskau gleichermaßen eine besondere Bedeutung. In Murnau gibt es im Ramsachkircherl und in der Marktstraße Darstellungen mit St. Georg als Drachentöter. Darüber hinaus zeigt das Wappen des Markts Murnau einen nach links gewendeten grünen Lindwurm auf Silbergrund; Zunge und Klauen sind rot. Das Moskauer Wappen, mit dem Wassily im selben Jahr entstand das Ölbild »Stilleben mit Heiligem Georg«.

Im Ramsachkircherl befindet sich noch eine weitere kunsthistorische Kostbarkeit, die besondere Aufmerksamkeit verdient. Es handelt sich um eine aus Eisenblech geschmiedete und genietete Schelle, die iro-schottische Wandermönche Mitte des 8. Jahrhunderts als Handglocke zu Fuß vom Kloster Iona in Westschottland mitbrachten. Sie stammt aus vorkarolingischer Zeit, etwa 700 n. Chr., und hängt neben dem Altar in einer eigens dafür gefertigten Aufhängung. Diese unscheinbare Missionsglocke ist die älteste Kirchenglocke auf dem kontinentalen europäischen Festland und dokumentiert ein Stück Frühgeschichte abendländischer christlicher Tradition. Signifikant ist das fehlende Stück Blech, das wohl im Laufe der Jahrhunderte für etwas anderes nützlich war. Im Ramsachkircherl überdauert diese einzigartige Glocke seit mehr als 1200 Jahren Kriege, Hungersnöte und Epidemien.

Wassily Kandinsky: Murnau mit Kirche I, 1910

Kandinsky seit frühester Kindheit vertraut war, zeigt einen galoppierenden Reiter mit einem blauen, wehenden Mantel, der mit einer langen Lanze dem Drachen in den offenen Rachen sticht. Da liegt es nahe, dass Wassily Kandinsky und Franz Marc den blauen Reiter zum Titelbild ihres Almanachs gewählt haben. Auch Gabriele Münter greift wiederholt das Motiv des Heiligen Georg auf. So findet sich auf einer Cremedose von 1911 die Darstellung des Heiligen und

7 Sommerwohnung von Arnold Schönberg, *Seidlstraße 6*

Wassily Kandinsky suchte für den damals noch ziemlich unbekannten Maler und Musiker Arnold Schönberg eine Bleibe und entschied sich für das Haus bei Familie Staib, Seidlstraße 6. Das Haus musste 1982 einem Neubau weichen.

Bereits am 14. September 1911 waren sich Schönberg und Kandinsky in Murnau begegnet, als Schönberg im nahegelegenen Berg am Starnberger See zur Sommerfrische weilte. Im Sommer 1914 zog es ihn erneut an den Staffelsee zu Kandinsky. Die beiden begegneten sich zu einem Zeitpunkt, als Kandinsky den Weg der gegenständlichen Malerei vollends verlassen und Schönberg die traditionelle Tonalität endgültig aufgelöst hatte. Ein ausführlicher Briefwechsel nebst vielen Skizzen dokumentiert, dass die »Herbergssuche« in Murnau gar nicht so einfach war. Am Sonntag, den 7. Mai 1914, schrieb Kandinsky seinem Künstlerfreund:

»Lieber Herr Schönberg – (…) Der Fisch war gut! (…) Und das Bier!!! Also prosit! Das Staibhäuschen ist ein einfaches Bauernhaus (keine Villa), aber sehr sauber, geruchfrei und wurde gerade gestrichen, gerichtet usw. Weder Kinder, noch Hunde im Haus. Der Mann ist jung (und jung verheiratet) und wirklich sehr nett. – Vom See weit – ca. 15 Min. Die Lage aber sehr gut, einsam. Viele Grüße Ihr K.« (*Arnold Schönberg und Wassily Kandinsky, Briefe, Bilder und Dokumente einer außergewöhnlichen Begegnung*) Wenige Wochen später antwortet Schönberg am 25. Mai 1914 aus Berlin: »Lieber Herr Kandinsky, Herzlichsten Dank für Ihren sehr lieben Brief. (…) Und da ich viel komponieren möchte, muß ich sehr ruhig und ungestört wohnen. Am liebsten in einem kleinen Haus allein. Auch muß es eine richtige Wohnung sein, wo nicht einmal das Auge eines Fremden Zutritt hat. Also ganz abgeschlossen. Ich weiß gar nicht, ob Sie Zeit haben, sich mit dieser Sache abzugeben. Für alle Fälle sende ich Ihnen einen ›Fragebogen‹, auf dem alles genau steht, was ich wünsche. Viele herzliche Grüße Ihnen und Frl. Münter – Ihr Arnold Schönberg.« (*Arnold Schönberg und Wassily Kandinsky, Briefe, Bilder und Dokumente einer außergewöhnlichen Begegnung*)

Kandinsky nahm sich die Zeit, um noch einmal genauestens zu überprüfen, ob das Staib-Häuschen für den Komponisten geeignet sei. Am 10. Juni 1914 antwortet er: »Lieber Herr Schönberg, Bei Staib: alles frisch gestrichen und hergerichtet (…) in jedem Zimmer ein Ofen, gute Betten, vollkommen eingerichtete Küche (…), große weite Aussicht, mehr Spaziergelegenheiten, ein sehr netter Besitzer, Apotheke sehr nahe, ebenso die Ärzte, liegt beinahe im Dorf, aber doch ganz abseits. Nur eins hatten wir (ich?) falsch berichtet: 15 Min. zum See – stimmt, aber für Sie (ev. Für mich, da ich schnell gehe), mit Kindern aber wird es wohl 20–25 Min. dauern. Dieser Punkt ist mir sehr unangenehm. Dafür (außer Geldfrage) sind Sie bei Staib näher zu Menschen, aber doch ›einsamer‹: Ihre Umgebung sind echte Murnauer, die in der Regel nett und zurückhaltend sind. Ihr Kandinsky.« (*Arnold Schönberg und Wassily Kandinsky, Briefe, Bilder und Dokumente einer außergewöhnlichen Begegnung*)

Das überzeugte Arnold Schönberg und er entschied sich für das Haus in der Seidlstraße 6. Mit seiner Familie verbrachte der Komponist vom 4. Juli bis zum 10. August 1914 die Sommerfrische in Murnau. Der Beginn des Ersten Weltkriegs bereitete der Sommeridylle und dem Briefkontakt zu Wassily Kandinsky ein jähes Ende. Erst im Sommer 1922 nahmen Schönberg und Kandinsky wieder Kontakt zueinander auf.

8 Pfarrkirche St. Nikolaus, *Mayr-Graz-Weg 8*

Die Pfarrkirche von St. Nikolaus ist Motiv zahlreicher Gemälde von Gabriele Münter und Wassily Kandinsky, etwa auf dessen Ölgemälde »Murnau mit Kirche I« von 1910 (siehe S. 72).

Sie ist von Weitem sichtbar und reckt sich stattlich zum Himmel empor. Die Pfarrkirche schaut auf eine lange Tradition zurück. Nachdem der gotische Vorgängerbau der heutigen Pfarrkirche baufällig und zu klein geworden war, wurde 1717 vom Ettaler Abt Placidus Seitz der Grundstein für die neue Kirche gelegt. Das Langhaus wurde von 1717 bis 1721 errichtet, 1725 bis 1727 folgte der Chor. Die Kirche, deren Architekt unbekannt ist, wurde am 6. Mai 1734 vom Augsburger Weihbischof Sigismund Mayr, geweiht. 1736 folgte die Erhebung zur Pfarrkirche. Zum 300-jährigen Jubiläum der Grundsteinlegung wurde die Kirche von 2012 bis 2017 umfassend außen und innen renoviert.

Wassily Kandinsky war mit dem Innenraum der Pfarrkirche St. Nikolaus eng vertraut. In der Pfarrkirche hängen noch heute Votivtafeln, darunter 23 besonders großformatige Bilder, die er zusammen mit dem Malerfreund Franz Marc in den Almanach *Der Blaue Reiter* aufnehmen wollte. Diese Votivbilder sind zwischen 1756 und 1766 entstanden und erzählen von Krankheit und Heilung sowie von Unfällen und Errettung aus großer Not. Im 18. Jahrhundert waren sie – entsprechend religiösem Brauchtum in der Barockzeit – von den Betroffenen nach der Heilung einer Krankheit oder nach einem überstandenen Unglück als Einlösung eines Gelübdes gestiftet worden. Wer sie gemalt hat, ist nicht überliefert. Kandinsky und Marc wählten fünf Tafeln aus. Zusammen mit Kinderzeichnungen, einem Münchner Hinterglasbild und Werken von Henri Rousseau, Arnold Schönberg und Henri Matisse veranschaulichen sie als Bildbeispiele Wassily Kandinskys Beitrag »Über die Formfrage«. Die Fotos für die Reproduktionen im Almanach machten sie selbst: »Wenn möglich, schreiben Sie es doch bitte, ob Sie Freitag kommen oder wann, ja? Die Kirchenaufnahmen machen wir zusammen.« (*Kandinsky an Marc, 17. Oktober 1911, zit. n.: Wassily Kandinsky und Franz Marc, Der Blaue Reiter*) Und zwei Wochen später: »Alle Abzüge bekommen wir am Mittwoch. Die 4 Kirchenaufnahmen sind auch gut, sogar sehr. Leider konnten wir das Bett nicht machen. Eine Ecke fehlt und angenagelt ist es auch nicht zu knapp. Auch den Wagen habe ich mich entschlossen nicht zu machen, da er sehr undeutlich kommen würde. Schade ist es schon.« (*Kandinsky an Marc am 29. Oktober 1911, zit. n.: Wassily Kandinsky und Franz Marc, Der Blaue Reiter*)

9 Untermarkt

In der Marktstraße von Murnau, dem Ober- und Untermarkt, trafen zu Beginn des 20. Jahrhunderts zwei unterschiedliche ästhetische Welten aufeinander: die Welt der Künstler des »Blauen Reiter« um Wassily Kandinsky und Gabriele Münter und die Welt der etablierten Münchner Künstler um den Architekten und Baukünstler Emanuel von Seidl. Es ist bisher nicht bekannt, dass sie sich gegenseitig einluden und

Wassily Kandinsky: Blick aus dem Griessbräu (sic!) in die Johannisgasse, 1908

Murnau, Johannisgasse 2, um 1910

Murnau, Marktstraße, 1930. Die Mariensäule wurde 1939 abgerissen und konnte 1975 mithilfe von Spenden wiedererrichtet werden.

besuchten. Bekannt ist allerdings, dass sich die Maler des »Blauen Reiter« von der Farbenpracht der Marktstraße angezogen fühlten und diese ging auf Emanuel von Seidl zurück. Der Architekt und Baukünstler ließ sich um 1900 in Murnau nieder und begann sogleich damit, heimatliches Kulturgut zu pflegen und traditionelle ländliche Bauweisen wieder zu beleben. Mit einigen Künstlerfreunden aus München gestaltete er ab 1906 die Fassaden der Marktstraße mit dem Ziel, ein farbenfreudiges, harmonisches und behagliches Marktbild zu schaffen. Die Maler des »Blauen Reiter« wiederum waren in der Welt weit herumgekommen. Sie hatten bereits in Holland, Tunesien und Frankreich ihre Malstudien betrieben, bevor sie fast zeitgleich mit Emanuel von Seidl das Licht und die Landschaft um Murnau entdeckten. Auch sie sehnten sich nach einem einfachen Leben in Einklang mit der Natur; auch sie griffen in ihrem künstlerischen Schaffen auf die bäuerliche Volkskunst zurück. Doch ganz anders als die Künstler um Emanuel von Seidl suchten sie nach neuen Wegen in der Kunst. Die bunt angemalten Häuser in der Marktstraße inspirierten sie zu expressiven Bildern, die später Weltgeltung erlangten, wie etwa Wassilys Kandinskys Bild »Blick aus dem Griessbräu (sic!) in die Johannisgasse«. Kandinsky malte es auf seinem ersten Murnau-Besuch, als er zusammen mit seiner Lebensgefährtin Gabriele Münter im August 1908 im Gasthof Griesbräu übernachtete. Münter erinnerte sich später: »Murnau hatten wir auf einem Ausflug gesehen und an Jawlensky und Werefkin empfohlen – die uns im Herbst auch hinriefen. Wir wohnten im Griesbräu, und es gefiel uns sehr. Ich habe da nach einer kurzen Zeit der Qual einen großen Sprung gemacht – vom Naturabmalen – mehr oder weniger impressionistisch – zum Fühlen eines Inhaltes, zum Abstrahieren – zum Geben eines Extraktes.« (*Gabriele Münter, Tagebuchaufzeichnungen*)

Was Murnau für Maler wie Werefkin, Kandinksy und Jawlensky so attraktiv machte, was die Farbigkeit des Ortes, der seit Emanuel von Seidl besonders bei Föhnlicht in einer intensiven Farbigkeit erstrahlte. Kandinsky und seine Freunde aus München waren begeistert von der großflächigen Mooslandschaft, die am Horizont von einer imposanten Alpensilhouette umrahmt war. Die Einfachheit und Klarheit dieser Welt stand dem Leben in den Metropolen und vor allem einer immer komplizierter werdenden weltpolitischen Lage kurz vor Ausbruch des Ersten Weltkriegs diametral entgegen. Gabriele Münter notierte: »Die erste Studienzeit dort, im Spätsommer 1908, war ich voll von Bildern des Ortes und der Lage und warf sie hin auf Pappen von 41 x 33 cm. Immer wieder erfasste ich die Klarheit und Einfachheit dieser Welt. Besonders bei Föhn standen die Berge als kräftiger Abschluß im Bilde, schwarzblau. Dies war die Farbe, die ich am meisten liebte.« (*Gabriele Münter über sich selbst; handschriftliche Notiz, Gabriele Münter- und Johannes Eichner-Stiftung*)

10 Skulptur St. Georg, *Rundbogen über der Grüngasse*

Darstellungen des Heiligen Georg sind in Murnau allgegenwärtig. Wir finden sie auf dem Altarbild der St. Georgskirche am Murnauer Moos, in der Marktstraße und auf zahlreichen Hinterglasbildern. Eine Skulptur des Heiligen Georg steht für jedermann gut sichtbar in einem Rundbogen zwischen Maria-Hilf-Kirche und ehemaligem Pfleghaus hoch über dem schmalen Zugang zur Grüngasse. (Siehe Abb. links) Der Heilige Georg auf dem Pferd ist gerade dabei, mit seiner Lanze einen Drachen zu töten. Er kämpft für eine gute Sache, indem er das Böse besiegt. Dieser Ritter mit einem goldenen Helm muss schon vor 100 Jahren den Malern des »Blauen Reiter« aufgefallen sein, die in Murnau im Spannungsfeld von traditioneller Volkskunst und avangardistischem Streben lebten. Wassily Kandinsky war mit der Darstellung des Heiligen Georg als Schutzpatron des Großfürstentums Moskau seit seiner Kindheit eng vertraut. Er verewigte diesen Heiligen in mehreren Gemälden, etwa in »St. Georg« von 1910. Auch seine Partnerin Gabriele Münter hielt den heiligen Reiter auf dem Pferd in ihrem Ölbild »Stilleben mit Heiligem Georg« von 1911 fest und bemalte zeitgleich eine Cremedose mit einer farbigen Darstellung des Heiligen Georg.

11 Gasthof Griesbräu, *Obermarkt 37*

Die in München ansässigen Maler des »Blauen Reiter« entdeckten den Markt Murnau zunächst als Sommerfrischler. 1908 sind erste Studienaufenthalte der Malgruppe um Wassily Kandinsky in Murnau dokumentiert. Während Marianne von Werefkin und Alexej Jawlensky von Mitte August bis Ende September 1908 Quartier im Gasthof Griesbräu nahmen, mieteten sich Gabriele Münter und Wassily Kandinksy bei ihren Aufenthalten von Herbst 1908 bis Mai 1909 wiederholt über dem Kolonialwarenladen Echter in der Pfarrgasse ein. Die befreundeten Maler bekamen in Murnau reiche Anregungen, einen neuen Malstil zu entwickeln. Ortsbild und Ortskunst öffneten den Blick und ebneten den Weg zu neuen künstlerischen Ausdrucksformen. Im Frühjahr 1909 entstanden in Murnau zahlreiche Landschafts- und Ortsansichten, Porträts und Stillleben, die nicht mehr dem Naturvorbild folgten, sondern subjektive Eindrücke erfassten und die vorangegangene impressionistische Malweise hinter sich ließen. Das Spielerische dieser künstlerischen Intuition war für den patriarchalischen Geist, der damals in Deutschland herrschte, eine elementare Herausforderung, wie so vieles, was damals aus Schwabing kam. Bei Kriegsausbruch 1914 musste der Russe Wassily Kandinsky Deutschland auf schnellstem Wege verlassen. Sein Malerfreund Franz Marc meldete sich als Kriegsfreiwilliger und kam im März 1916 bei Verdun in den Vogesenkämpfen um.

Murnauer Fronleichnamsprozession vor der Gastwirtschaft Griesbräu, um 1910

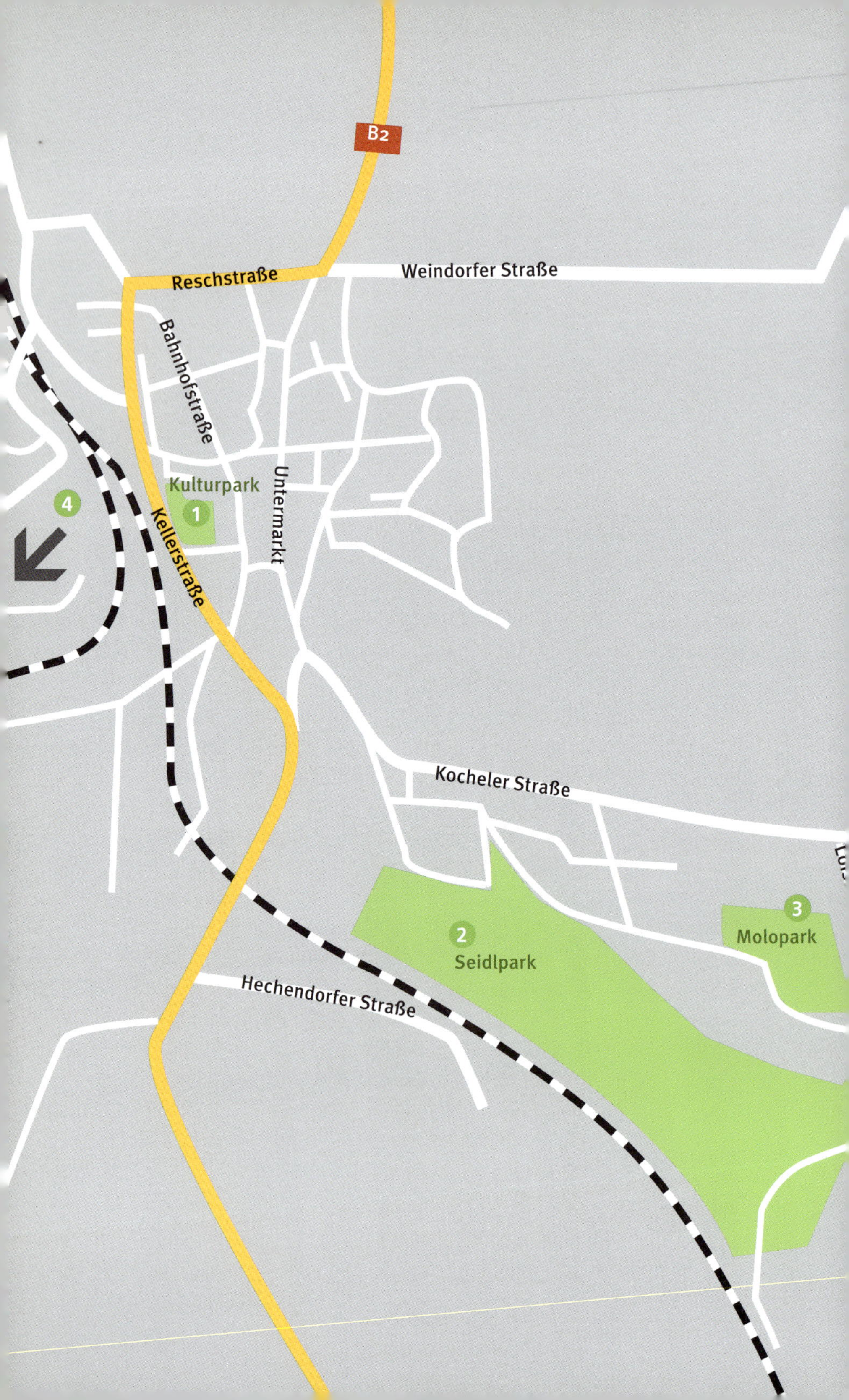

B2
Reschstraße
Weindorfer Straße
Bahnhofstraße
Kulturpark
1
4
Untermarkt
Kellerstraße
Kocheler Straße
2
Seidlpark
3
Molopark
Hechendorfer Straße

Parklandschaften in Murnau

Einige Parks in Murnau sind in Besitz des Markts Murnau und damit der Öffentlichkeit zugänglich. Zu diesen landschaftlichen Oasen der Ruhe und Erholung zählen der Kulturpark direkt vor dem Kultur- und Tagungszentrum in der Nähe der Marktstraße, der Seidlpark am südlichen Ortsrand und daran angrenzend der Molopark. Der großzügige Park des ehemaligen Landsitzes von James Loeb, Bankier, Mäzen und Kunstsammler, ist in privater Trägerschaft und liegt vor den Toren Murnaus.

1 Kulturpark, *Am Kultur- und Tagungszentrum Murnau, Ödön-von-Horváth-Platz 1*

Der Kulturpark am Kultur- und Tagungszentrum verbindet Kultur und Natur auf geradezu ideale Weise. Man hat einen atemberaubenden Blick auf das Alpenpanorama vom Wettersteingebirge bis zum Herzogstand und kann gleichzeitig im Freien aktuelle Werke heimischer Künstler genießen. Die gestalteten Grünflächen mit zahlreichen Ruheoasen und einem Teich sind ein wunderbarer Ort zum Entspannen, den fantastischen Panoramablick auf die Berge zu genießen und sich in angenehmem Ambiente von Kulturdarbietungen verzaubern zu lassen. Denn seit einiger Zeit wird der

Lesehalle im Kurpark Murnau, 1938

Installation im Kulturpark Murnau

Kulturpark durch Festivals, Events und Musikveranstaltungen verstärkt als Ort des kulturellen Miteinander ins Bewusstsein der Einheimischen und Gäste gebracht. Der kleine Musikpavillon im Grünen, aber auch das Podium am Teich laden dazu ein, die lokale Musiker- und Künstlerszene Murnaus kennenzulernen. Auch kann man sich im Restaurant Auszeit kulinarisch verwöhnen lassen.

Der Kulturpark schaut auf eine lange Geschichte zurück. Im August 1933 beschloss der Murnauer Gemeinderat, den Kapferanger zum Kurpark umzugestalten und Tennisplätze anzulegen. Der Architekt Gustav Reutter wurde mit dem Bau eines Kurgebäudes, der sogenannten Lesehalle, beauftragt, wo ein Aufenthalts- und Leseraum für die Kurgäste, sowie das Verkehrsbüro und Geschäfte Platz fanden. Nachdem die Lesehalle für den stetig zunehmenden Tourismus viel zu klein geworden war, wurde 1977 an derselben Stelle das heutige Kultur- und Tagungszentrum errichtet. Neben dem Verkehrsamt zogen das damals gemeindliche Reisebüro und die Gemeindebücherei in den Neubau ein. Es dauerte dann einige Jahre, bis der Kurpark den zeitgemäßen Bedürfnissen von Einheimischen und Urlaubsgästen angepasst wurde. Am 30. Juni 2001 fand die Eröffnung des neu gestalteten Kulturparks statt. Vielfältige kulturelle Aktivitäten bieten seither ein abwechslungsreiches, reizvolles Programm im Freien.

2 Seidlpark, ehemaliger Park des Architekten und Baukünstlers Emanuel von Seidl

Der Seidlpark bezaubert besonders im Herbst durch seinen Bestand alter, hochgewachsener Bäume, einen mit Seerosen bewachsenen Teich und einige Denkmäler, die an eine vergangene Zeit erinnern. Dass dieser landschaftlich und kulturell inspirierende Ort bis heute so gut gepflegt ist, verdankt der Markt Murnau dem Förderkreis Murnauer Parklandschaft e. V. Er hat sich zur Aufgabe gemacht, dieses einmalige Naturdenkmal zu erhalten und teilweise in seinen ursprünglichen Zustand wieder herzustellen: so auch den Hirschenplatz und den Freundschaftshügel, beides Lieblingsplätze Emanuel von Seidls.

Emanuel von Seidl, Münchner Stararchitekt und Gartenkünstler, ist der »Vater« des Seidlparks. Zwischen 1901 und 1902 ließ er am südlichen Ortseingang von Murnau sein eigenes Landhaus mit Weihern, Terrassen, Aussichtsplätzen, Obst- und Gemüsegärten errichten, das er kontinuierlich erweiterte. Seidl entstammte einer angesehenen Münchner Bäckerdynastie. In München bekam er um die Jahrhundertwende zahlreiche Aufträge für große Wohnbauten und Villen in den Vororten und im bayerischen Alpenvorland. Die Münchner Künstler, die ihn umgaben, prägten in der Prinzregentenzeit das gesellige Leben der Stadt und bestimmten das Kunstverständnis des Münchner Großbürgertums. In seinem Murnauer Landhaus verkehrte die Münchner Prominenz. Zu seinen Gästen zählten Prinz Rupprecht von Bayern, der ihm 1906 den persönlichen Adel verlieh, der Schriftsteller Ludwig Ganghofer, der Fotograf Frank Eugene Smith, der Architekt Richard Riemerschmid, der Karikaturist Olaf Gulbransson, die Malerfürsten Franz von Lenbach, Franz von Defregger, Friedrich August von Kaulbach, Franz von Stuck und der Komponist Richard Strauss. Seidls Gäste aus der Stadt konnten an einer eigenen Eisenbahnhaltestelle aus- und einsteigen, die Emanuel von Seidl am Rande sei-

Emanuel von Seidl mit Gesellschafterin, um 1906

Außenansicht der Seidl-Villa

Innenansicht der Seidl-Villa

Seidl-Villa und Seidlpark gegen Süden

nes Grundstücks errichten ließ. Auf ihren Landaufenthalten konnten sie sich in dem weitläufigen Park vergnügen, ohne sich gegenseitig zu stören. Meist blieben sie mehrere Tage oder Wochen und übernachteten in den Gästezimmern. Häufig fanden Musikabende statt, man bestritt aber auch Schachwettbewerbe, übte sich im Malen oder ging im oberen Weiher baden. Im Winter vergnügte man sich mit Rodeln und Skifahren. Seidl verstand es meisterhaft, seine Gäste zu Fasching, Ostern, Pfingsten und Silvester, aber auch zu Geburtstagen und Jubiläen, mit Festen, Konzerten und Theaterspielen zu erfreuen und sie bei guter Laune zu halten.

Einer der gesellschaftlichen Höhepunkte war die legendäre Aufführung von William Shakespeares *Sommernachtstraum*, die der Berliner Schauspielregisseur Max Reinhardt (1873–1943) zu Seidls 54. Geburtstag unter freiem Himmel in Szene setzte.

Mit seinem *Sommernachtstraum* im Neuen Theater Berlin war Reinhardt 1905 ein sensationeller Theatererfolg gelungen, der ihn europaweit berühmt machte. Das Stück blieb über ein Jahrzehnt auf dem Spielplan. Seit 1905 war er Direktor und Eigentümer des Deutschen Theaters Berlin. Regie, wie Max Reinhardt sie verstand, zielte darauf hin, das Publikum zur spontanen Teilnahme zu bewegen, das Theater von einem Gegenstand des Bildungsinteresses zu einem Gegenstand der Emotion zu machen. Den *Sommernachtstraum* hatte er bereits in Berlin unter freiem Himmel gespielt. Da sich Reinhardt auf Gastspielreise in München befand, sagte er gerne zu. Der Zeitgenosse Georg Jakob Wolf hielt das Ereignis in seinem Buch *Münchner Künstlerfeste* fest: »Ein Ehrentag und wohl das glanzvollste Ereignis in diesem Künstlerheim aber war es, als am 28. August 1910 in Seidls Park an einem der prachtvollen Hochsommerabende Max Reinhardt mit den besten seines Ensembles, mit Alexander Moissi, Else Heims, Leopoldine Konstantin, Hans Wassmann und Ernst Matray William Shakespeares *Sommernachtstraum* mit wechselnden Szenerien im Garten, am Wasser, an der Treppe des Hauses aufführte. Wundervoll war der Zusammenklang von Dichtung und Auditorium, von Darstellern und gleichsam mitspielendem Publikum. Der Kreis war ebenso klein wie auserlesen. Es waren weniger als hundert Menschen. Aber mit zwei Königinnen, der alten Heldin Maria von Neapel, deren greise Stirn der unsichtbare Lorbeer der Verteidigung von Gaeta umschlang, und der schönen, jungen Elisabeth von Belgien, waren Münchens beste Künstler und prominenteste Persönlichkeiten des öffentlichen Lebens hier vereint. Es war auch in dieser Hinsicht ein *Sommernachtstraum.* Aus Traum und Nacht aber wurde wieder Morgen und ein neuer Tag, und ein Diner vereinigte die meisten der Gäste zu neuer Lustbarkeit.« (*Georg Jakob Wolf, Münchner Künstlerfeste. Münchner Künstlerchroniken*)

Noch heute erinnert ein vom Bildhauer Fritz Behn geschaffenes sogenanntes Hermen-Rondell von 1911 an die prominenten Theater- und Musikdarbietungen in Seidls »Gelobtem Land«. Die Büste William Shakespeares dokumentiert den *Sommernachtstraum* vom 28. Oktober 1910, die Goethe-Skulptur hält

Sommernachtstraum-*Aufführung im Park der Seidl-Villa, 1910*

Friedrich Wilhelm Murnau, 1924

die Lesung von *Wilhelm Meister* am 29. September 1909 lebendig. Die Köpfe Ludwig van Beethovens und Wolfgang Amadeus Mozarts symbolisieren unzählige Konzerte. Vor dem Rondell steht die am 21. August 1906 eingeweihte »Orchestervereinsbank«, ein Geschenk des Münchner Orchestervereins.

Emanuel von Seidl vererbte seinen gesamten Besitz dem Markt Murnau mit der Auflage, dass »das ganze Terrain in seinem jetzigen Besitzstand unverletzt bleiben (muß). Alle Gegenstände, die im Park aufgestellt sind, sollen genau an der Stelle bleiben, an der sie sich befinden.« (*Testament von Emanuel von Seidl*) Es ist sehr schade, dass sich der Mark Murnau, seit 1941 im Besitz von Landhaus und Park, nicht daran hielt. Im Februar 1972 wurde die Seidl-Villa abgerissen. Vieles spricht dafür, dass Friedrich Wilhelm Plumpe, alias Friedrich Wilhelm Murnau (1888–1931), die Augustwochen 1910 in Murnau verbrachte und wahrscheinlich bei der spektakulären *Sommernachtstraum*-Inszenierung dabei war. Verschiedene handschriftliche Vermerke dokumentieren, dass er sich ab Weihnachten 1910 zu seinem Künstlernamen »Murnau« bekannte. Der Schauspielerin Camilla Horn erzählte er bei einem Besuch in seiner Berliner Villa, warum er »Murnau« als Pseudonym wählte. Auf seiner Murnauer Reise wurde Friedrich Wilhelm Murnau vom expressionistischen Dichter Hans Ehrenbaum-Degele (1889–1915) begleitet. Die beiden verband spätestens seit dieser Reise ein inniges Liebesverhältnis. Ehrenbaum-Degele öffnete seinem Geliebten die Türen zu den kunstsinnigen Kreisen Berlins; durch ihn lernte Friedrich Wilhelm Murnau Künstler und Literaten wie Renée Sintenis, Paul Zech, Karl Kraus sowie die expressionistische Schriftstellerin Else Lasker-Schüler kennen. Sie pflegte zusammen mit ihrem Ehemann Herwarth Walden ab 1912 verstärkt Beziehungen zu den Künstlern des »Blauen Reiter« pflegte und besuchte den expressionistischen Maler Franz Marc sogar in Sindelsdorf. Mindestens zweimal noch kam der Stummfilmregisseur F. W. Murnau in die Umgebung von

Murnau. Zum einen hielt er sich zusammen mit dem Maler und Musiker Walter Spies (1895–1942), seinem damaligen Lebensgefährten, im September 1921 in Garmisch auf. Gemeinsam bereiteten sie die Dreharbeiten zu Murnaus berühmtesten Film *Nosferatu* vor und suchten nach geeigneten Motiven. Dem Pianisten Eduard Edmann schrieb Walter Spies am 26. September 1921 nach Berlin: »Herzliche Grüße aus furchtbaren Schluchten, wo wir seit 5 Uhr morgens auf Nebelbildung warten! Aufwiedersehen. Ihr Walja.« Zum anderen zeigt ein Foto von 1924 F. W. Murnau vor seinem Kabriolett inmitten der charakteristischen Voralpenlandschaft. Der Wagen mit Berliner Kennzeichen steht auf der Straße bei Farchant, nur wenige Kilometer von Murnau entfernt. Aus F. W. Murnau war inzwischen der berühmte Repräsentant des Stummfilms geworden, der auf dem Sprung nach Hollywood war. Mit seinen expressionistischen Filmen machte er den Ort Murnau, dem er seinen Namen verdankte, mehr oder weniger unbewusst weltweit bekannt. Nicht erst durch F. W. Murnau, vielmehr bereits durch die Mitglieder des »Blauen Reiter« wurde der kleine Markt im Voralpenland zum Inbegriff der modernen Kunstgeschichte. Die Gäste des Architekten und Baukünstlers Emanuel von Seidl, die sich in der Prinzregentenzeit in Murnau trafen, wussten diese neuen Strömungen in der Kunst wenig zu schätzen. Sie ahnten nicht, wie nah ihnen gerade in Murnau die Maler des »Blauen Reiter« waren, Ein Eintrag des Münchner Malers Paul Rieth in Seidls Gästebuch vom Juli 1918 dokumentiert das: »Fliehe aus München, Dem expressionistischen – übel wird es Dir nur – Herrlich ist Murnau – Dort kehret Dir Ruhe und Frohsinn zurück –.«

3 Molopark, *Walter-von-Molo-Weg 9*

Der Schriftsteller Walter von Molo (1880–1958) lebte von Mai 1934 bis zu seinem Tod im Oktober 1958 zusammen mit seiner zweiten Frau Annemarie inmitten eines großzügigen Grundstücks, das heute als Molopark bezeichnet wird. Während der Weimarer Republik zählte er zu den meist gelesenen deutschsprachigen Schriftstellern; inzwischen ist er nahezu vergessen. Ein Jahr nach der Machtübernahme durch Adolf Hitler zog sich Walter von Molo von Berlin nach Murnau zurück. Seine autobiografischen Aufzeichnungen *So wunderbar ist das Leben* (1957), *Wo ich Frieden fand* (1959) und *Aus dem Murnauer Tagebuch* (1933–1945) sind voll von

Erinnerungen an seine Murnauer Jahre. Das Grundstück am Ortsrand von Murnau hatte Walter von Molo bereits im Sommer 1932 gekauft und es durch weitere Ankäufe vergrößert. Aufgewachsen war er in Wien. Dort hatte er das Gymnasium besucht, an der Technischen Hochschule Maschinenbau und Elektrotechnik studiert und bis 1913 als Ingenieur im Wiener Patentamt gearbeitet. Kurz vor dem Ersten Weltkrieg war er als Schriftsteller in die kulturelle Metropole Berlin gegangen und hatte äußerst erfolgreiche Romane geschrieben, die Rekordauflagenhöhen erzielten, wie sein Schiller-Roman in vier Teilen (1912 bis 1916) oder sein Roman *Ein Volk wacht auf* (1818 bis 1921). Rasch entwickelte sich Walter von Molo neben Thomas Mann und Heinrich Mann zum Exponenten der Weimarer Republik. Er bekleidete zahlreiche politische Ämter und Funktionen. Seit 1915 war er Mitglied und bald erster Vorsitzender des Schutzverbands Deutscher Schriftsteller. Er war Vorstands-Mitglied des Verbandes deutscher Erzähler, Gründungs-Mitglied des deutschen P.E.N und wurde 1928 zum ersten Vorsitzenden der Sektion Dichtkunst der Akademie der Künste Berlin gewählt. Mit über 50 Romanen und Erzählungen zählte Walter von Molo zu den Arrivierten der Reichshauptstadt Berlin.

Berühmtheit erlangte Walter von Molo im Nachkriegsdeutschland durch eine Kontroverse zwischen den Schriftstellern, die während des »Dritten Reichs« in Deutschland blieben und denen, die aus Deutschland vertrieben wurden. Kein geringerer als Thomas Mann war in dieser Kontroverse der Gegenspieler von Walter von Molo. Die beiden kannten sich gut. Gemeinsam hatten sie in der Akademie der Künste Berlin für die Freiheit des Geistes und des Wortes gekämpft. Dann hatten sich 1933 ihre Wege getrennt. Nach der Kapitulation Deutschlands 1945 setzte sich Walter von Molo für die Rückkehr der ins Exil gegangenen deutschsprachigen Intelligenz ein. In der »Münchner Zeitung« vom 13. August 1945 forderte er seinen ehemaligen Weggefährten Thomas Mann zur Rückkehr nach Deutschland auf. Dieser antwortete am 7. September 1945 aus dem amerikanischen Exil in Pacific Palisades: »Schwer genug war, atembeklemmend genug war, Anno dreiunddreißig, der Schock des Verlustes der gewohnten Lebensbasis, von Haus und Land, Büchern, Andenken und Vermögen, begleitet von kläglichen Aktionen daheim, Ausbootungen, Absagen. (…) Das haben Sie alle, die Sie dem ›charismatischen Führer‹ (entsetzlich, entsetzlich, die betrunkene Bildung!) Treue schworen und unter Goebbels Kultur betrieben, nicht durchgemacht. Ich vergesse nicht, daß Sie später viel Schlimmeres durchgemacht haben, dem ich entging, aber das haben Sie nicht gekannt: das Herzasthma des Exils, die Entwurzelung, die nervösen Schrecken der Heimatlosigkeit.« (*Thomas Mann an Walter von Molo, 7. September 1945, zit. n.: Thomas Mann, Briefe 1937–1947*) Die Antwort von Thomas Mann löste in Deutschland eine heftige Kontroverse aus und führte für Jahre zu einer wütenden Polarisierung von innerer Emigration und Exil. Eine Kluft tat sich auf zwischen den im »Dritten Reich« in Deutschland gebliebenen Schriftstellern wie Walter von Molo und den aus Deutschland geflüchteten Schriftstellern wie Thomas Mann als Repräsentant des Exils. Es war eine Debatte um die Mitschuld am »Dritten Reich« und um die Freiheit des Geistes. Es war aber auch eine Debatte um die Frage, was Deutschsein nach den Greueltaten des NS-Regims weltweit heißt. Die Kontroverse zwischen Thomas Mann und Walter von Molo hat viel damit zu tun, wie die beiden die Zeit zwischen 1933 und 1945 verbrachten.

Am 30. Januar 1933, als Adolf Hitler zum Reichskanzler ernannt wurde, endete auch in der Akademie der Künste Berlin der Triumph des freien Geistes über die dumpfe Provinzialität. Zwei Wochen später wurde Heinrich Mann gezwungen, sein Amt als Vorsitzender der Sektion Dichtkunst niederzulegen und die Akademie zu verlassen. Ende Februar brannte der Reichstag, die ersten Notverordnungen wurden erlassen und bei der Wahl am 5. März 1933 siegten die Nationalsozialisten. Die Sektion Dichtkunst wurde nun systematisch gesäubert. Auf der Sitzung vom 13. März 1933 legte der Lyriker Gottfried Benn eine Erklärung vor, die er zusammen mit Walter von Molo verfasst hatte. Damit wurde die Sektion im Sinne der neuen Machthaber gleichgeschaltet: Und Walter von Molo? Als er vom Akademiesekretär erfuhr, dass auch er im Mai

Walter von Molo im Garten

aus der Akademie ausgeschlossen werden sollte – vermutlich aufgrund einer Intrige Erwin Guido Kolbenheyers – erhob Molo am 10. Mai 1933 Einspruch beim inzwischen gleichgeschalteten preußischen Kultusminister und beteuerte, »dass ich nach dem 30. Januar 1933 am Umbau der Akademie im Sinne der neuen historischen Tatsachen tatkräftig mitwirkte. So mitverfasste und setzte ich das Bekenntnis zum neuen Staat durch, das jedes Mitglied mit Ja oder Nein zu unterschreiben hatte. Ich habe des weiteren im Sinne des Ministeriums (…) gearbeitet.« (*Akademie der Künste, Historisches Archiv*) Am gleichen Abend noch brannten auf dem Berliner Opernplatz die Bücher seiner ehemaligen Weggefährten Heinrich Mann, Alfred Döblin, Leonhard Frank und Jakob Wassermann. Listen kursierten mit den Namen demokratischer, marxistischer, pazifistischer und jüdischer Autoren, deren Werke aus den öffentlichen Bibliotheken und Buchhandlungen entfernt werden mussten. Am 15. November 1933 verkündete Propagandaminister Joseph Goebbels die Gründung der Reichsschrifttumskammer. Sie sollte die neuen Machthaber dabei unterstützen, die deutsche Kultur nationalsozialistisch auszurichten. Schon bald kontrollierte die Reichsschrifttumskammer das gesamte geistige Leben. Walter von Molo ging auch diesen zweiten Schritt mit und trat am 2. Dezember 1933 in die Reichsschrifttumskammer ein: »Soviel ich weiss, bin ich Mitglied des Reichsverbandes des Deutschen Schrifttums. Für alle Fälle aber ersuche ich, die Mitgliedschaft der Reichsschrifttums-Kammer durch die Vermittlung des Büros der Akademie zu erwirken. Unterschrift Walter von Molo.« (*Schreiben vom 1. Dezember 1933, Akademie der Künste, Historisches Archiv*)

Warum sich Walter von Molo mit den neuen Machthabern einließ, ist schwer zu sagen. Materialien dazu finden sich im Historischen Archiv der Akademie der Künste: darunter Schriftwechsel mit den NS-Behörden, Verlagskorrespondenz, Briefe und vertrauliche Informationen des Amts für Schrifttumspflege. Daraus geht hervor, dass Walter von Molo sich unter gar keinen Umständen von seinem Millionenpublikum trennen wollte. Er wollte sich weder aus seinem Vaterland, noch aus seiner Muttersprache vertreiben lassen. Vielmehr wollte er ein erfolgreicher Schriftsteller bleiben. Dafür war er zum Kniefall vor den nationalsozialistischen Behörden bereit. Dafür nutzte er seine guten Kontakte zu den völkischen Schriftstellerkollegen, wie sein Brief an Hans Friedrich Blunck, Präsident der Reichsschrifttumskammer, vom 26. Februar 1935 dokumentiert: »Ich muss sie sogar um etwas bitten, das keinen Zeitaufschub verträgt. Mein Verlag (Holle und Co) in Berlin teilt

Walter von Molos Haus in Murnau

mir heute mit: ›Es ging ein Schreiben vom Franz Eher Verlag München ein, worin sie sich weigern, eine Anzeige im V.B über Ihr Buch anzunehmen, weil sie seit Jahren den Autor Walter von Molo ablehnen‹ – Ein starkes Stück! Meine Bitte geht dahin, da wir seit vielen Jahren befreundet sind, dass Sie sogleich an den Eher-Verlag in München schreiben lassen, wieso diese (…) herabsetzende Ablehnung kommen konnte, und die Antwort aus München senden Sie mir dann zu. Bitte! Ich nehme an, dass es Ihnen ein leichtes Ding sein wird, die Leute in München darauf aufmerksam zu machen, dass man so nicht gegen ein Mitglied der Akademie handeln darf (…). Ich glaube, lieber Blunck, die Selbstachtung gebietet Ihnen, hier sofort einzugreifen. Und nun sage ich doch: alles Gute zur Genesung. Herzlich mit Heil Hitler!« (*Walter von Molo an Friedrich Blunck, 26. Februar 1935, Akademie der Künste, Historisches Archiv*) Als Walter von Molo den Brief schrieb, lebte er mit seiner Frau Annemarie bereits ein Jahr in Murnau. Das Häuschen hatte er inzwischen um eine Bibliothek und ein Arbeitszimmer vergrößern lassen und weitere Grundstücke dazugekauft. Sein Haus in Berlin-Zehlendorf hatte er vermietet. »Ich hatte die dreiundfünfzig Jahre meines Lebens in den Großstädten Wien und Berlin verbracht, nun war ich Kuhbauer auf dem Lande. (…) Meine Frau hatte einen großen Gemüsegarten angelegt, der zwar ungeheure Arbeit erforderte, uns aber sehr das Durchhalten erleichtern half (…) Nun machte ich Holz klein, zog Gräben, pflockte Kühe an, ich war ein Bauer mit Übersicht und Fleiß, sammelte die Steine in den Wiesen und setzte Obstbäume.« (*Walter von Molo, So wunderbar ist das Leben. Erinnerungen und*

Begegnungen) Trotz strikter Zensur durch die NS-Behörden konnte Walter von Molo bis 1940 jedes Jahr ein Buch auf den Markt bringen. 1934 erschien der Roman *Der Kleine Held*, 1935 *Holunder in Polen*, 1936 *Eugenio von Savoy*, 1938 der Kleist-Roman *Geschichte einer Seele*, 1940 *Das kluge Mädchen*. Seine Theaterstücke wurden auf den deutschen Bühnen gespielt. Als sein größter Romanerfolg *Fridericus* 1936 mit dem UFA-Star Lil Dagover in der Hauptrolle verfilmt wurde, lieferte Walter von Molo das Drehbuch. Die Neuauflage seines größten Romanerfolgs blieb ihm trotz persönlicher Kontakte zum Propagandaminister Joseph Goebbels versagt. Trotz versuchter Annäherungen an das NS-Regime gelang es Molo jedoch nicht, repräsentativer Dichter des »Dritten Reichs« zu werden. Seine Romanhelden mit Schwächen passten so gar nicht ins Konzept der neuen Machthaber, die auf die Bildung des germanischen Herrenmenschen setzten. In der völkischen Literaturkritik fanden Molos Bücher immer kritischeres Echo. Im Februar 1939 ließ die NS-Schrifttumsbehörde die Verleger und Buchhändler wissen, »daß Herr von Molo unerwünscht sei, weil seine ganze Produktion ein Beweis dafür wäre, daß er sich nicht vom liberalistischen Geist habe freimachen können; man wolle seine Bücher zwar nicht verbieten, rechne aber damit, daß sowohl Verleger wie Buchhändler ihre Aufgabe verstehen würden und sowohl von vergriffenen Büchern keine Neuauflagen mehr veranstalten, wie auch keine neuen Bücher.« (*Schreiben Dr. Karl Friedrich Schrieber an Hauptamtsleiter Hagemeyer, 15. März 1939, Akademie der Künste, Historisches Archiv*) Der Verlag Holle und Co. kündigte daraufhin im April 1939 den Vertrag mit Walter von Molo und die Deutsche Verlags-Anstalt brach ein Jahr später die Verhandlungen um die Übernahme seines Gesamtwerkes ab. Gleichzeitig verstärkten die Nationalsozialisten ihre Einschüchterungsversuche. Molos Bibliothek wurde überprüft, sein Arbeitszimmer durchsucht. Aus Angst vor Verfolgung versenkte Walter von Molo den kompletten Briefwechsel mit dem jüdischen Schriftsteller Stefan Zweig in seinem Weiher sowie Widmungsexemplare seiner früheren Schriftstellerfreunde. »Dann wieder erschien unser Bauernbürgermeister bei mir und zeigte mir eine Anfrage aus Berlin, in der stand, er solle Auskunft geben, ›ob der angeblich von Berlin-Zehlendorf nach Murnau verzogene Schriftsteller sich weiter kulturbolschewistisch betätige?‹ (…) Ich versuchte alles damit zu erklären, daß ich nicht in der Partei sei. Da begann sein Gesicht zu strahlen: ›Net in der Partei? – Des ham'mer glei! Des mach i, des is mir was Leichts!‹ Das war nun gerade das, was ich nicht wollte. Ich gestand es ihm. Da lachte er laut und sagte: ›I kann Eahna guat verstehn.‹« (*Walter von Molo, So wunderbar ist das Leben. Erinnerungen und Begegnungen*) Im Bundesarchiv Berlin ist erhalten geblieben, was der Gaupersonalamtsleiters am 14. November 1940 an das Reichsministerium für Volksaufklärung und Propaganda meldete: »M(olo) ist nicht Mitglied der NSDAP, dagegen gehört er der NSV (NS-Volkswohlfahrt) an. Seine Einstellung zum Nationalsozialismus ist heute bejahend. Sein soziales Verhalten ist ausgezeichnet (…).« (*Schreiben des Gau-Personalamtsleiters, Bundesarchiv Berlin*) In der Nachkriegszeit gelang es Walter von Molo nicht mehr, an seine früheren literarischen Erfolge anzuknüpfen. Nun lernten die Deutschen die Romane von Faulkner und Hemingway kennen und waren auf die französischen Existentialisten Sartre und Camus neugierig. Junge Nachkriegsschriftsteller wie Wolfgang Borchert und Heinrich Böll halfen den Deutschen bei der Bewältigung ihrer Trümmerzeit. Der Blick war nach vorne gerichtet. Da war wenig Platz für Walter von Molos historische Romane. Noch zu Lebzeiten musste er das Schicksal des Vergessenwerdens erleben. Daran änderten auch seine Autobiografien *Wo ich Frieden fand* und *So wunderbar ist das Leben* nichts. Kulturpolitisch blieb Walter von Molo jedoch präsent. 1955 wurde er ordentliches Mitglied in der neu gegründeten Akademie der Künste West-Berlin und Ehrenvorsitzender aller deutschen Schriftstellerverbände. Bundespräsident Theodor Heuss ehrte ihn mit dem »Bundesverdienstkreuz«. Nach Berlin kehrte Walter von Molo nicht mehr zurück. Sein Haus in Berlin-Zehlendorf wurde verkauft. Der Großstädter hatte in der Provinz seinen Frieden gefunden. Dort starb er am 26. Oktober 1958. Zehn Jahre zuvor hatte er gewitzelt: »Provinz ist überall dort, wo der einzelne sich unwidersprochen feierlich wichtig nimmt. Murnau, in der Provinz am 10.11.1948.«

1969 verkaufte seine Witwe Annemarie von Molo der Marktgemeinde Murnau das Grundstück. Bis zu ihrem Tod 1983 behielt sie das Nutzungsrecht von Grundstück und Wohnhaus bei. Ihre Urne ist im Garten neben der ihres Mannes Walter von Molo beigesetzt. Inzwischen ist das ehemalige Dichterhaus zu einem Schullandheim umgebaut worden, das mehrfach behinderten Kindern und Jugendlichen eine Gelegenheit zum Naturerlebnis bietet. Wie einst das ehepaar von Molo finden sie nun für mehrere Wochen an diesem schönen Platz Ruhe und Erholung.

4 Ehemaliges Landgut von James Loeb, *Hochried 1*

Der amerikanische Bankier, Kunstsammler und Mäzen James Loeb (1867–1933) ließ sich von seinem Freund, dem Architekten Carl Sattler (1877–1966), in Hochried sein Murnauer Landhaus errichten. Der Schwiegersohn des Münchner Bildhauerfürsten Adolf von Hildebrand führte alle Bauten aus, die Loeb für sich selbst oder als Stiftungen errichten ließ, u.a. das Gemeindekrankenhaus Murnau. Erste Vorstufen zu dem repräsentativen Wohnhaus gehen auf Januar 1911 zurück. Die endgültigen Pläne wurden im März 1912 dem Markt Murnau vorgelegt und nach Begutachtung durch den Architekten Emanuel von Seidl Anfang April 1912 genehmigt.

Am 6. Mai 1912 wurde mit dem Bau begonnen, fertig war er am 8. Mai 1913. Entdeckt hatte James Loeb das »stille Murnau« bereits 1907, als er in der abseits gelegenen Villa Waldfried, direkt am Staffelsee, zur Kur weilte. »Hier ist es seit meiner Rückkehr vom lustigen Kösterberg aeusserst still, und ich habe viel Zeit zum Denken, zum Gehen, und zur Uebersetzung Maurice Craset's vorzüglichem Buche ›Aristophane et les larlis à Athènes‹«, schrieb er am 3. September 1907 seinem Schwager Aby Warburg. Vier Wochen zuvor hatten ihm die Hamburger Verwandten zu seinem 40. Geburtstag am 6. August 1907 einen bäuerlich-ländlichen Empfang arrangiert, der die tiefe Verbundenheit James Loeb zum Landleben dokumentiert: »Herzlichen Dank für Eure lustige Depesche zu meinem Eintritt in das ›Schwabenalter‹. (…) Es ging sehr lustig zu. Gleich in der Frühe nach Frühstück erschienen 9, sage 9 kleine Warburgs, alle in Murnauer Bauernkostümen – die Mädels als Jungen – und brachten mir unter Felix's Leitung ein Ständchen auf ›Mirlilous‹. Es war gar zu lustig. Dann brachte mir jedes Kind Landesgaben, die da waren, eine Wurst, eine Gurke, einen Fisch, einen Käse etc. Darauf erschien Marlis verkleidet als Bürgermeister von Murnau – hielt die Festrede.« *(James Loeb an Aby Warburg, 7. August 1907)*

In New York geboren, erhielt der Sohn eines deutschstämmigen jüdischen Bankiers aus New York in seinem Elternhaus, in Privatschulen sowie an der Universität Harvard eine der europäischen Bildungstradition verpflichtete Ausbildung. Besonders die Mutter legte großen Wert auf fundierte humanistische und musikalische Bildung: James Loeb spielte Cello, Klavier und Orgel, sprach mehrere Sprachen (Deutsch, Französisch, Hebräisch, Italienisch, Spanisch), konnte reiten und Tennis spielen. 1901 gab er seinen Beruf als Bankier auf und entschied sich für ein ruhigeres

Villa des Bankiers, Kunstsammlers und Mäzens James Loeb, um 1930

Innenansicht der Villa von James Loeb, 1920er-Jahre

James Loeb, um 1930

Leben, in dem er sich seinen kulturwissenschaftlichen und musischen Neigungen widmen konnte. In der ländlichen Abgeschiedenheit hatte James Loeb ungestört Zeit für seine wissenschaftlichen Arbeiten und seine Sammlung antiker Kunst, die aus archaischen Werken, griechischen Terrakottafiguren, hellenistischem und südrussischem Goldschmuck, antiken Gläsern sowie ägyptischen, römischen, hellenistischen und etruskischen Bronzen bestand.

Eine bedeutende Leistung war die Herausgabe der Werke griechischer und lateinischer Dichter und Schriftsteller der klassischen Antike in Originalsprache und englischer Übersetzung, die *Loeb Classical Library*, die in der gesamten englischsprachigen Welt große Resonnanz hervorrief. Um 1910 von ihm vorbereitet und fortlaufend gefördert, erschienen zu seinen Lebzeiten bereits 360 und bis heute fast 500 Bände. Die Jahre 1915 und 1916 verbrachte James Loeb fast ständig auf dem Land in Murnau, das er mehr und mehr schätzte, wie er seinem Psychiater Emil Kraepelin (1856–1926) am 28. Dezember 1915 schrieb: »Das Wetter ist viel zu warm und läßt auch sonst zu wünschen übrig, und doch ist das Land im schlimmsten Wetter mir lieber als die Stadt. Gott hat das Land gemacht und der Teufel die Städte!«

Am 22. Mai 1921 heiratete James Loeb Marie Antonie Hambuechen, die seit 20 Jahren in München und Murnau als seine Gesellschaftsdame fungiert hatte. Von diesem Zeitpunkt an lebten Loeb und seine Frau ständig in Murnau. Sie bekamen häufig Besuch von Verwandten, Wissenschaftlern und Freunden wie der Frauenrechtlerin Luise Kiesselbach und dem Rektor der Münchner Universität Karl Vossler. Auch hatten sie Kontakt zu vielen Musikern, zum Beispiel zu Richard Strauss, Gustav Mahler, Hermann Levi und Max Reger. James Loeb fühlte sich in Murnau wohl, wie ein Brief an Emil Kraepelin dokumentiert: »Hier leben wir im Ganzen still und vergnügt, wenn auch an manchen Tagen eine etwas starke Besucherwelle über Hochried einherzieht, oder vielmehr, einherrollt. Die Leute bleiben aber immer nur ein paar Stunden und dann hat man wieder seine doppelt willkommene Ruhe.« (*13. August 1922*)

In Murnau selbst sah man die Loebs selten. Sie hatten zu Einheimischen keine persönlichen Freundschaften. Einzig zum Lehrer und Bürgermeister Robert Wohlgeschaffen pflegten sie Kontakte, sodass die Murnauer wohl viel über Loebs Reichtum mutmaßten, aber wenig von seiner großen Bedeutung für die Wissenschaft und Kunst wussten. Loeb wurde in Deutschland einer der großen Mäzene in kulturellen und sozialen Bereichen. 1917 rief er die Stiftung »Deutsche Forschungsanstalt für Psychiatrie« ins Leben und betreute sie mit hohem finanziellen und persönlichen Engagement. Auf Bitten der Gemeinde Murnau entschloss er sich im Herbst 1931 angesichts der großen Arbeitslosigkeit zur kompletten Finanzierung des Gemeindekrankenhauses. Er bezahlte 450 000 Reichsmark und rettete durch die gezielte Vergabe der Neubauarbeiten vielen Murnauer Handwerkern die Existenz. Viele Jahre erinnerte im Gemeindekrankenhaus eine Gedenktafel an das großzügige Mäzenatentum. Sie wurde während des »Dritten Reichs« verhängt. Ortsansässige Nationalsozialisten hatten bereits Anfang der 1920er-Jahre gegen den amerikanischen Mäzen jüdischer Herkunft gehetzt. 2017 wurde das ehemalige Gemeindekrankenhaus generalsaniert und wird inzwischen als Innovationsquartier genutzt.

Im Frühjahr 1933 fuhr James Loeb in die Schweiz, wohl um seine Übersiedlung in die USA vorzubereiten. Er starb nur vier Monate nach seiner Frau am 27. Mai 1933 an einer Lungenentzündung. James Loebs Wohnhaus und der großzügige Park wurden 1954 an die Katholische Jugendfürsorge verkauft. Ganz im Sinne des sozial und künstlerisch engagierten James Loeb errichtete sie auf dem Gelände im Laufe der Jahre einen modernen Klinikkomplex zur Heilbehandlung von Kindern und Jugendlichen mit psychosomatischen, neurologischen und psychischen Störungen.

2

Spaziergänge auf den Spuren der Maler – Vom Staffelsee zum Kochelsee und Walchensee

A95
B2
Penzberg
B472
4
Sindelsdorf
Riegsee
Staffelsee
Murnau
5
Ried
9
6
B2
8
Großweil
3
Kochel
am See
Kochelsee
10
7
Ohlstadt
11
Rabenkopf
2
1
Urfeld
13
12
B23
Walchensee
Ettal
B11
Garmisch-
Partenkirchen
B2

Ohlstadt

Das Dorf Ohlstadt liegt 6 Kilometer von Murnau entfernt an der Bahnlinie nach Garmisch-Partenkirchen. Um die Jahrhundertwende war es ein beliebter Treffpunkt bekannter Münchner Künstler und Schriftsteller, die dem Malerfürsten Friedrich August von Kaulbach (1850–1920) auf seinem Landsitz Gesellschaft leisteten. Von der Dorfmitte aus ist der Weg zur Kaulbach-Villa gut beschildert.

1 Kaulbach-Villa – Sommerhaus mit Atelier, *Von-Kaulbach-Straße 22*

Friedrich August von Kaulbach ließ 1893 in Ohlstadt ein komfortables Landhaus mit Atelier bauen. Das Bauerndorf, das im Jahr 1900 gerade einmal 848 Einwohner zählte, war von München aus seit 1889 bequem mit der Bahn zu erreichen und bot Kaulbach und seiner Familie Abwechslung von der nahe gelegenen Großstadt. Hier wohnte er mit seiner zweiten Frau Frida und den drei Töchtern während des Sommers. Mit den Ohlstädter Jägern ging er gerne in die Berge auf seine Jagdhütten (heute in Privatbesitz), wo er sich oft tagelang aufhielt und Bergwelt und Jagdbegleiter malte. Häufig begleitete ihn Prinzregent Luitpold, der zu seinen Förderern zählte.

Kaulbach, ebenso wie Franz von Lenbach, Franz von Stuck und Adolf von Hildebrand, werden heute gerne als »Künstlerfürsten« tituliert. In der Wittelsbacher Monarchie gehörten sie zum einflussreichen, staatstragenden Künstlerkreis im Umfeld des Prinzregenten, was ihnen einen großzügigen, fast fürstlichen Lebensstil ermöglichte. Kaulbach porträtierte vor allem Damen aus den Kreisen der Aristokratie, der Wirtschaft und der Politik, die bis zu 90 000 Goldmark für ein Porträt von ihm zahlten. Nach 1900 malte Kaulbach bevorzugt seine eigene Familie in ungezwungener Atmosphäre im parkähnlichen Garten. Musik und Literatur waren in der Künstlerfamilie großgeschrieben. Frida Schytte, seit 1897 mit Kaulbach verheiratet, war eine renommierte dänische Geigenvirtuosin, die u. a. mit Richard Strauss 1896 in Moskau konzertiert hatte. Auf Kaulbachs Wunsch hin gab sie ihre künstlerische Karriere auf, veranstaltete Hauskonzerte und musizierte nur noch für ihren Ehemann.

Ehemalige Kaulbach-Villa mit Atelier in Ohlstadt. Im Erdgeschoss ist heute ein kleines Museum, das sich der Dorfgeschichte Ohlstadts widmet.

Friedrich August von Kaulbach verkehrte mit den Familien Lenbach, Hildebrand und Stuck, begegnete dort der Familie Pringsheim und Thomas Mann. Für den Mathematikprofessor Pringsheim porträtierte Kaulbach dessen Kinder im Clownskostüm. So entstand der »Kinderkarneval«, ein Bild, das Katia Pringsheim, die spätere Frau von Thomas Mann, und ihre vier Brüder zeigt. Häufig bekam Friedrich August von Kaulbach Besuch von Ludwig Thoma und Ludwig Ganghofer, dessen Tochter Lolo er um 1903 porträtierte. Die Bekanntschaft mit Olaf Gulbransson, dessen Sohn Olaf Andreas das Patenkind Frida von Kaulbachs war, fand in den Werken beider Künstler Niederschlag. Kaulbach malte Gulbranssons zweite Frau Grete, Gulbransson wiederum zeichnete etliche Karikaturen von Kaulbach. Auch existiert ein umfangreicher Briefwechsel zwischen den beiden befreundeten Familien. Als Friedrich August von Kaulbach am 26. Januar 1920 in Ohlstadt starb, schrieb Ludwig Thoma an Maidi von Liebermann:

»Rottach, 26. Januar 1920

Gestern telephonierte mich Ganghofer an: Kaulbach gestorben - - - - Mir tut der noble Mann leid, der mich sehr gern hatte und mir viel Liebes zeigte. Von der Tafelrunde an seinem Kamin sind fast alle fort. Taschner, Seidl, Stavenhagen, nun auch er selber. Das war einmal schön. Und ich fühlte in seiner Achtung immer wieder einen guten Ansporn. Auch in meiner traurigen Zeit nach 1905. Ganghofer ist sehr aufgeregt über den Todesfall.«

Die Landesversicherungsanstalt Unterfranken betreut heute in Ohlstadt Kaulbachs künstlerischen Nachlass, der aus fast 300 Gemälden und Ölskizzen, gut 1000 Zeichnungen sowie einem großen Bestand an Skizzenbüchern, Fotografien und Autochromen besteht. Die Gemälde und Zeichnungen zeigen Landschaftsmotive, Stillleben, Porträts und Karikaturen. Sie greifen Themen aus Tanz und Musik, Mythologie, Religion, Krieg und Tod auf. Die Kaulbach-Villa wurde nach dem Tod des Malers mehrfach umgebaut. Nach dem Zweiten Weltkrieg bot sie Flüchtlingen Zuflucht und man lagerte den Bildbestand sowie das noch vorhandene Mobiliar ein. Das Atelier und ein kleines, holzgetäfeltes Studierzimmer sind original erhalten und an bestimmten Tagen für die Öffentlichkeit zugänglich. Neu hinzugekommen ist bereits nach Kaulbachs Tod ein Grafikzimmer, in dem nun seine Zeichnungen präsentiert werden. Die Restaurierung der historischen Räume und die Neuordnung des künstlerischen Nachlasses erfolgten von 1996 bis 1997 nach den Vorgaben der Denkmalpflege, der Landesstelle für die nichtstaatlichen Museen in Bayern sowie dem historischen Befund.

Kaulbachs Tochter Mathilde (1904–1986), genannt Quappi, lernte vier Jahre nach dem Tod ihres Vaters 1924 den damals schon berühmten Kunstmaler Max Beckmann (1884–1950) kennen und heiratete ihn 1925 im Münchner Stadtpalais der Kaulbachs.

Der in Leipzig geborene Max Beckmann wuchs ab 1894 in Braunschweig auf und ging 1900 zur Ausbildung an die Kunstschule in Weimar. Von 1904 bis 1915 lebte er in Berlin-Hermsdorf. Abseits von künstlerischen Gruppierungen, die sich vor dem Ersten Weltkrieg herausbildeten, suchte er seinen eigenen Weg. Nie verstand er sich als »Expressionist« und ließ sich keiner Künstlergruppe zurechnen. Auch den Malern um die Gruppe »Der Blaue Reiter« stand er distanziert gegenüber. Als Krankenpfleger und Sanitätssoldat nahm er am Ersten Weltkrieg teil. Anschließend ließ er sich in Frankfurt am Main nieder und setzte mit Intensität seine künstlerische Arbeit fort.

Quappi Beckmann besuchte ihre Mutter in Ohlstadt mindestens einmal im Jahr und blieb dann oft mehrere Monate in dem geräumigen Landhaus. In *Mein Leben mit Beckmann* erinnerte sie sich an die Aufenthalte in Ohlstadt: »Von Zeit zu Zeit wollte Beckmann der Großstadt mit ihren politischen Spannungen und ihrem Lärm entfliehen. Wir fuhren dann nach Holland und besuchten hin und wieder auch meine Mutter in Bayern. Max malte dort im Atelier meines Vaters, Friedrich August von Kaulbach, Max wanderte auch gern in den Bergen, aber abseits der üblichen Wege. Zweimal bestieg er den Heimgarten, einmal sogar den Herzogstand und hinunter nach Walchensee, einem Dorf am See auf der anderen Seite der

Ohlstädter Berge.« *(Mathilde Quappi Beckmann, Mein Leben mit Max Beckmann)* Zahlreiche Briefe Beckmanns an seine Frau zwischen 1924 und 1936 dokumentieren diese Besuche in Ohlstadt. Eigentlich war Max Beckmann ein Großstädter. Auf dem Land, in Ohlstadt, hielt er sich nur wenige Wochen im Jahr auf, offensichtlich zunächst gar nicht so gern, wie ein Brief vom 28. Juli 1928 an »Frau Mathilde Beckmann / b. Exzellenz v. Kaulbach / Ohlstadt b. Murnau / Ober-Bayern« dokumentiert: »Einen Tag können wir ja dann in Gottes Namen in Ohlstadt verbringen und dann geht's weiter.« Doch in der Folgezeit wurden seine Aufenthalte in Ohlstadt immer länger. Seiner Frau Quappi schrieb er am 21. Juli 1931 aus Paris: »Mein Liebling, (…). Hoffentlich ist auch Deine Reise gut von Statten gegangen und Du fühlst Dich recht wohl einmal wieder in der Heimat. (…) Mir geht's eher gut und ich habe sogar schon gearbeitet – in 8–10 Tagen bin ich in Ohlstadt. Ich küsse Dich sehr mein Herz und alles Gute Dein Maxe

Bitte sehr herzlichen Gruß an Mama.«

In den Sommern zwischen 1933 und 1936 zog er sich vor den Nationalsozialisten nach Ohlstadt zurück. Es entstehen etwa 25 Werke mit Motiven aus der Gegend um Murnau: heitere, sonnendurchflutete Bilder wie »Blick aus dem Pavillon« (1934) und »Gartenlandschaft im Frühling mit Bergen« (1934), aber auch bedrohliche, unheilverkündende Gemälde wie »Der Berg«, »Das Moor (Moosberg)«, »Abendlandschaft (Ohlstadt)« und »Holzerweg bei Ohlstadt«. An den Verleger Reinhard Piper schrieb er: »Ich bemühe mich, durch intensive Arbeit über den talentlosen Irrsinn der Zeit hinwegzukommen. So lächerlich gleichgültig wird einem auf die Dauer dieses ganze politische Gangstertum, und man befindet sich am wohlsten auf der Insel seiner Seele (…).« 1937, nach Hitlers Rede zur Eröffnung des Hauses der Deutschen Kunst in München, verließen Quappi und Max Beckmann Deutschland.

Nach Max Beckmanns Tod 1950 gingen von Murnau die entscheidenden Impulse aus, Werk und Andenken Max Beckmanns im öffentlichen Bewusstsein lebendig zu halten und deren wissenschaftliche Erforschung und Vermittlung zu fördern. Im Mittelpunkt stand die Sammlerin und Mäzenin Lilly von Schnitzler (1893–1993), Frau des Finanzvorstands der IG-Farben Georg von Schnitzler. Sie sammelte seit 1924 Bilder von Beckmann und ließ sich auch während der NS-Zeit nicht davon abhalten. Im Berlin der 1930er-Jahre waren Beckmanns und Schnitzlers vier Jahre lang Nachbarn in der Graf-Spee-Straße. Frau von Schnitzler besuchte den verfemten Künstler später im Amsterdamer Exil. 1951 erwarb sie in Murnau ein Landhaus. Dort wurde am 8. Februar 1953 die Max Beckmann Gesellschaft e. V. gegründet, dort fanden die meisten Jahrestagungen statt. In ihrem Murnauer Haus betreute Lilly von Schnitzler fast 20 Jahre lang die bedeutende Max-Beckmann-Kollektion, die sich heute im Kölner Wallraf-Richartz-Museum befindet. Peter Beckmann, Max Beckmanns Sohn aus erster Ehe mit der Malerin und Sängerin Minna Tube, betreute in der Folgezeit das Werk seines Vaters. Er begründete und leitete von 1954 bis 1972 als Facharzt für innere Medizin die Rehabilitationsklinik der Landesversicherungsanstalt Unterfranken, die in der Nachkriegszeit auf dem Gelände des Kaulbach-Grundstücks in Ohlstadt entstanden war.

2 Kaulbach-Gruft – Friedhof Pfarrkirche St. Laurentius

Auf dem Friedhof in Ohlstadt befindet sich an der Friedhofsmauer die Kaulbach-Gruft. Dort ruhen Friedrich August von Kaulbach sowie seine zweite Frau Frida von Kaulbach und die Töchter Mathilde Beckmann, die am 31. März 1986 im amerikanischen Jacksonville verstarb, sowie Hedda Schoonderbeck von Kaulbach. Auch Adele Arnold hat als »treueste Dienerin im Kaulbachhaus« in der Familiengruft der Kaulbachs ihre letzte Ruhe gefunden.

Großweil

3 Freilichtmuseum auf der Glentleiten, *An der Glentleiten 4*

Die Dörfer haben in den letzten Jahrzehnten ihr Gesicht völlig verändert. Nur noch wenig erinnert an die Zeit um die Wende vom 19. zum 20. Jahrhundert. Wer sich also einen Einblick in die vergangene Zeit der Künstlerfürsten, aber auch des »Blauen Reiter« auf dem Land verschaffen will, sollte unbedingt im Museumsdorf auf der Glentleiten Halt machen. Zwischen dem Staffelsee und dem Kochelsee oberhalb von Großweil zeigt das größte Freilichtmuseum Südbayerns ländliche Alltagskultur des 18. und 19. Jahrhunderts an originalen Beispielen unterschiedlichster Haus- und Hofformen Oberbayerns. Das Museum des Bezirks Oberbayern bietet einen umfassenden Einblick in den ländlichen Alltag der Menschen in dieser Region, in ihre Baukultur und Arbeitswelt. Zu entdecken sind rund 60 historische Häuser, Werkstätten, Mühlen und Almgebäude. Auf dem weitläufigen, abwechslungsreichen Gelände finden sich Gärten, Wälder und Weiden mit alten Tierrassen. Auch bietet die Glentleiten spektakuläre Ausblicke auf Oberbayerns Berge und Seen. Allein die volkskundliche Sammlung des Freilichtmuseums umfasst über 71 000 historische Objekte, insbesondere Möbel, Textilien, Arbeitsgeräte und Haushaltswaren sowie sakrale Gegenstände, die von der Frömmigkeit der einfachen Leute zeugen. Das »Haus zum Entdecken« vermittelt seit 2010 speziell Kindern spielerisch das Leben in einem Kleinhäusleranwesen zu Beginn des 20. Jahrhunderts. Seit 2018 beherbergt das neu errichtete Eingangsgebäude neben Empfang, Kasse, Museumsladen und einem Raum für Sonderausstellungen auch eine Museumsgaststätte mit Schaubrauerei.

Kleinanwesen Mirzn aus Grünwald im Freilichtmuseum Glentleiten

Sindelsdorf

Sindelsdorf erlangte als Wohnort des Künstlerpaares Maria und Franz Marc Weltruhm. Ihre Künstlerfreunde Wassily Kandinsky und Gabriele Münter kamen von Murnau zu Fuß oder mit dem Fahrrad herüber, um gemeinsam über neue Wege in die künstlerische Moderne zu diskutieren. In diesem kleinen Sindelsdorf entstand Kunst von Weltrang.

4 Ehemaliges Atelier von Franz Marc, *Franz Marc-Straße 1*

»Das Dorf selbst klein, auseinandergezogen, mit unwirtlichen Wegen, die bei Regen kaum passierbar waren. Als einziges größeres Haus der Gasthof zur Post, in dem man übernachten und wohnen konnte. Er war zugleich eine Fleischerei. Läden gab es dort kaum. Marc und Fräulein Franck bewohnten eine kleine Etage beim Schreinermeister Josef Niggl in einem modernen, geschmacklosen Bauernhaus, im schlechtesten Stadtstil gebaut, ziemlich am Ausgang des Dorfes. Unten wohnte die Familie Niggl mit vielen Sprößlingen. Ein etwas säuerlicher Kleinkindgeruch benahm einem den Atem, wenn man das Haus betrat. Um so gemütlicher waren die Zimmer, die sich das Freundespaar oben eingerichtet hatte mit schönen alten Möbeln und vielen künstlerischen Dingen, die dem Ganzen eine sehr persönliche Note gaben.« (*Elisabeth Erdmann-Macke, Erinnerungen an August Macke*)

Im Frühling 1909 wohnten Maria Franck (1876–1955) und Franz Marc (1880–1916) über ein halbes Jahr beim Schreinermeister Josef Niggl in Sindelsdorf zur Miete. Am 9. September 1909 schrieb Franz Marc an Maria, die gerade in Berlin bei ihren Eltern war: »Mein Vogelbeerbäumchen hab ich ganz tapfer weitergemalt; da droben ist so wunderschön zu malen. In der Ferne stapft das Kochler Zügle, das Karwendel blinkt herüber u. das gute Sindelsdorf liegt brühwarm in der Sonne. Du mußt diese Gegend auch noch einmal so lieben wie ich.«

1910 entschlossen sich die beiden, der rasch wachsenden Großstadt München den Rücken zu kehren und mit dem gesamten Hausstand nach Sindelsdorf zu ziehen. Dort blieben sie bis April 1914 und zogen dann in das neu erworbene Haus im nahegelegenen Ried.

Helmuth Macke (1891–1936), August Mackes Vetter, beschrieb, wie diszipliniert Franz Marc den Tag gestalte-

Franz und Maria Marc vor der Schreinerei von Josef Niggl mit der Gartenlaube, 1912

te: »Marc führte ein sehr regelmäßiges Leben. Um halb neun, nach dem Frühstück, war er auf seinem Atelier oder besser seinem Dachboden und malte genau bis zum Glockenschlag zwölf, bei dessen Schall zu gleicher Zeit auch der große weiße Schäferhund zu jaulen anfing. Spätestens halb zwei Uhr stand Marc wieder vor seiner Staffelei, auf dem zugigen Boden mit unverputzten Pfannen, auf welchem eigentlich dieselbe Temperatur herrschte wie draußen. Er war eingehüllt in einen alten schwarzen Mantel, dessen mit Persianerpelz besetzten Kragen hochgeschlagen. Unter seiner vor Kälte feuchten Nase hing als Wärmespender die Zigarette zwischen den schmalen Lippen. Aber im übrigen war er vollständig absorbiert von seiner Arbeit, denn zu dieser Zeit erfolgte der Durchbruch zu seiner eigenen Form. Er hatte immer eine Folge von Bildern zu gleicher Zeit in Arbeit. (…) Nachmittags malte Marc bis zum Dunkelwerden. Nach dem Tee machten wir einen kleinen Gang, dann erledigte Marc seine Post, und nach dem Abendbrot saß er zeichnend und spintisierend in seinem Rohrstuhl, und zu dieser Stunde entstanden die meisten seiner Bildentwürfe. (…) Um zehn Uhr war Schluß des Tages.« (*Zit. n.: Andreas Hüneke, Der Blaue Reiter. Dokumente einer geistigen Bewegung*)

Am Neujahrsabend 1911 lernte Franz Marc in München beim Malerfreund Alexej von Jawlensky den Russen Wassily Kandinsky (1866–1944) kennen. Beeindruckt von dieser ersten Begegnung schrieb Marc am 2. Januar 1911 an Maria Franck nach Berlin: »Gestern Abend war ich mit Helmuth bei Jawlensky und hab mich den ganzen Abend mit Kandinsky und Münter unterhalten – fabelhafte Menschen. Kandinsky übertrifft alle, auch Jawlensky an persönlichem Reiz, ich war völlig gefangen von diesem feinen innerlich vornehmen Menschen, und äußerlich patent bis in die Fingerspitzen; dass den die kleine Münter, die mir sehr gefiel, »glühend« liebt, das kann ich ganz begreifen. Sie wollen mich und Helmuth nun alle in Sindelsdorf besuchen, desgleichen wir Kandinsky und Münter in Murnau. Ach, wie freue ich mich, später mit Dir mit diesen Menschen zu verkehren, du wirst Dich sofort wohlfühlen, auch mit Münter, glaube ich.«

Ende April 1911 kamen Kandinsky und Münter (1877–1962) zum ersten Mal nach Sindelsdorf und zwischen Murnau und Sindelsdorf fanden nun häufiger Besuche statt. »Sie sind jeden Tag willkommen; wir machen dann einen ordentlichen Spaziergang oder liegen im Wald und essen Nachmittag Kuchen. Also hoffentlich auf recht baldiges Wiedersehen, mit vielen Grüßen von Maria und Ihrem Fr. Marc.« Im Juni 1911 heirateten Maria Franck und Franz Marc in Berlin.

In der Sindelsdorfer Gartenlaube saßen Franz Marc und seine russischen Malerfreunde oft bei einer Tasse Tee zusammen und diskutierten über neue Wege in der Kunst. Dazu meinte Wassily Kandinsky später: »Den Namen ›Der Blaue Reiter‹ erfanden wir am Kaffeetisch in der Gartenlaube in Sindelsdorf; beide liebten wir Blau, Marc Pferde, ich – Reiter. So kam der Name von selbst. Und der märchenhafte Kaffee von Frau Marc mundete uns noch besser.«

Der Künstlerkreis erweiterte sich ständig. Auf Anregung von August und Helmuth Macke lud Franz Marc den Maler und Grafiker Heinrich Campendonk (1889–1957) nach Sindelsdorf ein. Im Oktober 1911 traf er dort ein und lernte sofort Kandinsky kennen, da die Vorbereitungen für den Almanach *Der Blaue Reiter* gerade in vollem Gang waren. Das Gemeinschaftsdenken der Künstlergruppe begeisterte ihn und er beschloss, in Sindelsdorf zu bleiben – zumal Kandinsky ihm einen Bildauftrag vermitteln konnte. Bis 1914 wohnte er dort, zusammen mit Adda Deichmann, die er 1913 heiratete.

Auch der Tiermaler Jean Bloé Niestlé (1884–1942), mit dem Franz Marc seit 1904 gut befreundet war, richtete sich dort sein Atelier ein. Mit Paul Klee (1879–1940) und seiner Familie, die in München in der Ainmillerstraße 32 wohnte, waren die Marcs in engem Kontakt: »Wir freuen uns des Verkehrs mit Klee's, es sind feine Menschen, ungewöhnlich musikalisch begabt. Nach unserer Rückkehr von Berlin werde ich jeden Monat eine Klavierstunde bei Frau Klee nehmen, ich freu mich schrecklich drauf. Wir feiern ja Weihnachten diesmal in Berlin und nicht in unserem kleinen Dörfchen«, schrieb Maria Marc an Elisabeth Erdmann-Macke.

In Sindelsdorf lernte der Verleger und Kunstsammler Reinhard Piper (1879–1953) August Macke und Kandinsky kennen. Er entschloss sich, den Almanach *Der Blaue Reiter* zu verlegen: »Marc und Kandinsky fühlten immer stärker das Bedürfnis, ihren Ideen in einem Sammelwerk Ausdruck zu geben. So entstand der Plan des ›Blauen Reiters‹. Es war fast selbstverständlich, daß Marc mir dieses Buch antrug (…).« (*Reinhard Piper, Mein Leben als Verleger*) So entstand ähnlich wie in Murnau mit Kandinsky, Münter, Jawlensky und Werefkin in Sindelsdorf eine kleine Künstlerkolonie.

1913 lud Franz Marc die renommierte Dichterin Else Lasker-Schüler (1869–1945) nach Sindelsdorf ein. Wenige Monate zuvor waren sich Franz Marc, Maria Marc und Else Lasker-Schüler zur Jahreswende 1912/1913 im Umfeld der Sturm-Galerie von Herwarth Walden, ihrem geschiedenen Mann, zum ersten Mal begegnet. Die Marcs luden die psychisch angeschlagene Großstadtdichterin ein, zur Erholung aufs Land zu kommen. »Bei einer unserer jährlichen winterlichen Reisen nach Berlin lernten Franz Marc und ich Else Lasker-Schüler persönlich kennen (…). Wir hatten jedoch den Eindruck, daß sie in irgendeiner Bedrängnis lebte. Darum überredeten wir sie, mit uns nach Sindelsdorf zu kommen, in dem Wunsche, ihr ein wenig Ruhe und Erholung zu geben (…) Es kam nur noch größere Unruhe über die arme Seele. Sie fühlte sich verloren in der Weite und flüchtete sich wieder in die Stadt, nach München, in eine enge Pension.«

Über zwei Jahre lang schickten sich Else Lasker-Schüler und Franz Marc Karten und Briefe von ungewöhnlicher Intensität und Fantasie, Zeugnis einer außergewöhnlichen Künstlerfreundschaft, ein zauberhaftes Dokument des literarischen und künstlerischen Expressionismus. Die farbig illustrierten Botschaften Marcs an den »Prinzen Jussuf« beantwortete die Dichterin mit poetischen, von ihr illustrierten Kartengrüßen. Franz Marc setzte sie mit ihrer Kaisergeschichte *Der Malik* (1919) ein literarisches Denkmal. Am 9. Dezember 1912 schickte sie ihm einen Gruß: »Der blaue Reiter ist da – ein schöner Satz, fünf Worte – lauter Sterne (…) Ich dämmere noch so hin – aber bevor dein Brief kam, lieber blauer Reiter, sauste es durch meinen Raum, (eine Spelunke) zu arm für dich, (eine Chaussee ohne Bäume) meine Augen taten mir weh, als ob dein süßes Pferd Staub aufgewirbelt hätte, komme zu mir du und dein Gemahl, blauer Ritter, daß ich Euch liebe. Jussuf Prinz von Theben.«

Titelseite des Almanachs Der Blaue Reiter, *1913*

Ried bei Benediktbeuern

5 Franz Marcs Wohnhaus Villa Ried, *Franz Marc-Straße*

Im April 1914 zogen Maria und Franz Marc in das nur wenige Kilometer entfernte Ried. Maria Marc hatte es sich so gewünscht: »Unser stilles Sindelsdorfer Leben wurde in diesen Jahren allmählich sehr verändert durch die Menschen, die hinauskamen – die vielen Beziehungen, die das Hinausgehen in d. Öffentlichkeit mit sich brachte. Und so war es nicht immer leicht, mit der Primitivität des kl. Dörfchens allem gerecht zu werden. Die Wohnung wurde zu eng – es war schwer, ein ordentliches Mädchen als Hilfe zu finden und – vor allen Dingen konnte Franz es nicht mehr aushalten u. verantworten, auf d. kalten Speicherraum im Winter zu arbeiten. Er versuchte zwar, sich gut zu versorgen mit Wintermantel, grossen Halswickeln, dicken Handschuhen, denn es begannen ihn rheumatische Schmerzen zu plagen. So fing ich dann an, ihn zu bearbeiten, dass wir das kleine Dorf aufgeben sollten. Das war natürlich nicht so einfach.« (*Maria Marc, »Das Herz droht mir manchmal zu zerspringen«. Mein Leben mit Franz Marc*)

In Ried kauften Maria und Franz Marc eine geräumige Villa, die sie gegen Marcs Elternhaus in Pasing tauschen konnten. Ende April 1914 zogen sie ein. Bei Kriegsausbruch meldete sich Franz Marc als Kriegsfreiwilliger. Seine *Briefe aus dem Felde* geben Aufschluss über sein letztes Lebensjahr. Den ersten Fronturlaub vom 12. bis 21. Juli 1915 in Ried und München erlebten Franz und Maria Marc, wie wohl unzählige Paare in diesen Kriegsjahren, als Zeit des nahen Abschieds: »Die kurzen Urlaubstage von meinem Mann waren traurig schön – den Druck wird man ja nicht los, bis nicht endlich Frieden ist«, schrieb Maria Marc am 14. August 1915 an Gabriele Münter.

Während dieses Fronturlaubs trafen sich Franz Marc und Paul Klee ein letztes Mal: »Kurz darauf erhielt Marc Urlaub, und kam, obwohl sehr ermüdet und sichtlich abgemagert, unausgesetzt erzählend nach München (…). Um ihn eingehender und nachdem er sich schon etwas erholt hatte, zu sprechen, besuchte ich ihn in Ried bei Benediktbeuern, zuvor die Strecke von Feldafing bis Bernried zu Fuss wandernd. Die feldgrauen Sachen hingen wie ausgedrücktes Gedärme zum Trocknen im Freien. Er selber trug seine Sportshosen und farbige Joppe. Das war schon besser, aber nicht für lange!« (*Paul Klee, Tagebücher 1898–1918*)

Maria Marc wohnte bis zu ihrem Lebensende in Ried. An Gabriele Münter schrieb sie am 28. Dezember 1916, neun Monate nach Franz Marc Tod: »Ich bin jeden Tag von Neuem dankbar, daß ich Ried habe, ich lebe so gern hier und fühle mich am wohlsten in dem schönen Häuschen, das so zum frohen, geselligen Leben gemacht scheint und nun keine lachenden glücklichen Menschen beherbergt. Aber ruhig bin ich hier wenigstens und die Ruhe, die ich hier finde, gibt mir zum Teil ja auch die behagliche Art des Häuschens. Die Größe und Verhältnisse der Zimmer – die Lage am Wald – die Aussicht auf Wiesen, Wald und Berge – das tut so unendlich wohl.«

Die ausgebildete Zeichenlehrerin und Malerin blieb bis zu ihrem Tod 1955 künstlerisch tätig. Sie webte moderne Gobelins mit Wolle, gefärbt mit selbst hergestellten Pflanzenfarben. Ihre eigentliche Lebensaufgabe aber blieb es, den umfangreichen schriftlichen Nachlass und das künstlerische Lebenswerk ihres Mannes zu verwalten.

Haus von Franz und Maria Marc in Ried bei Kochel, erworben im Februar 1914

Kochel am See

Von Ried nach Kochel führt die Straße durch eine einzigartige Moorlandschaft, die von der Loisach durchzogen wird. Die weite Fläche des Rieds, ihre besondere Vegetation, die vielen, zum Teil windschiefen Heuschober und die für diese Gegend typischen Streuhaufen machen den besonderen Reiz dieses Landschaftsschutzgebiets aus, das in den letzten hundert Jahren seinen natürlichen Charme bewahren konnte. Auf einem der vielen Rad- und Wanderwege kann man den Spuren der Maler aus München folgen, die auf ihrer Motivsuche damals bevorzugt mit dem Fahrrad unterwegs waren.

6 Auf Motivsuche im Umland

Im Sommer 1902 folgte Gabriele Münter einer Einladung ihres Lehrers Wassily Kandinsky, zusammen mit seiner Malklasse »Phalanx« von München nach Kochel hinauszufahren. Mit dem Arbeiten unter freiem Himmel setzte Kandinsky dem akademischen Lehrprogramm etwas ganz und gar anderes entgegen. Damit tat er es der Dachauer Malerschule und der Münchner »Scholle« oder auch der Worpsweder Malerkolonie

Kochelsee

in Norddeutschland gleich. In Kochel kamen sich Kandinsky und seine Schülerin Gabriele Münter privat näher. Die sichere, unmittelbare Art ihres Zeichnens und Malens nahm ihn gefangen. Johannes Eichner, Gabriele Münters späterer Lebensgefährte, erzählte, wie sich die beiden lieben lernten: »Kandinsky fuhr Rad, womit er seine weit in der Landschaft verstreuten Schülerinnen bei ihrer Arbeit aufsuchte, mit einer Trillerpfeife sein Kommen ankündigend. Gabriele Münter radelte auch – die anderen Damen nicht –, und so fanden sich beide leicht zu Ausflügen zusammen. (…) Einmal, als sie bei einem Ausflug der ganzen Schule am Walchensee gewesen waren und etwas abgesondert gegen den Kochelsee abstiegen, tanzte und sang Gabriele Münter für sich auf dem Weg dahin, des Gefährten und Lehrers vergessend. Als sie dann wieder zusammengingen, war in seiner Stimme und in seinen Worten ein neuer Klang. (…) Er muß von da ab stark bewegt gewesen sein, so daß er, als seine Frau nach Kochel nachkam, die Schülerin bald bat, ihren Studienaufenthalt abzubrechen.« (*Johannes Eichner, Kandinsky und Gabriele Münter. Von Ursprüngen moderner Kunst*)

»Malweiber« auf dem Land, um 1910

7 Staffelalm am Rabenkopf – Aufenthaltsort von Franz Marc

Ein besonderer Ort künstlerischen Schaffens ist die Staffelalm. Sie liegt auf dem Weg zum Rabenkopf (1559 Meter) unterhalb des Gipfels. Während Kandinskys »Phalanx«-Gruppe auf Motivsuche im Kochler Ried unterwegs war, zog sich Franz Marc im Frühjahr und Sommer 1902 auf die nahegelegene Staffelalm zurück und malte naturalistische Studien. Ursprünglich wollte Franz Marc auch im Sommer 1903 auf die Staffelalm gehen. Er hatte sich mit dem Senner Johann Müller angefreundet, der ihn erwartete: »Werther Herr Mark! Ich habe heute die Staffelalm bezogen wen Sie Lust und Liebe haben können Sie mich besuchen auch eine Zeit dableiben nach belieben. Wierde mir sehr Lieb sein wen sie Ihren Aborat mit nehmen wierden um hie und da ein schönes Bild zumachen wen gerade das Vieh schön bei Alm Hütte steht. Sie könten den Abrat ganz gut in Kochel irgendwo einstellen wen Ihnen das Dragen zu viel wird dan

Staffelalm am Rabenkopf, 2018

könnte ihn mein Bub hohlen habe auch gemerkt daß Sie dawaren besten Dank für Zigarren sie sind in Rauch aufgegangen Gut geschmekt (…).« (*Brief vom 6. Mai 1903, zit. n.: Ausstellungskatalog: Franz Marc 1880–1916.*)

Doch daraus wurde nichts, denn Franz Marc verbrachte den Sommer zu Studien in Paris und der Bretagne. Im Sommer 1905 kam er wieder auf die Staffelalm und bemalte die Wände und den großen Herd. Am 4. September 1908 schrieb ihm Babette Osterer, die Sennerin der Staffelalm, die sich damals in Lenggries aufhielt: »Lieber Herr Marc, jetzt muß ich Ihnen erfreuliches mitteilen, nämlich von meinem schönen Herd. Derselbe wird allgemein bewundert von nobel und unnobel, von Herrschaften und Bauerleute, oft werde ich sogar arg beneidet ob desselben, ich selber habe ja auch eine riesige Freude an ihm und denke so oft ich Feuer mache an den liebenswürdigen Herrn Maler (…).«

Franz Marc und Maria Franck in Tracht auf einem Bauernball, 1906

Der Herd ist nicht mehr erhalten. Doch ein grüner Hirsch mit Hirschkuh ist droben auf der Staffelalm noch immer zu sehen.

8 Hotel zur Post – Logis von Franz Marc und Maria Franck, *Schmied-von-Kochel-Platz 6*

Mit dem idyllisch am Kochelsee gelegenen Dorf war Franz Marc von Kindheit an vertraut. Zwischen 1884 und 1893 fuhr die Familie von München aus mit der Bahn nahezu jährlich in die Sommerfrische nach Kochel. Für Münchner war das Dorf binnen Stundenfrist erreichbar; das erhöhte seine Attraktivität für Erholungsuchende aus der rasch anwachsenden Großstadt.

Während seines Studiums an der Akademie der Bildenden Künste in München kam Franz Marc zu Malstudien an die Plätze seiner Kindheit zurück. 1906 verbrachte er mit seiner Geliebten Maria Franck das Faschingswochenende im Hotel zur Post, wo sie zwei Zimmer mieteten. Die gemeinsamen Tage sollten Klärung in eine verzwickte Lage bringen. Maria Marc erinnerte sich später: »Am Ende des Faschings – am Samstag vor dem Faschingssonntag – fuhr er mit mir in die Berge – in den Schnee – nach Kochel! Auf diese Fahrt! – ich war so aufgeregt – so voller Zweifel, ob ich mich in diese – mir ganz aussichtslose erscheinende Verbindung hineinstürzen sollte? Das wußte ich ja genau, daß ich ihm ganz verfallen würde, wenn ich nachgab und ihm angehören würde (…). Wir stiegen in Kochel aus und nahmen uns Zimmer im Hotel Post – u. gingen dann spazieren, im tiefen Schnee u. grauer Dämmerung.« (*Maria Marc, »Das Herz droht mir manchmal zu zerspringen«. Mein Leben mit Franz Marc*) Von Mai bis Oktober hielt sich Franz Marc wieder dort auf und malte unaufhörlich. Er hatte ein großes Bild in Arbeit, »Zwei Frauen am Berg«, das Maria Franck und Marie Schnür auf einer Wiese zeigt. Es ist Zeugnis einer komplizierten Dreiecksgeschichte, in die sich Franz Marc 1906 / 1907 hineinmanövrierte und aus der Maria Franck, die spätere Maria Marc, letztendlich als Gewinnerin hervorging, obwohl er zunächst Marie Schnür heiratete.

Franz Marc hatte Marie Schnür, 36-jährige Lehrerin an der Damen-Akademie des Künstlerinnen-Vereins, die Ehe versprochen, um ihr zu ermöglichen, dass sie ihr neugebore-

Franz Marc: Zwei Frauen am Berg, 1906

nes, uneheliches Kind zu sich holen konnte. Gleichzeitig hatte er ein Liebesverhältnis zu Maria Franck, das sich im Frühjahr 1907 intensivierte. Er hatte die Malerin im Fasching 1905 auf der »Bauernkirta«, einem Künstlerfest beim Schwabinger Wirt, kennengelernt. Zeitgleich stand Franz Marc zu seinem Eheversprechen und heiratete im März 1906 Marie Schnür. Schon bald darauf bereute er diesen Schritt. Am 14. September schrieb er Maria Franck: »Wird mir das Schicksal wohl jemals die Dummheit vergeben, die ich mit dieser Heirat angerichtet habe? Heute komm ich zu Dir und sag: hilf mir! Im übrigen muß ich doch gleich dahinter setzen, daß ich fest überzeugt bin, daß mir dieses eklige Jahr von größtem seelischem Nutzen gewesen ist. Eine Seelenrettung mit Hindernis.« Die Ehe mit Marie Schnür wurde 1908 geschieden.

9 Friedhof Pfarrkirche St. Michael – Grab von Franz und Maria Marc, *Kirchenweg*

Im Winter 1909 besuchten Gabriele Münter und Wassily Kandinsky das befreundete Komponistenehepaar Thomas und Olga von Hartmann. Die beiden nutzten die Zeit in Kochel, um gemeinsam auf dem Friedhof die einheimische Grabkultur zu studieren. Kandinsky malte Grabsteine, Münter malte Grabkreuze.

Wenige Jahre später fand ihr gemeinsamer Freund Franz Marc auf diesem Friedhof seine letzte Ruhestätte. Am Nachmittag des 4. März 1916 kam Franz Marc bei Verdun in den Vogesenkämpfen um. Kurz zuvor schrieb er seiner Frau den letzten Brief: »Ja, dieses Jahr werde ich auch zurückkommen in mein unversehrtes, liebes Heim, zu Dir und zu meiner Arbeit. Zwischen den grenzenlosen schaudervollen Bildern der Zerstörung, zwischen denen ich lebe, hat dieser Heimkehrgedanke einen Glorienschein, der garnicht lieblich genug zu beschreiben ist. Behüte nur dies mein Heim und Dich selbst, Deine Seele, Deinen Leib und alles was mir gehört, zu mir gehört!« Franz Marc wurde unter großer Anteilnahme seiner Truppe im Park ihres Quartiers, des kleinen Schlosses Gussainville bei Braquis, beerdigt und 1917 in eine Grabstätte auf den Friedhof in Kochel überführt. Das Grab mit einem schmiedeeisernen Kreuz liegt ganz in der Nähe der Friedhofsmauer mit Blick auf den Jochberg. Maria Marc wurde 38 Jahre später neben Franz Marc beerdigt. Sie starb am 25. Januar 1955 mit 78 Jahren in ihrem gemeinsamen Haus in Ried bei Benediktbeuern.

10 Franz Marc Museum, *Franz Marc Park 8–10*

Das Franz Marc Museum ist ein privates Museum mit dem Schwerpunkt »Franz Marc im Kontext der Kunst im 20. Jahrhundert«. Es wurde 1986 in Kochel am See mit dem Ziel gegründet, Leben und Werk des Malers inmitten der Landschaft zu zeigen, die ihn zu seiner Kunst inspirierte. Der Neubau wurde 2008 eröffnet und geht auf eine private Stiftung zurück. Seither werden in Sammlungspräsentationen und Ausstellungen immer wieder neue Zusammenhänge mit der Kunst des 20. Jahrhunderts hergestellt. Franz Marc tritt mit Malern wie Paul Klee, Ernst Ludwig Kirchner, Max Pechstein, Erich Heckel und Max Beckmann, aber auch mit Künstlern wie Joseph Beuys und Georg Baselitz in einen Dialog. Parallel zu den Sonderausstellungen zeigt das Museum aus seiner Sammlung bedeutende Arbeiten Franz Marcs, des »Blauen Reiters«, der »Brücke«, Paul Klees sowie der deutschen und französischen Nachkriegsabstraktion. Ein umfangreiches museumspädagogisches Programm und öffentliche Führungen am Wochenende ergänzen die Ausstellungen. Der Altbau, eine Villa aus der Zeit um 1900, beherbergt das Museumsrestaurant Blauer Reiter. Von der Sonnenterrasse aus hat man bei gutem Wetter einen traumhaften Blick auf den Kochelsee und den Herzogstand.

Franz Marc Museum in Kochel am See

11 Walchenseekraftwerk, Informationszentrum, *Altjoch 21*

Ein Juwel der Technik in den Alpen ist das Walchenseekraftwerk, das zwischen Kochel und Urfeld am Fuß des Kesselbergs steht. Das Speicherkraftwerk der Uniper Kraftwerke GmbH nutzt den Höhenunterschied von rund 200 Metern zwischen dem Walchensee und dem tiefer gelegenen Kochelsee zur Energieerzeugung durch Wasserkraft. Seine überdimensionierten Druckrohrleitungen, durch die das Wasser talwärts schießt, sind weithin zu sehen.

Diese Stromquelle aus erneuerbarer Energie hat sich Oskar von Miller (1855–1934) ausgedacht. Der Münchner Elektrotechniker, Bauingenieur und Begründer des Deutschen Museums hatte eine Vision: Er wollte Bayern flächendeckend mit Strom versorgen, um die Wirtschaft des agrarisch geprägten Landes anzukurbeln. Angeregt durch die damaligen Industrieausstellungen in den Metropolen Europas und Nordamerikas, organisierte der 27-jährige Oskar von Miller 1882 eine ähnliche Ausstellung im Münchner Glaspalast. Es war die Initialzündung für die Elektrizitätsversorgung in Bayern. Die absolute Sensation war, dass zum ersten Mal Strom über eine größere Entfernung übertragen wurde. Mit einer Spannung von 150 bis 200 Volt floss Strom von Miesbach, wo er erzeugt worden war, ganze 57 Kilometer bis zum Glaspalast nach München. Oskar von Miller konnte damit beweisen, dass sich Strom auch über große Strecken transportieren lässt. Weil das Königreich Bayern wenig Kohlevorräte hatte, regte der Pionier 1911 an, bei der Stromgewinnung generell auf Wasserkraft zu setzen. Am 21. Juni 1918 beschloss der Bayerische Landtag den Bau des Walchenseekraftwerks nach den Plänen von Miller. Der Bau dieses Speicherkraftwerks am Walchensee war für die Zeit nach dem Ersten Weltkrieg eine echte Meisterleistung. Über 2000 Arbeiter und Ingenieure arbeiteten an diesem Wunderwerk der Technik mit. Unter unvorstellbaren Mühen mussten sie schwerste Bauteile wie Rohre, Turbinen und Generatoren herbeischaffen. 17 Menschen fanden dabei den Tod, darunter Zimmermänner, Schießmeister, Schlosser, Maurer, Hilfsarbeiter, Stollenarbeiter, Aufseher, wie eine am Werksgelände angebrachte Gedenktafel dokumentiert.

Am 24. Januar 1924 trieb zum ersten Mal das Wasser vom Walchensee eine Turbine im 200 Meter tiefer gelegenen Maschinenhaus am Kochelsee an. Aus einem der sechs Rohre schoss das Wasser auf eine Turbine im Kraftwerk. Ihre Drehbewegung brachte wiederum den gekoppelten Generator zum Laufen.

Arbeiter am Wasserkraftwerk Walchensee, 1920er-Jahre

Mit einer Leistung von 124 000 Kilowatt (124 Megawatt) war das Walchenseekraftwerk damals eines der größten Wasserkraftwerke der Welt. Seit 1983 ist es ein geschütztes Industriedenkmal. Für Besucher hat es einen besonderen Reiz, die imposante Maschinenhalle mit den arbeitenden Generatoren besichtigen zu können. Ein Informationszentrum gegenüber dem historischen Kraftwerkgebäude liefert ergänzend Wissenswertes rund um die Wasserkraft. Groß und Klein können über Modellbauten, Turbinenmodelle, interaktive Touchscreen-Terminals und Infotafeln vor Ort erleben, wie das Walchenseekraftwerk funktioniert.

Maschinenhalle im Walchenseekraftwerk, 2015

Urfeld am Walchensee

»Dieses Urfeld ist ein ganz winziger Ort, es gibt dort eine Post, zwei Gasthäuser, aber weder Schuster noch Schneider. Einige Villen, ebenfalls im Liliputanerstil, leuchten unter schwarzen Tannen hervor. Eines dieser Häuschen gehört uns, hart am Fuße des Herzogstands.« (*zit. n.: Ostdeutsche Galerie Regensburg, Lovis Corinth. Die Bilder vom Walchensee: Vision und Realität*) So beschrieb 1921 der Maler Lovis Corinth (1858–1925) seinen Sommerwohnsitz am äußersten Nordzipfel des Walchensees. Neben Max Liebermann und Max Slevogt ist Lovis Corinth der dritte bedeutende deutsche Impressionist. Der gebürtige Ostpreuße studierte u.a. in Königsberg und München, verbrachte drei Jahre in Paris, kam 1879 an die Akademie der Künste nach München und lebte ab 1900 in Berlin.

12 Ehemaliges Hotel Fischer am See – Sommerfrische von Lovis Corinth, *Urfeld 9*

Von Mitte Juli bis Mitte August 1918 verbrachte der Maler Lovis Corinth mit seiner Familie in Urfeld im Hotel Fischer am See den Sommer und feierte dort am 21. Juli seinen 60. Geburtstag. Sein Sohn Thomas erinnerte sich später: »Wir wohnten im Hotel Fischer am See, wo zum Geburtstag ein Festessen mit der Familie und Freunden auf der Terrasse stattfand; viele Gratulationstelegramme und Briefe trafen ein. Zum Essen gab es das Feinste, nämlich Seiblingfische aus dem See und eine Bowle mit Champagner und Erdbeeren.« Lovis Corinth entwarf damals für Max Reinhardt, Direktor des Deutschen Theaters Berlin, Bühnendekorationen und Kostüme zu *Salome* und *Pelleas und Melisande*. Gute Kontakte hatte Lovis Corinth auch zum Komponisten Richard Strauss, für den er 1908

Lovis Corinth (Zweiter von links) mit seiner Familie auf einem Spaziergang in Urfeld, 1921

die Umschlagillustration für den Klavierauszug der Oper *Elektra* gestaltete. Max Reinhardt schickte ins Hotel Fischer am See einen Geburtstagsgruß: »Ihr heutiger Ehrentag gibt mir die angenehme Gelegenheit in der größten Menge Ihrer Bewunderer Ihrer, hochverehrter Meister, mit den herzlichsten Glückwünschen zu gedenken. Ad. Multos Annos. Reinhardt Deutsches Theater.«

Lovis Corinth war von der Schönheit der Landschaft, vom Zauber des Walchensees, der Bergkulisse, des Lichts und der Luft begeistert. »Walchensee, Dorfstraße« war das erste Bild, das dort entstand. Seine Frau schlug vor, in Urfeld ein Haus zu bauen, und Lovis Corinth willigte ein: »Eines Tages, wir bummelten am See entlang, meinte Lovis: ›Ich habe mit einem Bild (...) Mark verdient. Was soll ich damit machen?‹ ›Gib mir das Geld‹, antwortete ich, ›ich baue dir hier ein Haus.‹ (...) ›Du bist dazu imstande‹, scherzte Corinth. (...) Ich schrieb an eine Baufirma in München (...).« Im Sommer 1919 fand sich die Familie Corinth wieder in Urfeld im Hotel Fischer ein, wenige Monate später war das eigene Haus fertig.

Das ehemalige Gasthaus wird seit vielen Jahren privat genutzt und ist für die Öffentlichkeit nicht zugänglich.

13 Haus Petermann – Lovis Corinths Wohnhaus

Weihnachten 1919 feierte die Familie Corinth zum ersten Mal in dem neu erbauten Haus. Die Corinths nannten es Haus Petermann, nach dem Kosenamen von Lovis Cortinths Frau Charlotte. Es war von Berlin aus äußerst umständlich zu erreichen. »Von Berlin nach München im D-Zug, wo es manchmal schwer war, Schlafwagenreservationen zu bekommen, oder wenn man am Tage fuhr, mußte man zeitweise im Zugkorridor stehen, so schwierig war es, Sitzplätze zu finden. Von München nach Kochel ging es stundenlang im Bummelzug und von Kochel nach Urfeld im Schlitten mit Pferdegespann«, blickt Corinths Sohn Thomas auf die Landaufenthalte zurück. (*Thomas Corinth, Lovis Corinth. Eine Dokumentation*)

Im Juni 1920 kam Lovis Corinth wieder und blieb bis Anfang August. Von nun an verbrachte er regelmäßig Weihnachten und die Sommermonate dort, zuletzt die Winterferien 1924/1925. In seiner Selbstbiografie hielt er fest: »Seit fünf Jahren verleben wir den Sommer am Walchensee. Meiner Frau schenkte ich ein Stück Terrain, worauf sie ein kleines Blockhaus erbaute. Sie leitete den Bau auf das Geschickteste und so wurde derselbe auch, als er beendet war, ihr Eigentum, denn ich selbst war unpraktisch, konnte nicht mit den

Lovis Corinth: Blick von der Kanzel auf den Walchensee, 1924

Arbeitern verkehren. Ein reizender Blick war hier auf den See, und bald hatte ich alle Motive gemalt, die nun zur Freude der Menschheit werden sollten. Ob es wirklich künstlerische Arbeiten bleiben werden, muß die Zeit entscheiden.« (*Zit. n.: Thomas Corinth, Lovis Corinth. Eine Dokumentation*) Der Walchensee entfachte in Corinth eine solche Lust zum Schaffen, dass in nur sieben Jahren 58 Gemälde, Aquarelle, Lithografien, Radierungen und Zeichnungen entstanden. Die Bilder waren auch finanziell ein großer Erfolg: »Meine Produktionskraft war größer denn je. Gerade beim Niedergang des Krieges errang ich durch die Motive des Walchensees über die Maßen große Erfolge, im finanziellen Sinne und im idealen. Jeder Berliner wollte ein Bild aus jener bayrischen Gebirgsecke besitzen, und so kam es, daß ich nebst dem Stilleben ein Spezialist für diesen schönen Winkel vom Walchensee wurde. Auch die Galerien wollten durchaus diese Bilder haben.« (*Thomas Corinth, Lovis Corinth. Eine Dokumentation*) Seine Frau Charlotte Berend-Corinth verrät in ihren Erinnerungen, wie diese Bilder entstanden: »An manchem Abend saß er in Urfeld und wartete den Mond ab, um ihn zu malen. Er wartete nie vergebens, überhaupt selten spielte ihm das Wetter einen Streich. Alles war für die Mondmalerei vorbereitet, die Leinwand stand mit der Staffelei oder dem Holzbrett da, die Palette war voller Farben. Dann trat der Mond über den Jochberg und Lovis stürzte sich in die Arbeit hinein wie jemand, der ins Wasser springt, und die Wellen schlagen über ihm zusammen.« (*Zit. n.: Thomas Corinth, Lovis Corinth. Eine Dokumentation*)

Nach Lovis Corinths Tod am 17. Juli 1925 fuhr die Familie nur noch selten nach Urfeld. Für Lovis Corinths Frau Charlotte waren die Erinnerungen zu schmerzlich. Sein Sohn Thomas lebte seit 1931 in den USA. 1939 kaufte der Atomphysiker Prof. Werner Heisenberg das Haus der Corinths. Es ist heute in Privatbesitz und kann nicht besichtigt werden.

3

Spaziergänge im Ammertal

1
Theaterstraße
Große Laine
2
Bahnhofstraße
Dorfstraße
4
3
5
Eugen-Papst-Straße
Dorfstraße
Daisenbergerstraße
9
Tiroler Gasse
Ammer
6
8
7
Koenig-Ludwig-Straße
Ettaler Straße
10

Oberammergau

»Oberammergau, ein bairisches Gebirgsdorf, ist nicht das größte und, von Natur aus, nicht einmal das großartigste in diesem schönen Lande (…) Und doch ist Oberammergau des Abendlandes berühmtestes Dorf; wer sonst wenig über Deutschland weiß, viele tausend Meilen fern; von diesem Oberammergau hat er gehört, vom Passionsspiel, von den Schnitzern, von den buntbemalten Häusern; und wie dieses Dorf das ganze Werdenfelser Land, ja, ganz Oberbayern teilnehmen läßt an seinem ureigensten Ruhme.« (*Eugen Roth und Claus Hansmann, Oberammergau*)

Der Münchner Schriftsteller Eugen Roth (1895–1976) war Ende der 1950er-Jahre bei seinem Besuch in Oberammergau von der besonderen Atmosphäre des Passionsspielorts überwältigt, wo seit 1680 die Dorfbewohner alle zehn Jahre in einer mehrstündigen Aufführung die letzten fünf Tage im Leben von Jesus Christus nachstellen; erstmals taten sie das 1634 als Einlösung eines Versprechens nach der überstandenen Pest. Seit 2014 sind die Oberammergauer Passionsspiele Teil des bundesweiten Verzeichnisses des immateriellen Kulturerbes im Sinne der UNESCO-Konvention. Im Laufe dieser Jahrhunderte hat sich Oberammergau zu einem viel besuchten Erholungsort im Sommer und Winter entwickelt. So mancher Urlauber weiß es zu schätzen, im Privatquartier bei einem Holzbildhauer am Oberammergauer Lebensgefühl teilzuhaben, auch wenn nicht »Passion« ist. Nur wenige Meter vom Trubel entfernt kann man das ganze Jahr über Bergeinsamkeit und Naturidylle genießen und gleichzeitig beim Oberammergauer Theatersommer im Passionstheater Kulturgenuss auf hohem Niveau erleben.

Bis 1860 gelangte man mit der Pferdekutsche oder zu Fuß zum Passionsspiel. Am Ettaler Berg, damals noch der alte, steil emporstrebende Ziehweg von Oberau über das Kloster Ettal nach Oberammergau, mussten Besucher gleich welchen Standes aussteigen und zu Fuß weitergehen. Denn kein Pferd konnte Kutsche und Reisende gleichzeitig die steile Strecke emporziehen. Heute wird dieser Weg noch gerne von Spaziergängern genutzt. Doch auch der Weg über Saulgrub war damals voller Hindernisse, sodass die Reisenden immer wieder zum Absteigen und Fußmarsch gezwungen waren. Im Jahr 1890 verbesserte sich die Situation mit dem Ausbau der Ettaler Bergstraße und dem Bau der Eisenbahnlinie von München nach Garmisch. So richtig

Oberammergauer Bühne, Lithografie von Carl Emil Doepler, 1860

bequem wurde es aber erst, seitdem die Lokalbahn von Murnau nach Oberammergau fertiggestellt war. Rechtzeitig zu Beginn des Passionsspiels 1900 wurde sie am 25. April 1900 eröffnet. Es galt als Sensation, dass man an einem Tag von München nach Oberammergau und zurück gelangen konnte. Die Postkutsche war überflüssig geworden und der Massentourismus konnte beginnen. Das hatten der britische Tourismuspionier Thomas Cook und sein Sohn John Mason rechtzeitig erkannt, als sie bei ihrem Besuch 1890 die Vermarktung Oberammergaus in großem Format in die Hände nahmen und ab 1900 bei Sebastian Zwink eine Filiale eröffneten. Nach dem Ersten Weltkrieg wurde die Ettaler Bergstraße geteert und für die Passion 1930 begradigt und erheblich übersichtlicher gemacht.

1 **Passionstheater,** ***Theaterstraße 16***

»Scherz und Ernst wohnen im bairischen Volk nah beieinander, Sinnenlust und Frömmigkeit; und das ›Komedi- und Tragedispielen‹ mag seit unvordenklichen Zeiten der Brauch gewesen sein.« (*Eugen Roth und Claus Hansmann, Oberammergau)* Der katholisch-barocke Raum fördert die Lust am Bild, an der Inszenierung und am Spiel. In Oberammergau wachsen bereits die Kinder ins Passionsspiel hinein. Es begleitet sie in wechselnden Rollen ihr Leben lang. Der zentrale Ort dafür ist seit Langem die Passionswiese. Seit 1634 wurde im Friedhof gespielt, dann ab 1830 auf der Passionswiese in einem Bühnenhaus aus Holz. Der Um- und Neubau 1890 mit Teilüberdachung brachte das Theater auch technisch nach vorne. Das Passionstheater mit Bühnenhaus und Überdachung in der heutigen Form stammt von 1930. Es wurde 2000 gründlich renoviert und wird seither ständig modernisiert. Das Passionsspiel wird seit jeher begleitet vom Handel mit Heiligenbildchen, Devotionalien und Oberammergau-Andenken. Die völlig verarmte Schriftstellerin Franziska Gräfin zu Reventlow (1871–1918) wollte davon profitieren und mietete sich eine Holzbude vor dem Passionsspielhaus. Ihr enger Vertrauter, der Anarchist Erich Mühsam (1878–1934), erinnerte sich: »Ich denke mit Wehmut daran, wie sie wochenlang im Zimmer hockte, Hunderte von Gläsern um sich herum, und die Landschaften von Oberammergau, das Theater, die rührendsten Szenen der Christusgeschichte und sonst welche frommen Dinge darauf malte. Sie war auf die Idee gekommen, ihren Dalles durch den Verschleiß von Andenken an Oberammergau bei den gerade fälligen Passionsspielen abzuhelfen. Tatsächlich reiste sie hin, saß die gan-

Passionsspielhaus gegen den Kofel, um 1920

ze Zeit von früh bis abends in einer Holzbude vor dem Theater und hoffte auf die amerikanischen Millionäre, die ihr die Gläser abkaufen würden. Aber die ganze Zeit hindurch regnete es, und außerdem waren die Andenken viel zu billig, als daß reiche Leute sie gekauft hätten. So kam sie fast mit dem ganzen Vorrat und mit vermehrter Schuldenlast nach Schwabing zurück.« (*Erich Mühsam, Themen und Menschen. Unpolitische Erinnerungen*)

Der Schriftsteller Lion Feuchtwanger (1884–1958) kam 1900 und 1910 nach Oberammergau und brandmarkte in mehreren Zeitschriftenartikeln die Geschäftstüchtigkeit der Oberammergauer. In seinem Roman *Erfolg* (1930) widmet er dem Dorf Oberfernbach alias Oberammergau ein eigenes Kapitel. »Zur Zeit der Urgroßväter hatten die bayrischen Bauern ihr Spiel aufgeführt aus naiver Frommheit und aus herzhafter Freude am Komödienspiel: jetzt war die einfältige Weihe zur gut organisierten, rentablen Industrie geworden. Sie hatte dem Dorf eine Bahnlinie gebracht, Absatz für die Produkte seiner Holzschnitzereien, Kanalisation, Hotels. Heuer, während der Inflation, da man sich die einfältige Weihe in hochwertigem ausländischen Geld bezahlen ließ, war für die Oberfernbacher besonders gute Zeit.« *(Lion Feuchtwanger, Erfolg*)

1922 besuchte der Dichter Joachim Ringelnatz (1883–1934) mit seinen Freunden vom Satireblatt »Simplicissimus« Peter Scher und Albert Köster die Passion und ließ sich mit dem Christusdarsteller Alois Lang Arm in Arm fotografieren. In den 1930er-Jahren vereinnahmte Adolf Hitler das Oberammergauer Spektakel politisch für seine antisemitische Propaganda. Die französische Philosophin und Schriftstellerin Simone de Beauvoir (1908–1986) besuchte mit ihrem Lebensgefährten Jean Paul Sartre die Jubiläumsspiele 1934 und war begeistert: »Wir hatten nicht viel für folkloristische Darbietungen übrig, aber die Passion war wirklich großes Theater. Man gelangte durch eine Art Tunnel in eine riesige Halle, die zwanzigtausend (!) Zuschauer faßt. Von acht bis zwölf und von zwei bis sechs Uhr erlahmte unsere Aufmerksamkeit nicht eine Sekunde. Die Breite und Tiefe der Bühne erlaubte ungeheure Massenszenen, und jeder Statist spielte seine Rolle mit solcher Überzeugung, daß man sich inmitten der Menge glaubte, die Christus zujubelte, die ihn auf dem Weg durch die Straßen von Jerusalem verhöhnte. ›Lebende Bilder‹, stumm, unbeweglich, wechselten mit bewegten Szenen. Zu einer sehr schönen Musik aus dem siebzehnten Jahrhundert kommentierte ein Frauenchor das Drama: die langen, gewellten Haare, die über die Schultern fielen, erinnerten an alte Shampoo-Reklamen (…). Die Dörfler von Oberammergau wandten die Prinzipien Brechts bereits vor Brecht an: eine einmalige Verbindung von Exaktheit und ›Verfremdung‹ machte die Schönheit dieses Passionsspiels aus.« (*Simone de Beauvoir, In den besten Jahren*) Wegen des NS-Regimes blieb der Aufenthalt kurz: »Trotz allem hatten wir genug von Deutschland. Die Abstimmung vom 19. August stattete Hitler mit diktatorischen Vollmachten aus, die durch nichts mehr eingeschränkt waren; Österreich wurde nationalsozialistisch. (sic!) Wir waren sehr froh, wieder in Frankreich zu sein.« (*Simone de Beauvoir, In den besten Jahren*)

Unter der Spielleitung von Christian Stückl wurde das Passionsspiel gründlich erneuert: Die antisemitischen Passagen der Textvorlage wurden gestrichen und jüdische Verbände in die Vorbereitungen miteinbezogen. Überhaupt wurden die strengen Regeln gelockert: Inzwischen dürfen auch verheiratete Frauen und solche über 35 Jahre mitspielen und muslimischen Oberammergauern ist ebenfalls das Mitwirken erlaubt. Seit mehreren Jahren findet zwischen den Passionsspieljahren im Hochsommer im Passionstheater auf der Freilichtbühne der Oberammergauer Theatersommer mit Theateraufführungen und dem Heimatsound-Festival statt.

Heimatsound-Festival auf der Freilichtbühne des Passionstheaters Oberammergau, 2016

2 Gasthof Alte Post – Logis von Erika Mann, *Dorfstraße 19 (früher Schwabenwirt)*

Das Hotel Alte Post gleich nebenan ist vermutlich das älteste Gasthaus am Platz und geht im Kernbestand auf 1612 zurück. Bereits im 17. Jahrhundert wurde es von Handelsleuten viel besucht. 1783 erwarb Gilbert Pfeiffer den »Löwen«, und gab ihm den Hausnamen Schwabenwirt. König Max II. von Bayern pflegte hier Quartier zu nehmen, wenn er auf dem Weg zur Jagd in Oberammergau Station machte. 1851 wurde Katharina Pfeiffer, die Mutter des Schriftstellers Ludwig Thoma, die erste Postexpeditorin am Ort. 1864 kaufte Sebastian Holz den Gasthof – ohne Posthalterei – und nannte ihn Alte Post. Seit 1896 ist das Hotel im Besitz der Familie Preisinger.

Im Herbst 1929 besuchte Erika Mann Schriftstellerin und Tochter von Thomas Mann, anlässlich der Vorbereitungen zu den Passionsspielen im folgenden Jahr den Passionsspielort Oberammergau und übernachtete im Hotel Alte Post. Tagsüber saß sie vor dem Haus und beobachtete das Treiben, das sie unter dem Titel *Oberammergau mobilisiert* amüsiert literarisierte: »Der wahre Spaß aber beginnt erst im Orte selbst. Man sitzt beim Schnitzel vor der ›Post‹ und schaut den Leuten zu auf dem

Hotel und Gasthof Alte Post, 1937

Platz. Ein Junge radelt vorbei, dunkler, hübscher Süd-Typ, er hat lange, schwarze Wattelocken, bis auf die Schultern herunter. Verwirrt schaut man ihm nach. Dann geht das Licht auf: Kleiner Passionsstatist, fern sei dir der Friseur. Ein Mann kommt des Wegs – sollte er unser Herr Jesus selbst sein –, Bart und Frisur hätte er dafür – Gegenüber das Wittelsbacher-Hotel wird umgebaut, im Malerkittel steht ein wunderbar schöner Johannes und streicht die Fensterrahmen. Holdselige Erscheinung, stehst du da und pinselst, damit die Amerikaner es säuberlich haben?« (*Erika Mann, Blitze überm Horizont*)

Erika Mann verbrachte bereits als Halbjährige 1906 mit ihren Eltern Katia und Thomas Mann die Sommerferien in Oberammergau. Überhaupt war die Familie Mann eng mit dem Passionsspielort vertraut. Daher rühren die detaillierten Ortskenntnisse von Erika Mann: »Ist man erst einmal aufmerksam, findet man kaum ein Haus, an dem nicht verschönt würde. Die Bilderln, die treuherzigen, bunten, müssen aufgefrischt, die Sprücherln, die lieben, tumben, verstärkt werden. So blöd sind wir nicht, daß wir euch etwa auf fremdländisch kämen, mit ›welcome‹ und ›English spoken‹ –, wir wissen, was uns reizvoll macht, sind urwüchsig boarisch, ein rauhes Bergvolk, lieblich bemalt. Mit unserem Spiel, übrigens, ist es uns wirklich ernst. Wir sind ehrgeizig und fromm, – gastfreundlich und habgierig zugleich. Daß wir uns soviel Mühe geben und unseren lieben, alten Ort vorübergehend in ein ganz künstliches Oberammergau verwandeln, in eins, das besser in Hollywood stünde, ist nicht nur Berechnung. Wir sind stolz auf unser Dorf und möchten es gern tadellos präsentieren.« (*Erika Mann, Blitze überm Ozean*)

Erika Mann, 1920er-Jahre

3 Hotel Wittelsbach – Logis von Giacomo Puccini, *Dorfstraße 21*

Im gegenüberliegenden Hotel Wittelsbach wohnte zur Passion 1922 Giacomo Puccini (1858–1924), der italienische Komponist und Tonkünstler. Die Uraufführung seiner Oper *La Bohème* hatte ihn schlagartig berühmt gemacht. Die übernächste Passion stand schon ganz im Zeichen des Hakenkreuzes. Zum 300. Jubiläum des Pestgelübdes besuchte Reichskanzler Adolf Hitler am 13. August 1934 eine Woche vor der Wahl zum Reichspräsidenten das Spiel und nutzte es für seine Propagandazwecke: der Führer ganz nah dran am Leiden und Sterben Jesu. Dieses Bild sollte um die Welt gehen. Den Passionsspielbesuchern und Schaulustigen zeigte er sich in der Mittagspause auf dem Balkon des Hotels Wittelsbach: »Hitler war mit Gefolge in seiner bekannten Autokolonne gekommen, um die unter einem Decknamen bestellten Plätze im Theater einzunehmen. Er setzte sich nicht in die Loge, sondern nimmt unter ›seinem geliebten Volke‹ Platz. Mittags ißt er im Hotel ›Wittelsbach‹. Die Besucher des Spieles scharen sich inzwischen um das Hotel und rufen nach ›dem Führer‹. Endlich zeigt er sich auf dem Balkon. Nachmittags ist er wieder im Theater. Nach dem Ende der Vorstellung begehrt er, auf die Bühne geführt zu werden und läßt sich die Hauptdarsteller vorstellen. Eifrig betont er den hohen Wert des historischen Spieles und verspricht Oberammergau sein immerwährendes Wohlwollen. Dann fährt er ab. Am folgenden Sonntag ist ›Volksabstimmung‹. Der Besuch Oberammergaus macht sich gut in den Augen der christlichen Wählerschaft. Vorher hält Hitler noch eine Rede, er nennt

Hotel Wittelsbach, 1950er-Jahre

Oberammergau zusammen mit Bayreuth die Exponenten des deutschen Kulturlebens. So redet er gar trefflich und doch wird die Propagandarolle deutlich sichtbar, die Oberammergau für ihn zu spielen hat.« (*Otto Günzler und Alfred Zwink, Oberammergau. Berühmtes Dorf – berühmte Gäste*) Die Passionsspiele wurden für »reichswichtig« erklärt, fielen dann aber im Jahr 1940 wegen des Zweiten Weltkriegs aus.

4 Geburtshaus Ludwig Thoma, Verlagshaus der Firma Lang, *Dorfstraße 20*

Der Verleger Andreas Lang hatte das ehemalige Amtshaus des Ettaler Richters von Ammergau 1785 gekauft. König Ludwig der I., seit 1825 König von Bayern, beehrte am 11. August 1831 Oberammergau und stieg damals beim Senior des bedeutendsten Schnitzereiverlages, Eduard Lang ab. Dieser dokumentierte ehrerbietig den Besuch des kunstsinnigen Regenten mit einer Haustafel als Erinnerung an den königlichen Gast. Im selben Haus kam der Schriftsteller Ludwig Thoma am 21. Januar 1867 zur Welt: »Im Januar 1867 besuchte meine Mutter ihre Schwester Marie Lang in Oberammergau, um im Verlegerhause ihre Niederkunft abzuwarten, denn sie getraute sich nicht, in der Riß zu bleiben, weitab von jeder Hilfe, die bei starkem Schneefalle überhaupt nicht erreichbar gewesen wäre. Am 21. Januar gegen Mittag kam ich zur Welt, und meine Verwandten erzählten mir, ich hätte gerade, als sie von der Schule heimkamen, so laut geschrieen, daß sie mich schon auf der Straße hörten.« (*Ludwig Thoma, Erinnerungen*) Katharina Pfeiffer, Tochter des Schwabenwirts und Mutter Ludwig Thomas, hatte ihren späteren Mann, den Forstamtsaktuar Max Thoma aus Schongau, am 14. März 1854 im Hause des Verlegers Lang kennengelernt. »Sie hing zeitlebens mit allen Fasern an ihrem Heimatdorfe und an ihrer älteren Schwester Marie, die in jungen Jahren den k. Posthalter und Verleger Eduard Lang heiratete, früh Witwe wurde und die auf uns Kinder durch ihre vornehme, stille Art einen unvergeßlichen Eindruck machte.« (*Ludwig Thoma, Erinnerungen. Leute, die ich kannte*)

Zur Passion 1900 kam Ludwig Thoma gemeinsam mit vier Freunden und »Simplicissimus«-Mitarbeitern nach Oberammergau. Gerade hatte er seine Tätigkeit als Rechtsanwalt aufgegeben und seine Mitarbeit in der Redaktion der weit über Deutschland hinaus bekannten Satirezeit-

Geburtshaus von Ludwig Thoma, 1881. Die zwei Eingangstüren des Geschäftshauses Lang sel. Erben in der Dorfstraße 20 sind deutlich zu erkennen.

schrift »Simplicissimus« begonnen. Die Freunde übernachteten vom 9. bis 16. Juni 1900 in seinem Geburtshaus beim Verleger Lang. Das nächste Passionsspiel 1910 besuchte Ludwig Thoma gleich mehrmals, wieder begleitet von kunstsinnigen Freunden aus der Stadt. Zur Hauptprobe am 11. Mai kam er mit seiner Frau Marion und dem Münchner Verleger Georg Hirth (1841–1916). Am 25. Juli begleitete ihn der norwegische Zeichner Olaf Gulbransson mit seiner Frau Grete und eine Woche später brachte er den Dachauer Bildhauer Ignatius Taschner (1871–1913) mit, mit dem er eng befreundet war. Wieder wohnten sie beim Verleger Lang in äußerst prominenter Umgebung. Nicht weniger als 15 Angehörige des Hauses Habsburg waren dort zur Passion abgestiegen, darunter die Erzherzogin Marie Valerie, Lieblingstochter von Kaiserin Elisabeth (»Sisi«) und Franz Josef von Österreich. Seine erste Begegnung mit dem Schriftsteller Georg Queri (1879–1919) hatte Ludwig Thoma ebenfalls im Hause Lang sel. Erben:

»Ich lernte ihn näher kennen, als er 1910 während der Ammergauer Passionsspiele bei meinen Verwandten wohnte. Was er mir von seinem Leben erzählte, seine Art, den Himmel immer voller Baßgeigen zu sehen und, was fehl schlug, leicht zu verschmerzen, auch in bescheidensten Verhältnissen nie ängstlich und nie kleinlich zu sein, jede Behaglichkeit ausgenießend an allem Genüge zu finden, machte ihn mir lieb.« (*Ludwig Thoma, Erinnerungen. Leute, die ich kannte*)

Der Schriftsteller Georg Queri logierte beim Verleger Lang sel. Erben und soll seiner Tochter eng verbunden gewesen sein. Reinhard Piper erinnerte sich: »Oft hielt sich Queri in Oberammergau auf. Er hatte den ältesten Text des Passionsspiels von 1662 herausgegeben. Einmal im Winter fuhr ich zu ihm hinaus. Er wohnte bei dem Verleger Georg Lang – ›Verleger‹ insofern, als er die Oberammergauer Schnitzarbeiten in großem Stil an Wiederverkäufer vertrieb. So war ich Gast in dem großen Patrizierhaus mit der schönen, geschnitzten Türe, worauf Merkur unter einem Palmbaum sitzt. (…) Die Tochter des Hauses machte zu Ehren meines Besuchs mit uns eine Schlittenfahrt nach Schloß Linderhof. Seit meiner Kindheit war ich nicht mehr im offenen klingelnden Pferdeschlitten gefahren.« (*Reinhard Piper, Mein Leben als Verleger*)

5 Bauhofer-Haus, *heute Ludwig-Thoma-Straße 5*

1880 besuchte der 56-jährige Komponist Anton Bruckner (1824–1896) die Passionsspiele und wohnte im sogenannten Bauhofer-Haus. Dort verliebte er sich in die junge Marie Bartl, die im Passionsspiel eine der weinenden Frauen darstellte. Unverhohlen machte er dem jungen, hübschen Mädchen den Hof. Nach seinem Tod 1896 fanden sich in Anton Bruckners Nachlass Briefe einer Marie Bartl aus Oberammergau. Man fragte in der Gemeinde nach Briefen des berühmten Komponisten. Doch Marie Bartl, inzwischen mit einem Ammergauer Bildhauer verheiratet, hatte das Bündel Briefe, die Botschaften Bruckners an »seine liebe Marie«, längst verbrannt.

6 Forsthaus – Logis von Ludwig Ganghofer, *Ettaler Straße 3*

Das ehemalige Wohn- und Klosterrichterhaus mit üppig bemalten Fassaden in unmittelbarer Nähe zur Pfarrkirche St. Peter und Paul blickt auf eine bewegte Vergangenheit zurück. Während der Passion 1900 und auf seinen zahlreichen Besuchen in Oberammergau wohnte der Schriftsteller Ludwig Ganghofer (1855–1920), erfolgreichster Bestsellerautor seiner Zeit, im Forsthaus. Die guten Kontakte zur staatlichen Forstverwaltung ermöglichten dem Sohn eines Försters diese außergewöhnliche Unterkunft. Das stattliche Haus wurde 1763 vom Weltpriester Joseph Ignaz Daser (1724–1785) erbaut und nach seinem Tod dem Kloster Ettal ver-

macht, das es als Richterhaus nutzte. Nach der Säkularisierung 1803 ging es in bayerischen Staatsbesitz über und wurde vom letzten Probst von Kloster Rottenbuch bewohnt. Besonders während der Passionsaufführungen übernachteten im sogenannten Prälatenhaus, wie das Forsthaus damals genannt wurde, prominente Gäste, so etwa im Jahr 1815 der Minister Maximilian Graf von Montgelas mit Gemahlin und 1820 König Ludwig I. von Bayern. Im Mai 1830 wurde das Haus der Sitz der staatlichen Forstverwaltung und beherbergt heute das Bayerische Forstamt Oberammergau. Die Außenbemalung von 1875 stammt vom Lüftlmaler Franz Seraph Zwinck, der im Ammertal viele Häuser bemalt hat. Die Jagdszenen an der Westseite malte Franz Hartmann 1899.

Ludwig Ganghofer war ein begeisterter Jäger und in Oberammergau häufig zu Gast. Er traf sich dort oft mit Ludwig Thoma, mit dem er eng befreundet war. Den Schnitzern von Oberammergau setzte Ludwig Ganghofer mit seinem Roman *Der Herrgottsschnitzer von Ammergau* ein literarisches Denkmal. In seinem Brief vom 24. Juli 1900 versuchte er von seinem Jagdhaus Hubertus in der Leutasch aus, den Schriftsteller Hugo von Hofmannsthal (1874–1929) für einen Besuch der Passionsspiele zu gewinnen. Seit seiner Zeit in Wien war Ganghofer mit ihm befreundet. Hofmannsthal zählt zu den Wiederbelebern der Salzburger Festspiele, in deren Mittelpunkt sein *Jedermann* stand. Dieses Theaterspiel vom Tod, der jeden trifft – ob alt oder jung, arm oder reich – wurde in Oberammergau zwischen den Spielen des Öfteren zur Aufführung gebracht: »Verehrter Freund! Ich bin seit 4 Wochen immer

Lüftmalerei von Franz Seraph Zwinck am Bayerischen Forstamt Oberammergau

auf der Fahrt gewesen, kam heute früh nach Hause – von Oberammergau – und muß morgen wieder nach Innsbruck. Das kleine ›Schnauferl‹ meiner Wanderungen will ich benützen, um Ihnen einen Gruß zu schreiben …

Vielleicht haben Sie Lust, mit hinzufahren. Sehen müssen Sie das. Ich glaube, daß gerade auf Sie die Großzügigkeit dieser Darstellung, dieser zwischen künstlerischer Naivität und einer durch Jahrhunderte ins Gewaltige ausgeschulten Form hin- und herschwankende Stil einen tiefen Eindruck machen muß. Es steckt wahrhaftig ein Stück weltlicher Tragödie in der christlichen Kunst dieser Hochland-Bauern. Und wie unter freiem Himmel die Natur hier mitspielt! Bei der Vorstellung, die wir hier sahen, ging während der Kreuzigungsszene ein Gewitter mit Blitz und Donner über Theater und Bühne nieder.«

7 Thomas Manns Sommerfrische – Pension Böld (heute Romantik-Hotel Böld), *Koenig-Ludwig-Straße 10 (früher Haus 121a)*

Eigentlich wollte Katia Mann im Juni 1920 einen längeren Kuraufenthalt in Bad Kohlgrub verbringen. Weil es ihr im Kurhaus nicht gefiel, suchte sie in Oberammergau etwas Passendes. Am 10. Juni 1920 zog sie in die Pension Böld ein. Sie war »mit dem Tausch sehr zufrieden« und blieb dort knapp zwei Wochen bis zum Ende ihrer Erholungszeit. Wie auf ihren Aufenthalten in Davos beobachtete Katia auch dieses Mal aufmerksam die Pensionsgäste und versorgte ihren Mann mit vielen Details aus dem Sanatoriumsmilieu. Sie registrierte sehr genau, was um sie herum vorging, schrieb es auf und und sammelte so Material, das ihrem Mann für seinen Roman Inspirationen liefern könnte. Thomas Mann arbeitete währenddessen am *Zauberberg* weiter. Briefe werfen ein Schlaglicht auf das damalige Kuren in Oberammergau: »Es herrscht (…) ein ganz freundlicher, geselliger Ton, nach dem Abendbrot nehme ich meist ein halbes Stündchen teil, womit mein Konversations-Bedürfnis befriedigt ist. Es sind (…) mit Ausnahme eines ganz sympathischen jungen norddeutschen Mädchens, weiß Gott lauter Juden, aber keiner von der unangenehmen Sorte. Auch das russische Paar ist natürlich jüdisch, aber ganz apart, indem der junge Mann, von russisch-jüdischen Zionisten abstammend, in Palestina aufgewachsen, hebräisch als eigentliche Muttersprache spricht, außerdem russisch und französisch, dann in Genf und Paris studiert hat, und, geistig recht angeregt und trotz allem auch irgendwie russisch-schwatzhaft

Pension Landhaus Böld an der Ammer, 1910

veranlagt, lange französische, ganz unterhaltende, vorwiegend politsche Reden führt, während die Frau, eine kleine russisch-jüdische Studentin, da sie eben ihr erstes drei Monate altes Kind an Sepsis (....) verloren haben, einen stillen, melancholischen Eindruck macht. Eine Frau Katzenstein ist auch da, eine leibarme Ingenieursgattin aus Düsseldorf, die im Jahre 17 ein halbes Jahre bei Jessen war, und aus der ich, Reminiszenzen austauschend, dieses oder jenes brauchbare Detail herausgelockt habe. (...) Ein norddeutscher Major ist auch eingetroffen und sitzt mir gegenüber. Typus fader Hecht, aber sehr anständig und wohlmeinend«. (*Brief von Katia Mann an Thomas Mann vom 12. und 16. Juni 1920*) Thomas und Katia Mann kamen gemeinsam noch einmal im Winterurlaub 1927 von Ettal nach Oberammergau herüber, wo sie, wie Thomas Mann der Nürnberger Buchhändlerin Ida Herz am 14. Februar mitteilte, eine »reale« Entsprechung zum Hochstapler Felix Krull antrafen: »Den perfekten Hochstapler trafen wir in Oberammergau, im Café des Hotels Wittelsbach, wo er wohl Vorübungen machte.« (*Thomas Mann, Briefe*)

Die Tage vor Weihnachten 1929 verbrachte Thomas Mann wieder in der Pension Böld. Von dort aus wurden die Dankesschreiben für die Glückwünsche zum Literaturnobelpreis versandt und der Oberammergauer Fotograf Hermann Rex nutzte die Gelegenheit, einige Porträts des prominenten Besuchers anzufertigen. Seinen Gastgebern schrieb der frisch gekürte Nobelpreisträger am Heiligen Abend ins Gästebuch: »Dankbar für vier friedvolle Tage in persönlich bewegter Zeit«. Das Haus wurde 1909 neu gebaut und ist heute das Viersternelandhotel und Restaurant Böld.

8 Villa Friedenshöhe – Logis der Familie Mann, *Koenig-Ludwig-Straße 31 (früher Haus 131d)*

Die zum Hotel umgebaute Villa Friedenshöhe, 1958

Thomas Mann (1875–1955) und seine Frau Katia (1883–1980) verbrachten mit ihren Kindern und dem Personal mehrmals die Sommermonate in Oberammergau. Von Mitte Juni bis Ende September 1906 mieteten sie sich bei ihrem ersten Aufenthalt in der Pension Friedenshöhe ein, die damals sieben Schlafzimmer mit zwölf Betten hatte. Das ruhig gelegene Haus hatten sich Thomas und Katia Mann im April 1906 kurz vor Ostern auf einer eintägigen Erkundungsfahrt ausgesucht, »wo wir uns ein Nest für den Sommer besorgt haben«, wie eine Reisenotiz von unterwegs dokumentiert. Thomas Mann bringt in seinem *Lebensabriß* von 1930 diesen ersten Familiensommer in den bayerischen Bergen auf den Punkt: »Wir lebten sommers viel auf dem Lande, in Oberammergau, wo ich große Teile von ›Königliche Hoheit‹ schrieb, dann eine Reihe von Jahren auf unserer 1908 erworbenen Besitzung in Tölz an der Isar.« In der Oberammergauer Pension erlebte Thomas Mann »stille, luftige, ziemlich arbeitsame Tage«. An seinen Freund, den Kunsthistoriker und Journalisten Otto Grautoff, schrieb er am 28. Juni 1906 , es sei zwar »enorm heiß. Aber ›Kgl. Hoheit‹ kommt in Gang. Ich bin voller Dank gegen den Frieden der Natur, der mich dazu befähigt.« Seinem Verleger Samuel Fischer gegenüber ist er am 15. Juli 1906 voll des Lobes über die intensive Arbeitsatmosphäre, die ihm das Schreiben ermöglicht: »Ober-Ammergau ist noch besser, mehr noch, ist gut, ist gesegnet, sei gepriesen. Denn ich arbeite, arbeite arbeite hier. Täglich. Mit Vergnügen, mit guter Hoffnung, setzte Schwarz auf weiß, und komme vorwärts – ein Glück, das ich schon kaum noch kannte und das mir so nöthig ist! Es steht fest, ich bin bei allem Interthum im Grunde ein arbeitsamer Mensch. Arbeit ist schwer, ist oft genug ein freudloses und mühseliges Stochern. Aber nicht arbeiten – das ist die Hölle.« (*Thomas Mann, Briefe*) Im August kamen auch seine Geschwister Heinrich und Carla nach Oberammergau.

Das Hotel ist inzwischen geschlossen und soll abgerissen werden.

9 Josef Ruederers Wohnhaus, *Tiroler Gasse 3*

Thomas Mann konnte einer Einladung seines Münchner Dichterkollegen Josef Ruederer (1861–1915) in sein Oberammergauer Wohnhaus im Sommer 1911 nicht nachkommen, weil seine Frau Katia schwer erkrankt war. 1903 hatte der Schriftsteller Josef Ruederer die Immobilie gekauft, wo im Sommer 1880 Generalfeldmarschall Helmuth von Moltke logiert hatte. Ruederer ließ das stattliche Haus umbauen und gab ihm im Wesentlichen seine heutige Gestalt. In den großzügig angelegten Garten stellte er ein zweites Gebäude, das ihm als Gästehaus für seine zahlreichen Besucher diente.

Josef Ruederer entstammte einer reichen Münchner Bürgerfamilie und wurde mit dem 30. Lebensjahr Privatier. Das ermöglichte ihm ein sorgenfreies Leben als Schriftsteller. Stets hatte er in München große Stadtwohnungen, den Sommer aber verbrachte er gerne im Voralpenland, entweder in Walchensee oder in Farchant bei Garmisch. Nach dem Tod der Eltern begann für Josef Ruederer ein neuer Lebensabschnitt. Als Zeichen seiner nunmehr unabhängigen Existenz ließ er 1908 eine Villa in der Maria-Theresia-Straße 28 im vornehmen Viertel München-Bogenhausen erbauen, das neben dem Landsitz in Oberammergau als Stadthaus diente. Hier starb Ruederer 1915 und wurde in einem Ehrengrab auf dem Münchner Waldfriedhof beigesetzt. In Oberammergau entstand die Tragödie *Der Schmied von Kochel* (1911), in der die Geschehnisse in der Sendlinger Mordweihnacht von 1705 thematisiert werden. Mit diesem historischen Drama beschäftigte sich Ruederer 15 Jahre lang. In der Erzählung *Beim Eisschießen* (1911) liegen eigenes Erleben und Literarisierung nah beieinander.

Josef Ruederer nahm an der Passion nie großen Anteil. Ihn interessierte dieses Volksspiel mehr der Eigenart wegen, die es dem Dorf verlieh. Trotzdem stand sein Haus Besuchern der Passion immer offen. So trug sich der Komponist und Musiker Richard Strauss mit seiner Frau Pauline und dem Sohn Franz am 17. August 1910 ins Gästebuch von Josef Ruederer ein. Zusammen mit seinem Verleger Otto Fürstner, dem Komponisten Gustav Brecher und der Sängerin Deyth Walker besuchten sie das Passionsspiel. Ab 1935 war Richard Strauss häufig in Oberammergau zu Gast, um dort gute Freunde zu treffen.

Beide Häuser gingen nach dem Tod von Ruederers Frau Elisabeth 1934 in den Besitz der Gemeinde Oberammergau über. Ruederers Landhaus wurde anlässlich der Passion 1922 zu einer Gedächtnisstätte umgebaut. Später richtete dort die Gemeinde einen Kurgarten und Leseräume für den Kurbetrieb ein. Aktuell wird das Erdgeschoss des ehemaligen Dichterhauses kulturell genutzt: als Proberäume für ortsansässige Musikgruppen wie »Kofelgschroa«. Der gesamte schriftliche Nachlass und ein großer Teil des Hausbestands von Josef Ruederer gingen Ende der 1920er-Jahre in den Besitz der Landeshauptstadt München über und werden seitdem in der Monacensia im Hildebrandhaus betreut.

Josef Ruederer, 1904

10 Landhaus von Wilhelmine von Hillern, *Ettaler Straße 45*

Friedrich Neumann: Wilhelmine von Hillern als junge Frau

Kurz vor dem Ortsausgang in Richtung Ettal ließ die in München geborene Schriftstellerin Wilhelmine von Hillern (1836–1916) im Jahr 1886 nach ihren Vorstellungen eine großzügige Villa mit 350 Quadratmetern Wohnfläche errichten. Häufig bei ihr zu Gast war der mit ihr eng befreundete Erfolgsschriftsteller Felix Dahn (1867–1918), der mit seinem historischen Epos *Kampf um Rom* Berühmtheit erlangte.

Am 11. März 1836 kam Wilhelmine von Hillern als Tochter des Historikers und Schriftstellers Dr. Christian Birch und dessen Frau Charlotte Birch-Pfeiffer, meistgespielte Theaterautorin des 19. Jahrhunderts, zur Welt. Berühmt wurde sie durch den Roman *Die Geier-Wally*, der 1873 zunächst als Fortsetzungsroman und dann in Buchform erschien. Er wurde in elf Sprachen übersetzt. Nach dem Tod ihres Manns kam sie mit dem Prinzen Max von Baden nach Oberammergau. Der Ort gefiel ihr so gut, dass sie 1880 dorthin zog. In Oberammergau konvertierte sie – beeindruckt von den Passionsspielen – zum katholischen Glauben. Dort entstand die dramatisierte Fassung der *Geier-Wally*, die heute noch auf Freilichtbühnen sehr gerne gespielt wird. Die gleichnamige Hauptperson verkörpert eine starke Frau, die keine Gefühle zulässt und stärker sein will als ihr Vater. Seine Schläge haben sie hart gemacht, aber nicht gebrochen. Sie ist den anderen immer einen Schritt voraus und sucht nach Auswegen, mit denen keiner rechnet. »Oben in Adlershöhe (…) am schwindelnden Abhang stand eine Mädchengestalt, von der Tiefe heraufgesehen nicht größer als eine Alpenrose, aber doch scharf sich abzeichnend vom lichtblauen Himmel und den leuchtenden Eisspitzen der Ferner. Fest und ruhig stand sie da, wie auch der Höhenwind an ihr riss und zerrte und schaute nie-

Das sogenannte Hillern-Schlössl, 2016

der schwindellos in die Tiefe. (…) Schrankenlos war ihr Mut und ihre Kraft, als hätte sie Adlersfittiche, schroff und unzugänglich ihr Sinne, wie die scharfskantigen Felsspitzen, an denen die Geier nisten und die Wolken des Himmels zerreißen (…).« (*Wilhelmine von Hillern, Geyerwally*)

Aus den Erlebnissen und Eindrücken der Passion von 1880 heraus schrieb Wilhelmine von Hillern *Am Kreuz. Ein Passionsroman aus Oberammergau*. Doch der Roman fand bei den Oberammergauern nicht die Resonanz, die sie erwartet hatte. 1888 bot Wilhelmine von Hillern den Oberammergauern einen selbstverfertigten Passionstext an und ließ durch die königliche Regierung den Oberammergauern nahelegen, ihr die Oberleitung des Passionsspiels zu übertragen. Das Dorf leistete Widerstand gegen diese fremde Einmischung. Wilhelmine von Hillern wurde von da an gemieden und verließ 1910 ihr »Schlössl« und das Passionsspieldorf. Sie starb 80-jährig am 25. Dezember 1916 in Hohenaschau und wurde auf dem Friedhof in Oberammergau beerdigt. Das sogenannte Hillern-Schlössl wechselte mehrmals den Besitzer und ist in Privatbesitz.

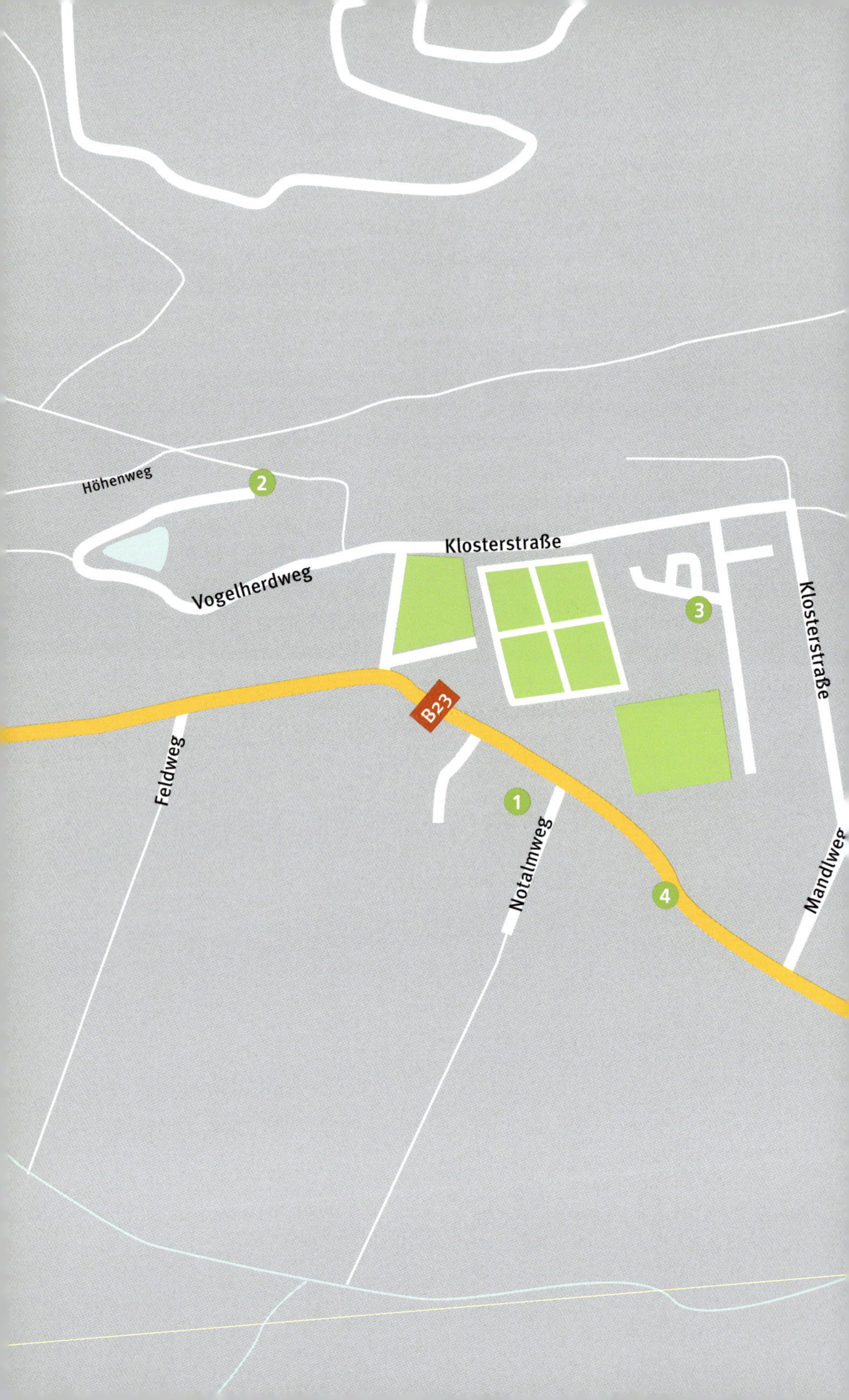
Höhenweg
2
Klosterstraße
Vogelherdweg
3
Klosterstraße
B23
Feldweg
1
Notalmweg
4
Mandlweg

Ettal

1 Hotel Ludwig der Bayer, *Kaiser-Ludwig-Platz 10–12*

Erst der Bau der neuen Ettaler Bergstraße und des Klosterhotels Ludwig der Bayer 1923 / 24 schuf die Voraussetzungen, um in Ettal die Sommerfrische und den Winterurlaub verbringen zu können. Zudem benötigten die Besucher des 1905 wieder eröffneten Internats der Benediktinerabtei Übernachtungsmöglichkeiten. Das stattliche Klosterhotel ist nach dem Gründer, Kaiser Ludwig IV., benannt, der 1330 die Abtei ins Leben gerufen hatte. Die verkehrsgünstige Lage und die Anziehungskraft auf Wallfahrer ließen Ettal über die Jahrhunderte zu einem der bedeutendsten Benediktinerklöster im Alpenraum werden.

Mit dem Hotel Ludwig der Bayer entstand für damalige Verhältnisse ein Nobelhotel. Dort konnte man ungestört arbeiten und sah sich gleichzeitig von einer beeindruckenden Berglandschaft umgeben. Rabindranath Tagore (1861–1941), Literaturnobelpreisträger von 1913 und bedeutender Repräsentant der modernen indischen Literatur, logierte am 20. Juli 1930 im Hotel Ludwig der Bayer, als er in Oberammergau die Passionsspiele besuchte. Doch auch ein anderer Nobelpreisträger für Literatur hielt sich 1930 in Ettal auf, wie die Lokalzeitung verrät: »Es ist ganz besonders zu begrüßen, daß es das Hotel Ludwig der Bayer verstanden hat, sich in verhältnismäßig kurzer Zeit einen allseits guten Ruf zu sichern, wie die Liste der eingetragenen Gäste beweist. Es ist nicht möglich, all die Namen aus ersten Gesellschaftskreisen anzuführen, und sei nur erwähnt, daß auch heuer wieder der deutsche Nobelpreisträger für Literatur, Herr Dr. Th. Mann mit Familie (…) sowie Gäste aus aller Herren Länder wie Amerika, England, Indien und China dort Wohnung genommen haben.« (*Ammergauer Zeitung, 14. Januar 1930*)

Thomas Mann verbrachte mit seiner Frau Katia und den beiden jüngsten Kindern Michael und Elisabeth die Winterurlaube 1927, 1929 und 1930 im Hotel Ludwig der Bayer in der »arbeitsamen Winterfrische«. Vater Thomas zog sich zum Schreiben zurück, während Mutter Katia mit Elisabeth und Michael zum Skifahren ging. Der »Zauberer« nutzte die Zeit, um seine umfangreiche

Hotel Ludwig der Bayer (links) und der Klostergasthof mit seinem steilen Satteldach, 1920

Korrespondenz zu erledigen. An den in Paris lebenden amerikanischen Schriftsteller Ludwig Lewisohn schrieb Thomas Mann am 6. Februar 1927: »Seien Sie für heute aus diesen winterlichen Bergen, wo eine herrliche Sonne den Schnee erglänzen macht, recht herzlich gegrüsst neben Ihrer Gattin von meiner Frau und mir«. Besonders beliebt waren die nachmittäglichen Spaziergänge in das Café und Weinlokal Blaue Gams am Vogelherd 1 oberhalb von Ettal. »Um etwa 16.00 Uhr kam der Nachmittagsausflug – entweder ins Blaue Gams, zur heißen Schokolade mit Schlagrahm und Kuchen« oder nach Oberammergau, »wo es Musik zur heißen Schokolade gab«, so erinnerte sich Elisabeth Mann-Borgese (1919–2002) in einem Brief an Pater Maurus. »Aber bei weitem das schönste war der Kuhstall. Wir durften helfen, die Kühe zu melken, und die schaumige, warme Milch kosten; unvergeßlich; und dann ging man wieder nachhause.« (*Unveröffentlichter Brief*)

In seinem 1947 im kalifornischen Exil fertiggestellten Roman *Doktor Faustus. Das Leben des deutschen Tonsetzers Adrian Leverkühn erzählt von einem Freunde* setzte Thomas Mann dem Kloster Ettal ein literarisches Denkmal. Adrian Leverkühns Freund, der Voilist Rudi Schwertfeger, schlägt eine Schlittenfahrt von Oberammergau nach Kloster Ettal über das von König Ludwig II. erbaute Schloss Linderhof vor: »Mit anständigem Interesse, auch wohl mit verhohlenem Kopfschütteln nahmen wir alles in Augenschein und setzten dann bei aufklärendem Himmel unsere Fahrt gegen Ettal fort, das wegen seiner Benediktiner-Abtei und zugehörigen Barockkirche einen guten architektonischen Ruf genießt. Ich erinnere mich, daß während der Weiterfahrt und dann in dem den frommen Stätten schräg gegenüberliegenden, sauber geführten Hotel, wo wir unser Diner einnahmen, das Gespräch sich dauernd um die Person des, wie man so sagt, ›unglücklichen‹ (warum eigentlich unglücklichen?) Königs drehte, mit dessen exzentrischer Lebenssphäre wir eben in einige Berührung gekommen. Die Erörterung wurde nur durch die Besichtigung der Kirche unterbrochen und war im wesentlichen eine Kontroverse zwischen Rudi Schwertfeger und mir über den sogenannten Wahnsinn Ludwigs, den ich zu Rudi's größtem Erstaunen für ungerechtfertigt und für eine brutale Philisterei, wie übrigens auch für ein Werk der Politik und des sukzessorischen Interesses erklärte.« (*Thomas Mann, Doktor Faustus*) Diese Schlittenfahrt und der Besuch von Schloss Linderhof im *Doktor Faustus* sind inspiriert vom zweiten Winterurlaub Thomas Manns vom 2. bis zum 15. Januar 1929. Anfangs in Gesellschaft von Katia Mann und Hans Reisiger sowie dem jungen Schriftsteller Erich Ebermayer (1900–1970), blieb Thomas Mann nach dem 6. Januar mit Ebermayer eine Woche allein in Ettal. Dieser beobachtete, wie akkurat Thomas Mann von 9 bis 12 Uhr sein Schreibpensum erledigte: »Er beschrieb in den gut drei Stunden des Vormittags immer, absolut immer, genau anderthalb große weiße Blätter, Zeile für Zeile, Wort für Wort. Auf jeder Seite gleich viele Zeilen und auf jeder Zeile wohl auch gleich viele Worte.« (*Zit. n.: Dirk Heißerer, Im Zaubergarten. Thomas Mann in Bayern*) Danach machte er einen anderthalbstündigen Spaziergang in der »Mittagssonne«, auf freien, vom Schnee geräumten Wegen. Die Kleidung war sportlich: »Immer trug er die damals üblichen Knickerbocker, einen kurzen Sportpelz, Wollmütze und dicke Handschuhe.« Nach dem Mittagessen folgten »Ruhe und Lektüre«.

2 Thomas Manns Nachmittagsstunden – Gastwirtschaft Blaue Gams, *Vogelherdweg 12*

Auf Thomas Mann und seine Familie übte die Gastwirtschaft Blaue Gams, die 1929 »an Stelle des bisherigen kleinen Landhäuschens« komplett neu errichtet wurde, große Anziehungskraft aus. Mit seinen Kindern trank er während der Winterurlaube am Nachmittag hier ganz gern

Benediktinerabtei Kloster Ettal im Dorf Ettal

eine Tasse Schokolade und genoss die schöne Aussicht. Am 9. Februar 1927 schrieb er seinem Schriftstellerkollegen Gerhart Hauptmann eine Ansichtkarte: »Lieber verehrter Gerhart Hauptmann, – Umstehendes ist nicht der Escorial, sondern das hiesige Kloster, malerisch in den jetzt

schön verschneiten Bergen gelegen, die täglich auf uns blicken. Das Wetter ist engadinisch, das Hotel (Ludwig der Bayer) ausgezeichnet. Der Aufenthalt befriedigt uns sehr und beglückt die Kinder.« Mit dem Inhaber und Wirt Konstantin Reichenbach hielt Thomas Mann auch dann noch Briefkontakt, als er längst im kalifornischen Exil war: »Wir denken gern an Ettal und an unsere Besuche in der Blauen Gams zurück, wo wir so viele gemütliche und auch schmackhafte Nachmittagsstunden verbracht haben.« (*Thomas Mann an Konstantin Reichenbach, 16. November 1947*)

3 Benediktinerabtei Kloster Ettal, *Kaiser-Ludwig-Platz 1*

Im Vergleich zu vielen anderen bayerischen Benediktinerklöstern wurde Ettal relativ spät, im Jahr 1330, von Kaiser Ludwig IV., genannt »der Bayer«, gegründet. Im Mittelalter und bis ins 17. Jahrhundert unbedeutend, fand Ettal um 1700 zu einer eigentlichen Hochblüte. Ettals berühmtester Abt Placidus II. Seitz (1709–1736) gründete 1710 eine Schule, die als sogenannte Ritterakademie eine Zwischenform zwischen Gymnasium und Universität war. Sie besaß für einige Jahrzehnte überregionale Bedeutung und brachte eine Reihe bedeutender Gestalten des politischen und geistigen Lebens in Bayern und Österreich hervor. Mit dem großen Klosterbrand 1744 ging auch die Schule zugrunde. Als Zentrum geistigen Lebens und Stätten der Bildung erlebte die Ettaler Klosterbibliothek in der zweiten Hälfte des 17. Jahrhunderts bis 1803 ihre Blütezeit. Doch die Bibliothek wurde im Zuge der Säkularisation aufgelöst, der größte Teil der Bestände ging an die Bayerische Staatsbibliothek oder wurde verkauft. Die Mönche mussten Ettal verlassen, ein Großteil der Abteigebäude wurde abgerissen. Erst im Jahre 1900 zog erneut benediktinisches Leben in Ettal ein. 1905 wurde in den alten Gebäuden das Benediktinergymnasium mit humanistischem Zweig wiedereröffnet. Seither haben Generationen von Schülern hier sowie im angegliederten Internat ihre Schulzeit verbracht.

Der Schriftsteller Manfred Bieler (1934–2003) nahm in seinem Roman *Der Kanal* (1978) das Internatsleben in Ettal zum Vorbild für das literarische Beuren. 1968 hatte er die DDR verlassen und war nach München gekommen. Über Jahre zog sich Manfred Bieler regelmäßig im Winter einen Monat in die Benediktinerabtei in Klausur zurück und ließ sich dort zu neuen literarischen Stoffen inspirieren. »Das erste, was Leonhard im Internat lernen mußte, waren Namen. Die Benediktinerpatres hießen wie Heilige, die Klassenkameraden wie Weltfirmen und Adelsgeschlechter. Der Rothaarige am Nachbartisch war mit der berühmten Brauerei identisch, und der Urahn des Lateinprimus war die Hauptperson einer Schillerschen

Dramentrilogie.« (*Manfred Bieler, Der Kanal*)

Vor allem die Ettaler Benediktiner selbst haben als Autoren seit Jahrhunderten in ihren Bereichen Hervorragendes geleistet. Die Interessensgebiete des alten Ettaler Klosters reichen von Geografie, Geschichte, Philologie, Philosophie, Archäologie über theologische Fachbereiche bis zur Dichtung, wobei das Theater besonders hervorzuheben ist. Die Namen mehrerer Ettaler Pater sind eng mit dem Oberammergauer Passionsspiel verbunden: 1750 hatte der Ettaler Pater Ferdinand Rosner (1709–1778), ohne mit der Überlieferung ganz zu brechen, den Ammergauern ein neues Spiel im Geiste des Barock geschrieben. Auf der Bühne erscheinen die allegorischen Figuren von Tod und Sünde, von Geiz und Neid. 30 Jahre später, noch auf der Höhe des so berühmt gewordenen bayerischen Rokokos, wurde der Text im Geist der Aufklärung erneuert. Pater Magnus Knipfelberger (1747–1825) schrieb das neue Versdrama so, dass es vor dem »churfüstlichen Bücherzensur-Kollegium« Gnade fand. Der Ettaler Pater Othmar Weis (1769–1843) arbeitete den Text in Prosa um und revidierte diese Revision 1815 – als ein Spiel-

Pater Rupert Mayer an der Spitze einer Gruppe bei der Fronleichnamsprozession 1945 in München

Dietrich Bonhoeffer, 1940

jahr eingeschoben wurde – wieder. Der Text wurde vom Oberammergauer Ortspfarrer Alois Daisenberger 1860 den Erfordernissen der Zeit angepasst und um einen Prolog erweitert, der das Spiel gliedert und strafft. Im Jahr 2000 wurde er noch einmal gründlich überarbeitet.

Im Kloster Ettal fanden mehrere Priester, die sich dem NS-Regime widersetzten, während des »Dritten Reichs« Unterschlupf: allen voran Pater Rupert Mayer SJ (1876–1945) und Pastor Dietrich Bonhoeffer (1906–1945).

Pater Rupert Mayer gehörte zu den bedeutendsten Vertretern des christlichen Widerstands gegen das NS-Regime. Bereits in den frühen 1920er-Jahren hatte der Jesuitenpater in seinen Predigten den Rassen- und Klassenhass der Nationalsozialisten bekämpft. Nach der Machtübernahme der Nationalsozialisten wandte er sich gegen die NS-Kirchenpolitik. Dafür erhielt er 1935 Redeverbot; 1937 wurde er von der Gestapo verhaftet und zu sechs Monaten Gefängnis verurteilt. Dank einer Amnestie Hitlers kam er vor Ende der Haft frei, wurde jedoch bald darauf erneut verhaftet und verurteilt. Er wurde ins Konzentrationslager Sachsenhausen gebracht und dort sieben Monate lang in Isolierhaft gehalten. Im April 1940 wurde er nach Absprache mit Kardinal Michael Faulhaber entlassen. Da er nur noch 50 Klogramm wog und in Lebensgefahr schwebte, befürchteten die NS-Machthaber, sein Tod könne Unruhe in München auslösen. Er erhielt Predigtverbot und wurde nach Ettal »verbannt«. Die Nationalsozialisten wollten ihn auf diese Weise mundtot machen. Am 7. August traf er in Ettal ein. Er durfte das Kloster bis zum Ende des Kriegs nicht mehr verlassen und keine Besuche empfangen, außer von Beamten und Mitbrüdern. Auch durfte er keine Seelsorge ausüben und nur in der Hauskapelle zelebrieren. Für den äußerst agilen Pater war diese Verbannung nur schwer zu ertragen. Nach Kriegsende kehrte er im Mai 1945 nach München zurück, allerdings krank und erschöpft. Er versuchte, der notleidenden, ausgebombten Bevölkerung zu helfen, organisierte die Nahrungsmittelversorgung und beschaffte Unterkünfte für Flüchtlinge und Einheimische. Am 1. November 1945 starb er während der Predigt an einem Schlaganfall als Spätfolge seiner unmenschlichen Haftbedingungen.

Zur gleichen Zeit wie Pater Rupert Mayer fand sein evangelischer Kollege Pastor Dietrich Bonhoeffer in Ettal Zuflucht. Nach Adolf Hitlers Ernennung zum Reichskanzler hatte er in seiner »Friedensrede« frühzeitig vor der drohenden Kriegsgefahr gewarnt und sich der sogenannten Bekennenden Kirche angeschlossen. Über seinen Schwager Hans von Dohnanyi erhielt Bonhoeffer Anschluss an den politisch-militärischen Widerstand um Admiral Wilhelm Canaris, der ihn im Amt Ausland / Abwehr im Oberkommando der Wehrmacht beschäftigte. Seit Kriegsbeginn war er in Pläne eingebunden, die das Wirken Hitlers beenden sollten. Auf Anregung seiner Mutter hielt er sich von November 1940 bis Ende Februar 1941 im Kloster Ettal auf. Darüber hinaus hatte er im Hotel Ludwig der Bayer ein Zimmer, um Besuch empfangen zu können. Dort schrieb er an seiner *Ethik*. In zahlreichen Briefen ließ er seine Eltern und seinen Freund Eberhard Bethge an Beobachtetem und Erlebtem teilhaben, wie etwa am 23. November 1940: »Ich bin noch immer drüben Gast. Das geordnete Leben tut mir wieder sehr wohl. (…) Die selbstverständliche Gastfreundschaft, die offenbar etwas spezifisch Benediktinisches ist, die wirklich christliche Ehrerbietung, die dem Fremden um Christi willen erzeigt wird, beschämt einen fast. Du solltest doch auch nochmal herkommen! Es ist eine Bereicherung.« Am 5. April 1943 wurde Dietrich Bonhoeffer von der Geheimen Staatspolizei unter der Beschuldigung der Wehrkraftzersetzung verhaftet und im Militärgefängnis Berlin-Tegel, im Berliner Gestapogefängnis und im Konzentrationslager Buchenwald inhaftiert. In der Gestapohaft verfasste Bonhoeffer 1944 seinen letzten erhaltenen, mehrstrophigen, theologischen Text, der mit folgenden Worten beginnt: »Von guten Mächten treu und still umgeben, / behütet und getröstet wunderbar, / so will ich diese Tage mit euch leben / und mit euch gehen in ein neues Jahr.« Am 8. April 1945 verschleppte ihn die SS in das Konzentrationslager Flossenbürg, wo er von einem Standgericht zum Tod verurteilt wurde. Das Urteil

Kuppel der Ettaler Basilika mit einem Deckenfresko von Johann Jakob Zeiller aus dem Jahr 1746

vollstreckte man am darauf folgenden Tag. Eine Gedenktafel in der Seitenkapelle der Basilika in Ettal erinnert an die beiden christlichen Widerstandskämpfer: »Um Christi willen im Widerstand gegen das Naziregime verfolgt, weilten in Ettal.«

Die Münchner Schriftstellerin Annette Kolb (1870–1967) nahm als Deutsch-Französin die vom Barock geprägten oberbayerischen Eigenheiten besonders intensiv wahr und studierte sie auf vielen Fahrten quer durch das Alpenvorland. Ihr Alter Ego Daphne Herbst macht in dem 1927 entstandenen Roman einen Ausflug nach Ettal und lässt vor der Klosterkirche halten: »Daphne war allein, ungestört dem Brausen hingegeben, das auch ohne Sang, ohne Einsetzen der Geigen und Fortissimi den Bau erfüllte. Die Fenster, ein verstärkter Chor, atmeten den Zug der Wolken ein, und den Text des Liedes, den diese geschmückten Mauern aufrichteten, verstand Daphne wohl. Sie verweilte so lange, daß dem Aloys auf seinem Bock schon manch kräftiger Fluch entfahren war. (…) Auf dem Rückweg lag Ettal im beginnenden Dunkel, nur die Kirche war erleuchtet, Orgelklänge drangen bis an den Schlitten, aber Daphne stieg nicht mehr aus. Sie hatte für heute genug.« (*Annette Kolb, Daphne Herbst*)

4 Villa Christopherus – Sergej Prokofjews Wohnung, *Werdenfelser Straße 6*

Hier lebte von März 1922 bis Dezember 1923 der russische Komponist Sergej Prokofjew (1891–1953), uns besonders bekannt durch sein musikalisches Märchen *Peter und der Wolf*. Über zwei Jahrzehnte blieb Prokofjew Wanderer zwischen den Welten, bevor er in die Sowjetunion zurückkehrte. Die damalige Hausbesitzerin Agnes Genewein ließ 1966 ihm zu Ehren eine Gedenktafel am Gebäude anbringen.

Im Mai 1918 hatte Sergej Prokofjew Russland verlassen. Anerkannt als Revolutionär der Musik und Mitglied der Petersburger Avantgarde, war er mit offizieller Zustimmung des Volkskommissariats für Volksbildung und mit sowjetischem Pass studienhalber und auf Zeit gereist. Amerika hatte dem erfolgsverwöhnten Künstler Achtung und Anerkennung gezollt. Seit 1922 lebte Sergej Prokofjew dauerhaft in Europa. Anfang März 1922 mietete er sich in Ettal ein. Hier in der Villa Christopherus gedachte er ein ruhiges Jahr zu verbringen. »Im März 1922 übersiedelte ich nach Süddeutschland, in die Nähe des Klosters Ettal an den Ausläufern der Bayerischen Alpen, drei Kilometer von Oberammergau entfernt, das durch seine mittelalterlichen, alle zehn Jahre stattfindenden Passionsspiele berühmt ist, eine malerische und ruhige Gegend, zum Arbeiten geradezu ideal«, erinnerte sich Sergej Prokofjew später. (*Sergej Prokofjew, Dokumente. Briefe. Erinnerungen*) Begleitet wurde der Komponist von seiner Mutter, die in der Abgeschiedenheit der Berge Erholung suchte. Aus dem Fenster konnte man auf die umliegenden Wiesen und Felder schauen, die unterhalb der dicht bewaldeten Berge lagen. Im Salon stand ein Flügel, auf dem Prokofjews Mutter und er häufig Konzerte gaben. Die Farbenpracht der Ettaler Sommerwiesen erinnerte den jungen Komponisten an seine glückliche Kindheit und Jugend in Sonzowka in Südrussland, in der Nähe von Jalta. Dort war Prokofjew auf einem Gutshof aufgewachsen. In seiner *Autobiographie* schrieb Prokofjew: »Ende April und im Mai schimmerte (die Steppe) von Tausenden Feldblumen, und danach, im Sommer, erhob sich das graue Federgras darüber. Früher aber, in den Zeiten der Tartaren, war der Teil der unberührten Steppe noch viel größer, und ganze Blumenteppiche wechselten, soweit das Auge reichte, mit grünen Weizenfeldern ab.« (*Sergej Prokofjew, Autobiographie. Kindheit*)

Prokofjew bekam oft Besuch von Carolina Codina, seiner späteren Frau. Sie lebte damals in Paris und schloss gerade ihr Gesangstudium

Villa Christopherus, Werdenfelser Straße 6

ab. Carolina Codina erinnerte sich später: »Alles rings herum atmete Stille. Es gab malerische Berggipfel. Bauern in ihren bayerischen Bergtrachten. (…) Und dann spielten wir seine Musik, oder auch Stücke von Debussy, und wir studierten die Rolle der Renata aus dem ›Feurigen Engel‹.« (*Sergej Prokofjew, Autobiographie. Kindheit*) Die beiden unternahmen ausgedehnte Wanderungen und Spaziergänge: »Sergej Sergjewitsch führte ein dickes Buch über Botanik mit sich, für die er sich zu der Zeit – wie schon in seiner Kindheit – sehr interessierte. Wir sammelten Blumen und Pflanzen während unserer Wanderungen, sagten ihre Namen auf und sortierten sie nach Gattungen: dabei mussten wir oft das Buch heranziehen. Wenn (Prokofjew) eine Wildblume fand, die er schon in seiner Kindheit gekannt hatte, wurde er ganz glücklich, so als habe er einen alten Bekannten getroffen. Er erinnerte sich an Sonzowka und seine Felder.« (*Sergej Prokofjew, Autobiographie. Kindheit*)

Die Zeit in Ettal war für Prokofjew eine künstlerisch äußerst produktive Zeit. Wie ein Seismograf nahm er Anregungen und Einflüsse seiner unmittelbaren Umgebung auf. Die Ruhe und Spiritualität des Orts begünstigten seine intensive schöpferische Arbeit. Er bereitete die Reinschriften der Klavierauszüge zu seiner Oper *Die Liebe zu den drei Orangen* und zum *Märchen vom Schut* für den

Druck vor. Sie wurden kurz darauf im neu gegründeten Verlag Gutheil in Paris veröffentlicht. In Ettal bearbeitete er auch sein zweites Klavierkonzert und komponierte die *Fünfte Klaviersonate C-Dur*. Die meiste Zeit aber beschäftigte ihn seine neue Oper *Der feurige Engel*. Prokofjew komponierte die Musik und schrieb das Libretto. Diese Oper hat den Gegensatz von Wissenschaft und Humanismus einerseits und Religion und Okkultismus andererseits im Europa der Inquisition zum Thema. Inspiriert wurde sie vom mystischen Geist der klösterlichen Umgebung in Ettal, so Sergej Prokofjew in seiner *Autobiographie*: »Ich machte mich an den ›Feurigen Engel‹, und gerade spielten sich irgendwo in der Nähe auch Hexensabbate ab, wie sie in dieser Oper beschrieben sind.« (*Sergej Prokofjew, Autobiographie. Kindheit*)

Am 8. Oktober 1923 heirateten Carolina Codina – die von da an Lina Prokofjewa hieß – und Sergej Prokofiew in Ettal. Trauzeugen waren Prokofjews Mutter und sein Freund, der Schriftsteller und Fotograf Boris Bashkirow, der den Gemeindeunterlagen nach ebenfalls in Ettal wohnte. Carolina Codina stammte aus Madrid und war väterlicherseits spanischer Herkunft. Prokofjew hatte sie in New York kennengelernt und in Paris häufig während seiner Konzertreisen besucht. »Die Konzerte, zu denen ich von Ettal aus fuhr, waren über Frankreich, England, Belgien, Italien und Spanien verstreut. Es ist sonderbar, daß ich während anderthalb Jahren Aufenthalts in Deutschland und nicht mehr als zwei Stunden von einem solchen Zentrum wie München entfernt, keine einzige Verbindung mit der deutschen Musikwelt anknüpfte (…) und das musikalische Zentrum blieb für mich nach wie vor Paris.« (*Sergej Prokofjew, Autobiographie. Kindheit*)

Kontakte etwa zum Komponisten Richard Strauss, der nur wenige Kilometer weiter in Garmisch wohnte, bestanden nicht. Seiner Musik stand Prokofjew genauso fern wie der Musik von Richard Wagner. Prokofjew suchte den Anschluss an die neueste europäische Musikwelt, an die Avantgarde Frankreichs und der Sowjetunion. Im Dezember 1923 verließ Prokofjew mit seiner Familie Ettal und zog nach Paris. Dort wurden im Februar 1924 und 1928 seine beiden Söhne geboren. Die Witwe des Komponisten Lina Prokofjewa besuchte als 84-Jährige im Dezember 1981 noch einmal Ettal. Ins Gästebuch des Klosters schrieb sie in englischer Sprache: »Ich finde keine Wort, um meine Gefühle bei einem Besuch in Ettal zu beschreiben, wo ich vor 57 Jahren mit meinem Mann und seiner Mutter lebte. Inspiriert von den Bergen dieser Landschaft schuf er in dieser ruhigen Atmosphäre seine Oper ›Der feurige Engel‹.«

4

Spaziergänge rund um die Zugspitze

Bis Januar 1935 waren Garmisch und Partenkirchen zwei selbstständige Gemeinden mit einer jeweils eigenen Geschichte und Entwicklung. Erste Siedlungsanfänge sind in der jüngeren Steinzeit und der folgenden Bronzezeit, etwa 2000 v. Chr., nachweisbar. Gallische Kelten drangen nach 500 v. Chr. von Westen her in das Siedlungsgebiet ein und ließen sich entlang der Flüsse nieder; die Flussnamen Isar und Loisach sind keltischen oder illyrischen Ursprungs. Partenkirchen geht auf die römische Reisestation »Partanum« zurück, die an einem vorrömischen Handelsweg lag. 200 n. Chr. bauten die Römer eine neue Straße und nannten sie »Via Raetia«. Sie führte über den Brenner, Zirl, Mittenwald, Partenkirchen, Dießen am Ammersee und endete in Augsburg. Die älteste erhaltene Urkunde, die Garmisch als Siedlung urkundlich erwähnt, trägt die Jahreszahl 802. Freisinger Bischöfe erwarben Garmisch 1249 und Partenkirchen 1294. Ab 1294 gehörte die Grafschaft Werdenfels zum Hochstift Freising und blieb bis zur Säkularisation 1802/03 in geistlichem Besitz. Dann kam die Grafschaft zu Bayern.

Palasthotel Sonnenbichl, um 1910

Im Hochmittelalter erlangte Partenkirchen als Reise- und Handelsstation auf dem Weg zwischen Augsburg und Venedig wirtschaftlichen Wohlstand. Für Garmisch war die Flößerei auf der Loisach die Haupteinnahmequelle. Mit dem Dreißigjährigenkrieg verarmte die Region. Nach der Fertigstellung der Eisenbahnlinie von München nach Garmisch im Jahr 1889 setzte im Sommer und Winter der Fremdenverkehr ein. Von der Verbindung Münchens mit der Alpenregion profitierten Einheimische und Investoren. Ein Bauboom ließ die beiden Orte zusammenwachsen. Exklusive Hotels schossen in beiden Gemeinden wie Pilze aus dem Boden, aber auch kleine Pensionen und einfache Gasthäuser entstanden, um die zahlreichen Touristen aus München und Deutschland aufzunehmen. 1914 wurde ein neuer Bahnhof am Ortsrand von Garmisch gebaut. Am 1. Januar 1935 zwangsvereinigte man auf massiven Druck der Nationalsozialisten – man hatte die Winterolympiade 1936 im Auge – die beiden Orte. Ziemlich in der Mitte, sozusagen auf der grünen Wiese, wurde als Symbol der Vereinigung ein neues Rathaus errichtet.

Welchen Flair die nahe beieinander liegenden Winterkurorte Garmisch und Partenkirchen in den 1920er-Jahren hatten, erschließt sich am besten durch Lion Feuchtwangers Roman *Erfolg* (1930). Das Buch ist eine kritische Diagnose Bayerns und seiner Bewohner zwischen 1921 und 1924. Die Münchner Schickeria hat ein neues Ausflugsziel. In Garmisch treffen sich die Schönen, Mächtigen und Reichen der »bayerischen Hochebene« zum Skilaufen, zum Nachmittagstee und zum Plaudern. In den luxuriösen Hotels sind sie ganz unter sich: »Sie war jetzt acht Tage in Garmisch. Herr Pfaundler hatte recht gehabt, dieser Ort war heuer ein Treffpunkt von Großkopfigen aus aller Welt«, stellt die weltgewandte Johanna Krain fest. In Garmisch sitzt die Prominenz aus Wirtschaft, Justiz und Politik mit den Erfolgsschriftstellern Josef Pfisterer alias Ludwig Ganghofer und Matthäi alias Ludwig Thoma an einem Tisch und steuert die Geschicke des Landes. Der Balladen singende Ingenieur Pröckl alias Bert Brecht trifft sich dort mit seinem Konzernchef Baron Andreas von Reindl, der am ehesten dem Großindustriellen Alfred Kuhlo ähnelt. Er hat seinen Ingenieur

zu einem Gespräch nach Garmisch ins Palace-Hotel gebeten, und Pröckl ist der Einladung äußerst widerwillig gefolgt. Gemeint ist das Palasthotel Sonnenbichl, ein Hotel »ersten Ranges, direkt an Wald und See«, in der Burgstraße 91. Der dort zur Schau gestellte Wohlstand empört im *Erfolg* den klassenbewussten Ingenieur Prödel: »Die Zeitungen übertrieben nicht; dieser faule, luxuriöse Ort inmitten der eiternden allgemeinen Not war ein Ärgernis. (…) Er ärgerte sich über die halbnackten Frauen, die durch die Halle gingen und den Lebensunterhalt ganzer Familien um ihren dummen Leib herumhängen hatten. Unwirsch, aus seinen tiefliegenden Augen sah er auf die Männer in der vorgeschriebenen schwarzen Abendtracht der herrschenden Schicht, die Hals und Brust aus den weißgestärkten, unpraktischen, ungesunden Hemden und Kragen reckten. (…) Aus den Cafés, den Hotels kam die Jazzmusik der Tanztees. Das Empfangspersonal, die Boys, als er im Palace-Hotel nach dem Baron Reindl fragte, beäugten den verdächtigen Kerl in der zerrissenen, verschwitzten Lederjacke mit Spott und Neugier.« (*Lion Feuchtwanger, Erfolg*)

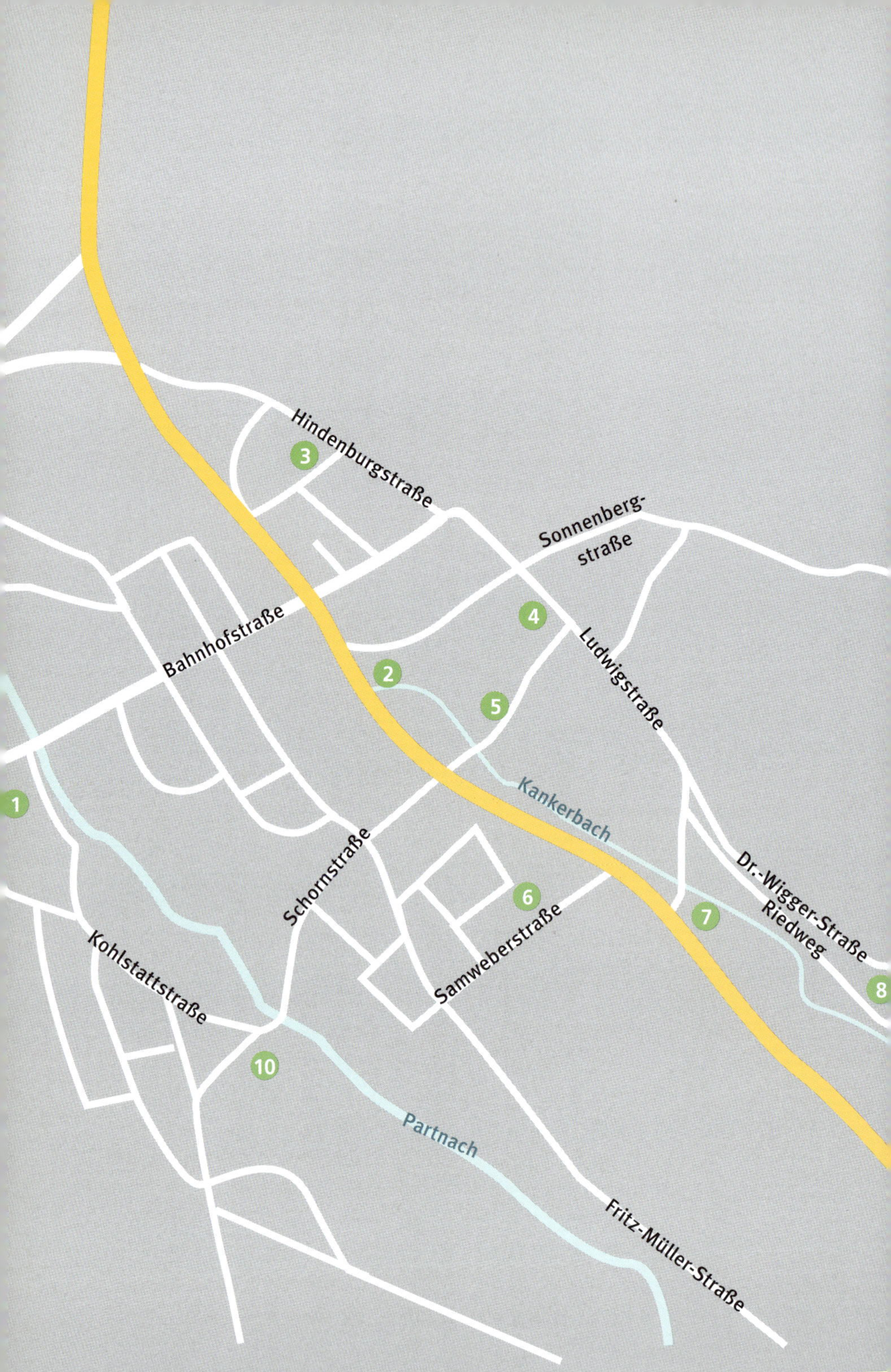
Hindenburgstraße
3
Sonnenbergstraße
Bahnhofstraße
4
Ludwigstraße
2
5
Kankerbach
1
Schornstraße
Dr.-Wigger-Straße
Riedweg
6
7
8
Samweberstraße
Kohlstattstraße
10
Partnach
Fritz-Müller-Straße

Partenkirchen

1 Max Beckmann im Bahnhof-Hotel, *Bahnhofplatz*

Im Roman *Erfolg* von Lion Feuchtwanger kommen die meisten Gäste schon aus Prestigegründen mit dem eigenen Wagen, dabei war Garmisch von München aus seit 1889 bequem mit der Bahn zu erreichen. Der Fremdenverkehr nahm von diesem Zeitpunkt an explosionsartig zu. Hotels und Pensionen wuchsen wie Pilze aus dem Boden, der Villenbau boomte. Der Maler Max Beckmann verbrachte als begeisterter Eis- und Skiläufer mit seiner Ehefrau Quappi, geborene von Kaulbach, seit 1927 regelmäßig den Winterurlaub in Garmisch. Aus dem Bahnhof-Hotel Garmisch schrieb er am 3. Januar 1932 an den Kunsthändler Israel Ber Neumann: »Ich habe hier 14 Tage Sky gelaufen und fühle mich ganz frisch und intensiver wie je. – (…). Viele Grüße von meiner Frau an Sie beide. Ihr Beckmann.« *(Max Beckmann, Briefe)* Der Aufenthalt hinterließ Spuren in seinem Werk. Mit »Die Schlittschuhläufer« (1932) malte Beckmann kurz nach dem Garmischer Aufenthalt eine Art Karneval auf dem Eis. Auch entstand auf dem Briefpapier des Bahnhof-Hotels die Entwurfszeichnung für das Gemälde »Der kleine Fisch« (1932).

Bahnhof-Hotel, 1920er-Jahre

2 Villa Christina, *Schnitzschulstraße 19*

Villa Christina, um 1920

In diesem Haus verbrachte Albrecht Haushofer (1903–1945), Geograf, Diplomat, Widerstandskämpfer und Dichter der *Moabiter Sonette*, seine Jugendjahre. Im Eingangsbereich des Landhauses erinnert eine Tafel an ihn. Die Villa Christina wurde 1893 vom Mannheimer Zigarrenfabrikanten Ludwig Mayer-Doss, dem Großvater von Albrecht Haushofer mütterlicherseits, erbaut. Albrecht Haushofer war einer der beiden Söhne des Generalmajors und Universitätsprofessors Karl Haushofer und seiner Frau Martha, geborene Mayer-Doss. Aufgrund einer Intervention von Adolf Hitlers Stellvertreter Rudolf Heß, der ab 1919 eng mit seinem Vater befreundet war, erhielt Albrecht Haushofer 1933 eine Dozentur für Geopolitik an der Hochschule für Politik in Berlin. Ab 1940 war er Professor für politische Geografie und Geopolitik. Schon früh betätigte er sich als Dramatiker und schrieb Römerstücke, von denen zwei an kleineren deutschen Bühnen aufgeführt wurden. Nach 1933 ließ sich Haushofer auf ein gefährliches Wagnis ein: Er war Mitarbeiter in einem Beraterstab des Auswärtigen Amts – zugleich schloss er sich einer Widerstandsgruppe an.

Richard Strauss mit Schwiegertochter Alice (links) und Frau Pauline (Mitte) auf dem Kramerplateauweg in Garmisch, 1925

Nach dem Flug von Rudolf Heß nach Schottland im Mai 1941 wurde Haushofer für mehrere Wochen inhaftiert und blieb unter Aufsicht der Geheimen Staatspolizei (Gestapo). Nach dem gescheiterten Attentat auf Adolf Hitler vom 20. Juli 1944 um Claus Schenk Graf von Stauffenberg tauchte Albrecht Haushofer in Bayern unter. In einem Bauernhaus einer befreundeten Familie oberhalb der Partnachalm in Mittergraseck bei Garmisch wurde er als Mitglied der Widerstandsbewegung von der Gestapo aufgespürt und verhaftet. Im Gefängnis an der Lehrter Straße im Berliner Stadtteil Moabit entstanden die berühmten 79 *Moabiter Sonette*, die 1946 erstmals erschienen. In den letzten Tagen des Kampfs um Berlin wurde Albrecht Haushofer am 29. April 1945 von einem SS-Kommando erschossen.

Seit 1999 ist in der geräumigen Villa das Richard-Strauss-Institut (RSI) untergebracht. Es informiert neugierige Besucher, Musikliebhaber und ein Fachpublikum mit Ausstellung, Bibliothek und Archiv zu Leben und Werk des berühmten Komponisten und Dirigenten Richard Strauss, der von 1908 bis zu seinem Tod 1949 in einer Villa in der Zoeppritzstraße 42 in Garmisch lebte.

3 Pension Nirvana – Feriendomizil von Thomas Mann und Heinrich Mann (heute Neubau), *Hindenburgstraße 19*

Die Pension Nirvana war in den 1920er-Jahren ein legendärer Treffpunkt für Literaten und Künstler aus ganz Deutschland. Seit 1926 betrieb die Dänin Helene Jakobsen (1885 bis 1963) diese »Fremdenpension mit vegetarischem Restaurant«. Auf einer Ansichtskarte präsentiert sich die Pension Nirvana als »Kur- und Erholungsheim« im Geiste des Vegetarismus: »Schönste Lage, herrliche Gesamtrundsicht, schattiger Garten und Terrasse, Balkons und Liegehalle, erstklassige Küche, auf Wunsch Diät. / Aerztlich empfohlen und beraten durch Dr. E. Kuttroff, Arzt für Homöopathie und physikalisch-diätische Therapie.« Das Etablissement in Partenkirchen war daher für Literaten und Künstler ein ganz besonderer Magnet. Sie kamen weniger wegen der profanen Übernachtungsmöglichkeit. Vielmehr ließen sie sich von der bewusst gesunden Lebensweise im Geiste der vegetarischen Reformbewegung sowie von Begegnungen im Kreise kreativer Köpfe zu Neuem inspirieren. Der Maler Edgar Ende etwa nahm 1928 in der Pension Nirvana sein erstes Quartier, als er von Hamburg nach München zog. Sein Sohn Michael Ende, später Dichter vieler fantasievoller Erzählungen wie *Die unendliche Geschichte*, *Jim Knopf und Lukas der Lokomotivführer* und *Momo*, kam 1929 in Garmisch-Partenkirchen zur Welt.

Edgar Ende und Jella Gruhl, 1920er-Jahre

Auch die Schriftstellerbrüder Heinrich und Thomas Mann wählten die Pension Nirvana bei ihren Aufenthalten in Partenkirchen. Thomas Mann hatte die alternative, naturverbundene Lebensführung mit viel körperlicher Bewegung in Landschaft, Licht, Luft und Wasser bereits um 1900 im Reformsanatorium in Riva am Gardasee kennengelernt. (*Dirk Heißerer, Im Zaubergarten. Thomas Mann in Bayern*) Die Pension Nirvana, einst Schauplatz einer lebendigen Kulturszene, ist inzwischen einem Neubau gewichen.

Kur- und Erholungsheim Haus Nirvana in Partenkirchen, 1926

4 ATLAS Grand Hotel (früher Gasthof zur Post) – Motiv von Josef Ruederer, *Ludwigstraße 49*

Der ehemalige Gasthof zur Post gehört zu den traditionsreichsten Häusern am Platz. König Ludwig II. machte auf seinem Weg ins Schachen-Schloss hier Rast, um Kutsche und Pferd zu wechseln. In der alten Poststube, die original erhalten ist, ließ er sich königlich bewirten. Als sich wegen des Bahnanschlusses 1889 die Posthalterei nicht mehr rentierte, entstand an Stelle des Pferdestalls 1911 Partenkirchens erste Bar. Das Hotel hatte damals schon 40 Zimmer.

Im Gasthof zur Post ließ der Münchner Schriftsteller Josef Ruederer seine Komödie *Die Fahnenweihe* (1896) spielen. Sie enthält alle Themen, die dem Moralisten und Satiriker wichtig waren: Korruption, Grundstücksspekulation, Vereinsmeierei, Heuchelei, Bigotterie und Lüge. Ruederer griff eine Partenkirchner Skandalgeschichte auf, die ihn schon längere Zeit bewegte. Damals wohnte er noch nicht im nahegelegenen Oberammergau, sondern verbrachte den Sommer 1894 im nur wenige Kilometer entfernten Farchant und besuchte des Öfteren die typisch bayerische Gastwirtschaft. Im Poststüberl trank er sein Bier und beobachtete alles, was um ihn herum passierte. Posthalterin

Gasthof zur Post in Partenkirchen, um 1907

sehr tiefer Raum, der vorne an jeder Seitenwand ein breites Fenster hat. In ziemlicher Entfernung von den Fenstern nach rückwärts befindet sich je eine große Flügeltüre mit Milchglas, von denen die rechte auf eine Veranda, die linke durch einen Hausgang in das Innere des Gasthofs führt. (…) Runde Tische und Rohrstühle stehen an den Seitenwänden ungeordnet durcheinander, doch lassen sie den Mittelraum völlig frei.« (*Josef Ruederer, Die Fahnenweihe*)

Der Schauplatz von damals hat sich nicht wesentlich verändert. Das Parkett ist noch original, genauso der Kachelofen und der alte Lüster. Die sogenannte Poststube ist bis heute erhalten. Über die Veranda kommt man in den Wirtsgarten mit acht Kastanienbäumen, wo früher jeden Sonntag Musikanten aus Tirol zum Frühschoppen aufspielten.

Josef Ruederer bei Oberammergau, mit dem Kofel im Hintergrund, um 1900

und Posthalter lieferten ihm Anregungen für sein Theaterstück. Schauplatz der *Fahnenweihe* ist der Festsaal des Gasthofs zur Post. »Großer,

Uraufgeführt wurde das Theaterstück am 29. November 1896 in Berlin im Theater des Westens, wo der kritische Blick auf Oberbayern bestens ankam. Dieses Bühnenstück machte Ruederer mit einem Schlag bekannt und ist sein erfolgreichstes geblieben. Josef Ruederers Frau Elisabeth starb am 15. August 1934 in Partenkirchen.

5 Logis des Malers Ernst Kreidolf, *Badgasse 12*

Von 1889 bis 1995 lebte der Maler Ernst Kreidolf (1863–1956) mit einigen kurzen Unterbrechungen im sogenannten Samm-Haus. Dort traf er den aus Petersburg stammenden Schriftsteller Leopold Weber (1866–1944), mit dem ihn eine lebenslange Freundschaft verband. Kreidolf hatte in München die Akademie der Bildenden Künste besucht. Schwere gesundheitliche Probleme zwangen ihn jedoch, die Stadt zu verlassen. Er litt an Schlaflosigkeit, Nervosität und Migräneanfällen, die ihn am Arbeiten hinderten. Beide hatten der »Verderbtheit der Stadt« den Rücken gekehrt und wollten auf der Suche nach dem »urgesunden Leben« in der freien Natur zum einfachen Leben zurückfinden. Sie nahmen großen inneren Anteil an der Landbevölkerung. »Störend in unsrer Einsamkeit empfanden wir nur die wenigen Monate, die sich die Sommerfrischler Heuschreckenschwärmen gleich über Berg und Tal wälzten und alle Wirtshäuser lärmend erfüllten. Aber auch das kam uns wieder auf andre Art zugute, indem wir so mit manchem interessanten Menschen bekannt wurden und unsre Verbindung mit der Außenwelt nicht ganz abriß.« (*Ernst Kreidolf und Leopold Weber, Mit Ernst Kreidolf in den Bayerischen Bergen*) In der Stille der bayerischen Berge malte Kreidolf Landschaften, Porträts und biblische Bilder. Dort kam ihm der Gedanke, Blumen, Schmetterlingen, Käfern in poesievoller, aber stets tief naturverbundener Weise menschliche Gestalt zu geben. 1896 lithografierte er die ersten Blumenmärchen. Es folgten die Bilderbücher *Fitzebutze* (1900), *Die Wiesenzwerge* (1902), *Alte Kinderreime* (1908), *Der Gartentraum* (1911), *Sommervögel* (1908). 1895 zog er mit Leopold Weber gemeinsam nach München. Ernst Kreidolf verließ 1917 München und ließ sich in Bern nieder. Die Kreidolf-Bilderbücher wurden in mehrere Sprachen übersetzt, vor allem ins Schwedische, Holländische, Norwegische, Ungarische und Slowenische.

6 Haus Zufriedenheit – Wohnhaus des Schauspielers Albert Steinrück, *Samweberstraße 8 (früher Alpspitzstraße 123f)*

Entlang der Hauptstraße Richtung Mittenwald entstand in der Gründerzeit das Villenviertel von Partenkirchen, das den Schweizer Nobelkurorten Arosa und Davos nachempfunden war. In dieser prominenten Umgebung ließ sich 1915 Albert Steinrück (1872–1929), einer der großen Schauspieler und Regisseure seiner Zeit, mit seiner Ehefrau Elisabeth (»Liesl«) Gussmann (1885–1920) nieder. Die ehemalige Schauspielerin des Berliner Schillertheaters war 1906 an einem Lungenleiden erkrankt und hatte sich 1907 von der Bühne zurückziehen müssen. Ein Jahr später heiratete sie den Schauspieler Albert Steinrück, der im selben Jahr Hofschauspieler in München am Residenztheater wurde. Bis zu ihrem Tod im April 1920 hielt sich Liesl Gussmann wegen der guten Luft fast nur noch in Partenkirchen auf.

Der Schriftsteller Max Krell schrieb in seinen Lebenserinnerungen: »Das Haus Steinrück war ein abgelegener Mittelpunkt; es lag nicht in München, wo Albert Steinrück dem Nationaltheater das künstlerische Relief gab, sondern in Partenkirchen. Dieses war zwar schon sportiv angehaucht, im übrigen aber noch ein großes Alpendorf. Ein Bach, ein Wiesengürtel und ein gründlicher Haß schied es von Garmisch. Die romanische Gründung Garmisch befehdete das germanische Partenkirchen. Man heiratete

Albert Steinrück (links) in einer Aufführung von Henrik Ibsens Hedda Gabler, *Kammerspiele des Deutschen Theaters, Berlin, 1907*

Haus Zufriedenheit in Partenkirchen, 1950er-Jahre

nicht von einem Dorf zum anderen, es gab Partenkirchener Bauern, die lieber einen Viertelstundenumweg machten, als Garmischer Gebiet zu betreten. (...) Wenn Albert Steinrück zwei oder drei freie Tage vor sich sah, fuhr er nach Partenkirchen hinaus, wo seine Frau notgedrungen leben mußte: eine grazile kleine Person mit großen schwarzen Augen und den Zeichen schwindender Lebenskraft« (*Max Krell, Das alles gab es einmal*)

Liesl Gussmann stammte aus Wien. Ihre Schwester Olga war mit dem Schriftsteller Arthur Schnitzler (1862–1931) verheiratet. Ab 1908 war er mit seiner Frau regelmäßiger Gast im Haus Zufriedenheit und besuchte seine kranke Schwägerin. Meistens stieg er im Hotel-Sanatorium Wigger ab. Doch man traf im Haus Zufriedenheit auch andere prominente Vertreter der Wiener Literaturszene an, u. a. die Schriftsteller Jakob Wassermann (1873–1934) und Richard Beer-Hofmann (1866–1945). Dieser hatte 1890 seinen Beruf als Jurist aufgegeben und war Dichter geworden. Neben Hugo von Hofmannsthal und Arthur Schnitzler zählte er zu den drei bedeutendsten Protagonisten österreichischer Jahrhundertwendeliteratur. Ende Juni 1910 unternahm er von München aus eine Autofahrt an die bayerischen Seen und krönte seine Reise mit einem längeren Aufenthalt bei den Steinrücks. Auch die junge Generation war im Haus Zufriedenheit zu Gast, etwa der Schriftsteller Kasimir Edschmid (1890–1966) und die spätere Filmdiva Henny Porten (1890–1960), die Albert Steinrück über ihren damaligen Mann Curt A. Stark im Residenztheater in München kennengelernt hatte.

7 Jeschke's Hotel und Kurhof Partenkirchen (früher Dr. Wiggers Kurheim), *Mittenwalder Straße 5–7*

1905 erwarb ein Arzt, Geheimrat Dr. Florenz Wigger, mehrere Villen und schuf binnen weniger Jahre einen riesigen Gebäudekomplex mit Einrichtungen zu Kurzwecken. Das Sanatorium für Nerven- und Stoffwechselerkrankungen genoss schnell internationalen Ruf. Der österreichische Schriftsteller Arthur Schnitzler kam zwischen 1908 und 1914 mindestens einmal im Jahr nach Partenkirchen, wo er im Sanatorium Wigger oder in der nahegelegenen Villa Gibson (Gsteigstraße 7) abstieg. Meistens machte er zuvor einen kurzen Halt in München, ging ins Theater, dinierte mit Freunden festlich im Hotel Vierjahreszeiten, bevor er die Fahrt nach Partenkirchen fortsetzte. Am 11. Mai 1908 notierte er nach einer beglückenden Autofahrt durch das bayerische Oberland: »Wundervoll«. Am 20. August 1910 kam er wieder: »Ankunft Partenkirchen. Albert auf der Bahn. Mit ihm Sanatorium Wigger; zu Liesl. Besser als wir gefürchtet, fieberfrei. – Wohnen Pension Gibson – 22 / 8 Mit O. und Albert Spaziergang Partnachklamm. Grasseck; Albert luncht mit uns –.« (*Arthur Schnitzler, Tagebücher 1879–1931*)

Während des Kriegs wurde es für den österreichischen Schriftsteller sehr schwer, für Deutschland ein Visum zu bekommen. Dem gemeinsamen Freund Richard Beer-Hofmann schrieb er am 23. August 1916 aus Altaussee: »Von meiner Schwägerin kommen etwas bedenkliche Nachrichten; es ist sehr möglich, dass Olga (wenn sie das Passvisum bekommt) auf 8–12 Tage nach Partenkirchen fährt, – auch ich bemühe mich um ein Visum, – warte aber jedenfalls, wenn Olga reist, ein Telegramm von ihr aus Partenk. ab, ehe auch ich hinfahre.« (*Arthur Schnitzler, Tagebücher 1879–1931*) Ein Jahr später gelang die Reise. Am 21. August 1917 fuhr Olga Schnitzler

Hotel Haus-Gibson, um 1900

nach Partenkirchen zu ihrer Schwester. Arthur Schnitzler folgte ihr am 4. September und blieb 14 Tage; dann kehrte er über München nach Wien zurück. Ende August 1918 kam er für zwei Wochen das letzte Mal nach Partenkirchen. Seine Schwägerin Liesl Steinrück starb am 7. April 1920 in Garmisch an Lungentuberkulose.

Der Schriftsteller Thomas Mann hielt sich auf Einladung seines Berliner Verlegers Samuel Fischer im Winter 1914/15 in Partenkirchen auf. Fischer war mit seiner Frau Hedwig und der Tochter Brigitte an Weihnachten 1914 ins Voralpenland gekommen und in der Villa Gibson abgestiegen. Dort traf er sich mit seinem Autor Otto Flake und möglicherweise mit Thomas Mann, um Geschäftliches zu besprechen. Ein Telegramm Fischers an seinen dänischen Autor Peter Nansen verrät, wie gut es ihm dort gefiel: »Kommen Sie zu uns ins schöne Bayernland, Sie müssen durch neue Frische zu weiser Lebensfreude gesunden.«

1921 wurde Dr. Wigger's Kurheim, das sich in der Nachbarschaft der Villa Gibson befand, vollständig umgebaut und am 15. Dezember 1921 unter dem Namen Jeschke's Hotel und Kurhof Partenkirchen neu eröffnet. Klaus Mann, ältester Sohn von Thomas Mann, hielt sich im Inflationsjahr 1923 häufig dort auf. Eigentlich ging er noch in die Odenwaldschule, doch die Ferien verbrachte er bei den Eltern in München. Zusammen mit Pamela Wedekind, Tochter des Dramatikers Frank Wedekind, Richard Hallgarten, Wilhelm Süskind und Theodor Lücke fuhren sie dann hinaus aufs Land. »Theo arrangierte Maskenbälle, nächtliche Schlittenfahrten, luxuriöse Weekends in Garmisch oder am Tegernsee« (*Klaus Mann, Der Wendepunkt. Ein Lebensbericht*), erinnerte sich Klaus Mann später. »Als wir alle zusammen zwei

Dr. Wiggers's Kurheim, Werbeanzeige 1916

Erika Mann, Pamela Wedekind und Klaus Mann, 1924

oder drei Tage in Partenkirchen waren, hatten wir ein Appartement in Jeschkes Hotel – damals einem der elegantesten von Deutschland –: alles von Theo gezaubert. Dort verkehrten nur die feinsten Schieber, die abends mindestens im Smoking an den Spieltischen saßen; ich im Russenanzug mitten zwischen ihnen (…) Ich fand die Russenkapelle derartig schön, daß ich schwermütig wurde. Erika sprach in Zungen: sie konnte wie ein Münchener Ladenfräulein reden, das sich auf eine grauenhafte Art bemüht, fein zu wirken, und im gezierten Bayrisch die skandalösesten Geschichten aus ihrem Vorleben meldet. Bei Herrn Jeschke selber fragten wir an, ob wir nicht ein wenig auftreten dürften, wir seien doch alle so talentiert; aber er reagierte kühl und befremdet.« (*Klaus Mann, Kind dieser Zeit*) Der Hotelkomplex und die Villa Gibson wurden in den 1960er-Jahren abgerissen. Heute stehen auf dem Gelände moderne Appartementhäuser.

8 Schloss Riedberg – Domizil des Komponisten und Dirigenten Hermann Levi, *Dr.-Wigger-Straße 18 (früher Gsteigstraße)*

Wo früher der zur Brauerei und Gasthof gehörende Sommerkeller Zum Rassen mit Biergarten, Schießstand, Kegelbahn und Theaterbühne stand, ließ der Komponist und Dirigent Hermann Levi (1839–1900) nach Plänen des befreundeten Bildhauers Adolf von Hildebrand im Jahr 1897 eine schlossähnliche Villa in klassizistischem Stil errichten – ein breiter, zweigeschossiger Bau mit einer eindrucksvollen Halle, seitlich begrenzt von zwei Zwiebeltürmen. Die Stützmauer der vorgelagerten Säulenhalle trug die Inschrift »Hermann und Mary Levi – Baumeister Adolf Hildebrand«. Um das ansehnliche Haus herum entstand eine Parkanlage mit hohen Bäumen.

Das Ehepaar Levi hatte das große Grundstück auf dem Riedberg hoch über Partenkirchen kurz nach ihrer Hochzeit im Oktober 1896 erworben.

Landhaus für Hermann Levi am Riedberg bei Partenkirchen, um 1900

Mary Levi war die Tochter des Kunsthistorikers Julius Meyer, von 1872 bis 1890 Direktor der Berliner Gemäldegalerie. Sie war eine höchst attraktive, elegante Frau, gesellschaftlich gewandt und vielseitig künstlerisch interessiert. Hermann Levi fühlte sich für die damals 42-jährige Witwe des nahen Freunds und Kunsthistorikers Conrad Fiedler nach seinem tragischen Unfall verantwortlich. Levi war zum Zeitpunkt seiner Heirat 57 Jahre alt. Die standesamtliche Hochzeit mit der vermögenden Mary Fiedler machte die beiden finanziell unabhängig. Das erlaubte ihnen, ein großzügiges Leben zu führen, viele Reisen zu unternehmen und in feinen Hotels abzusteigen. In Partenkirchen arbeitete Levi in den drei letzten Lebensjahren vorwiegend an seinen Mozart-Interpretationen. *Figaros Hochzeit* hatte er noch selbst dirigieren können; die Neufassungen von *Don Giovanni* und *Cosi fan tutte* wurden vom Komponisten Richard Strauss dirigiert. An den Bürgermeister von Partenkirchen schrieb Levi, er wolle sich als Bürger des Orts für dessen Ansehen und Wohl einsetzen. Der Markt Partenkirchen verlieh dem prominenten Mitbürger 1898 die Ehrenbürgerschaft.

Wenn Hermann und Mary Levi nach München kamen, wohnten sie in der Arcisstraße 17, wo sie sich eine Stadtwohnung eingerichtet hatten. Hier stiegen sie vor allem in den Wintermonaten ab, wenn sie Theater oder Konzerte besuchten oder Geselligkeit pflegten. Gelegentlich trafen sie sich mit alten Freunden, dem Schriftsteller Paul Heyse und dem Bildhauer Adolf von Hildebrand. Der Dirigent und Komponist Richard Strauss kam manchmal zum Skat. Das junge, aufstrebende Nachwuchstalent verdankte Hermann Levi seine ersten bahnbrechenden Erfolge. Der Hofkapellmeister verfolgte Richard Strauss' musikalische Laufbahn mit großem Interesse, lobte ihn 1891 in seiner Rolle als Dirigent einer Weima-

Franz von Lenbach: Hermann Levi, 1897

rer *Tristan*-Aufführung und schrieb: »Gestern hatte ich große Freude an Ihrem ›Tristan‹-Vorspiel. Ich habe es seit 1871 (unter Wagner) nicht mehr so schön gehört.« Mit den neuen Orchesterwerken von Richard Strauss *Also sprach Zarathustra, Ein Heldenleben* und *Sinfonia demestica* versuchte sich Levi auseinanderzusetzen. Viele Frühwerke des Sohns seines Solohornisten Franz Strauss hatte er aus der Taufe gehoben. Nun musste er einsehen, dass er der kühnen Entwicklung des jungen Komponisten nicht mehr folgen konnte. Hermann Levi schrieb im November 1899: »Die Strauss'schen Kombinationen vermag ich weder in rhythmischer noch in klanglicher Beziehung mit meinem inneren Ohre zu fassen. Es geht mir damit wie Zelter mit Beethoven und Weber, nur daß ich nicht kritisiere, nur mein eigenes Unvermögen bedauere.«

Wiewohl er die Genialität des Komponisten Richard Strauss spürte, konnte er die modernistischen Tendenzen des Jüngeren nicht mehr begreifen. (*Frithjof Haas, Zwischen Brahms und Wagner. Der Dirigent Hermann Levi*) Um 1893 liest man bei Levi zum ersten Mal von der Idee, Richard Strauss aus Weimar nach München zu holen. Wegen seiner angeschlagenen Gesundheit reichte Hermann Levi zwei Jahre später die Pensionierung ein. Richard Strauss übernahm die Funktionen Levis in der Oper und in den Konzerten, erhielt aber nicht die offizielle Ernennung zum ersten Hofkapellmeister. Levis eigentlicher Nachfolger als Hofkapellmeister wurde 1904 der Dirigent Felix Mottl.

Hermann Levi war der Sohn eines ehrwürdigen Oberrabbiners der jüdischen Reformgemeinde in Gießen und einer Tochter aus der Mannheimer Bankiersfamilie Ladenburg. Im April 1872 wurde er in München königlich-bayrischer Hofkapellmeister. Drei Monate später schrieb er an Brahms: »Prachtvolle Wohnung gefunden. Arcisstraße. Aussicht ins Grüne. Großer Salon. Vier Zimmer. Erster Stock.«

20 Jahre lang verlieh er den musikalischen Darbietungen in der Oper und den Konzertsälen Münchens durch seine Individualität Glanz und Größe. Wegen seiner jüdischen Herkunft geriet der Kapellmeister unter Druck, als er Richard Wagners *Parsifal* dirigieren sollte. Der berühmte Komponist hielt an ihm fest, und Levi blieb in München ein gefeierter, beliebter Dirigent. Als Richard Wagner 1883 starb, setzte sich Levi tatkräftig und energisch dafür ein, dass die Festspiele in Bayreuth unter Cosima Wagners Lei-

tung weitergeführt werden konnten und dirigierte dort weiterhin seinen *Parsifal*. Sie dankte es ihm nicht und demütigte ihn wegen seiner jüdischen Herkunft. 1888 machte Levi zum ersten Mal in Bayreuth Pause, nach den Festspielen von 1894 gab er Bayreuth auf. In München dirigierte er weiter, wurde Generalmusikdirektor. Zwei Jahre später ließ er sich frühzeitig pensionieren und heiratete im selben Jahr Mary Fiedler. Im Mai 1900 starb Hermann Levi noch keine 61 Jahre alt an nervlicher Erschöpfung. Nach seinem Tod entwarf Bildhauer Adolf von Hildebrand ein Mausoleum auf Levis Grundstück, in dem Levis Sarg mit seinen sterblichen Überresten die letzte Ruhestätte fand. Die ursprüngliche Anlage umfasste einen oval ummauerten Grabbezirk, der etwa 4 Meter in die Höhe ragte. An der Stirnseite der Grabhalle war ein von Hildebrand entworfenes Bildnis Levis angebracht, darunter lag die Grabplatte. Ein Engel wachte über dem Eingang zur Halle. Ein Modell dieses Reliefs des *Laute spielenden Engels* blieb erhalten und befindet sich heute als Leihgabe der Bayerischen Staatsgemäldesammlungen in der ehemaligen Künstlervilla von Adolf von Hildebrand in München-Bogenhausen, Maria-Theresia-Straße 23. Kurz nach der Machtübernahme gingen die Nationalsozialisten daran, die Erinnerung an den Ehrenbürger in Partenkirchen auszulöschen. Die Hermann-Levi-Straße verlor ihren Namen und das Mausoleum wurde dem Erdboden gleichgemacht. Nur die Grabplatte blieb erhalten. Das stattliche Anwesen wechselte inzwischen mehrmals den Besitzer. Der jetzige Eigentümer steht der Idee, dass an der ursprünglichen Stelle wieder ein würdiges Grabmal für Hermann Levi errichtet wird, offen gegenüber; und auch der Markt Garmisch-Partenkirchen beabsichtigt, an den ehemaligen prominenten Bewohner Partenkirchens würdig zu erinnern.

Adolf von Hildebrand: Laute spielender Engel, 1901. Modell für das Relief am Mausoleum des Dirigenten Hermann Levi in Partenkirchen

9 Die Volksschauspielerin Liesl Karlstadt im Hotel Leiner, *Wildenauer Straße 20*

In der Hotel-Pension Leiner verbrachte die Komikerin und Volksschauspielerin Liesl Karlstadt (1892–1960) in den 1950er-Jahren häufig ihren Urlaub. Partenkirchen hatte sie schon vor dem Zweiten Weltkrieg auf ihren vielen Besuchen in Ehrwald/Tirol kennengelernt, wo sie sich oft mit der Schriftstellerin Erika Mann traf. Nach der endgültigen Trennung von ihrem jahrzehntelangen, kongenialen Partner Karl Valentin (1882–1948) begann sie nach Kriegsende eine zweite Karriere; diesmal als Solistin. Das Theater und der Film beschäftigten sie in den 1950er-Jahren regelmäßig; populär wurde sie jedoch durch den Rundfunk. An der Seite des Volksschauspielers Michel Lang spielte sie die resolute Frau Brummel, und in der beliebten Serie *Familie Brandl* von Ernestine Koch verkörperte sie die Mutter Brandl, die mit ihrem Mann ein kleines Geschäft führt.

Im Sommer 1960, bevor eine neue Folge der Serie *Familie Brandl* auf-

Amalie Wellano mit ihrer Schwester Liesl Karlstadt (Mitte) und Erika Mann (re.) auf dem Oktoberfest 1951

genommen werden sollte, fuhr sie mit ihrer Schwester Amalie Wellano nach Garmisch-Partenkirchen, um sich einige Tage zu erholen. Die beiden Schwestern nahmen Zimmer in der Hotel-Pension Leiner. Am nächsten Tag starb Liesl Karlstadt im Hotel an einem Gehirnschlag. Amalie Wellano notierte unter die Postkarte mit dem Motiv des Hotels: »Hier im Haus Leiner starb meine innigstgeliebte Liesl am 27. Juli 1960. Für mich ging die Sonne unter.« Beerdigt wurde Liesl Karlstadt auf dem Bogenhauser Prominentenfriedhof Sankt Georg in München.

10 Wohnung des Malers Alexander Kanoldt, *Am Holzhof 4*

Der Maler Alexander Kanoldt (188 –1939) lebte mit seiner Familie zwischen 1931 und 1933 hier bei Familie Cassardt und unterhielt eine private Malschule. Die in dieser Zeit entstandenen Ölgemälde und Lithografien stellen bevorzugt Motive aus der Garmischer Umgebung dar. In einem Brief erklärte Kanoldt einem Freund, wie wichtig für ihn der Verkauf der Blätter war: »Es ist sozusagen unsere einzige Einnahmequelle, weil die Schule im Winter ja kaum die Spesen aufwiegt. Das lohnt sich nicht. Und mit den Bildern ist gegenwärtig auch wenig los. Der Graphik aber geht es zeitweise sehr gut. Natürlich habe ich furchtbar viel Arbeit damit – richtige Verlagstätigkeit.« (*Alexander Kanoldt an Walter Blumtritt, o. J., nach 1931*)

Geboren wurde Alexander Kanoldt 1881 in Karlsruhe. 1909 zog er mit seiner Mutter und seiner älteren Schwester nach München, gründete dort zusammen u. a. mit Kandinsky, Jawlensky, Erbslöh und Werefkin die Neue Künstlervereinigung und wurde deren Sekretär. 1911 spaltete sich der »Blaue Reiter« von der »Neuen Künstlervereinigung« ab, jedoch ohne Kanoldt, der dem Weg in die Abstraktion nicht folgen wollte. Er trat im Mai 1932 in die NSDAP ein und wurde 1933 Direktor der Hochschule der Bildenden Künste in Berlin, außerdem Senator der Preußischen Akademie der Künste und Vorsitzender des Künstlerischen Prüfungsamts. 1936 schied Kanoldt auf eigenen Wunsch aus der Berliner Hochschule aus. Im Sommer 1937 wurden 17 Werke Kanoldts im Rahmen der Aktion »Entartete Kunst« aus verschiedenen deutschen Museen beschlagnahmt. Die Gestapo durchsuchte im Sommer 1938 seine Berliner Wohnung. Wenige Monate später, im Januar 1939, starb Alexander Kanoldt in Berlin.

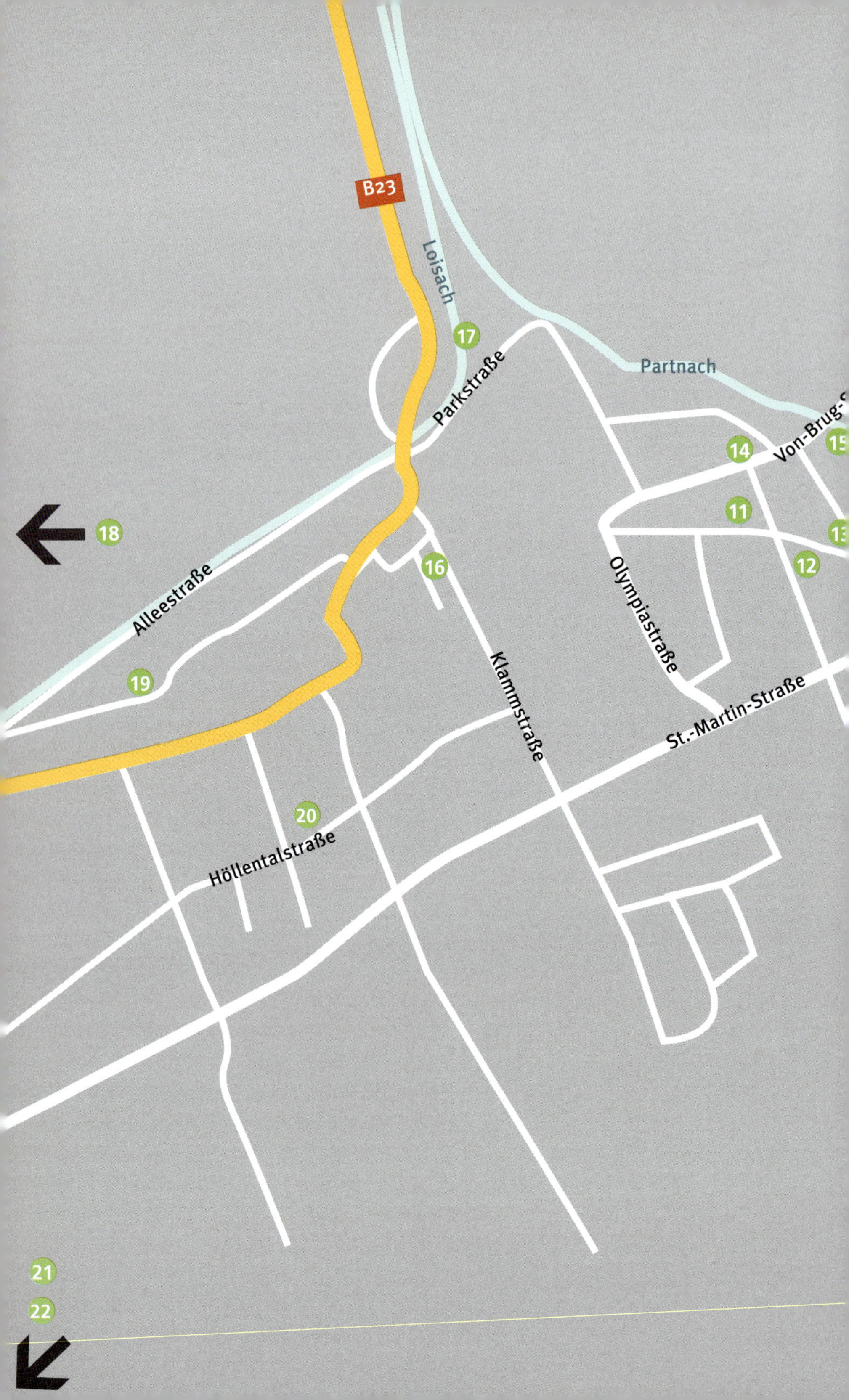
B23
Loisach
Partnach
Parkstraße
Von-Brug-
Alleestraße
Olympiastraße
Klammstraße
St.-Martin-Straße
Höllentalstraße
11
12
13
14
15
16
17
18
19
20
21
22

Garmisch

11 Das Bunte Haus – die ersten Jahre von Michael Ende, *Bahnhofstraße 43*

Das Bunte Haus in Garmisch, Ecke Von-Brug-/Landschaftsstraße. Im Hintergrund das Wettersteingebirge, um 1930

Am 12. November 1929 wurde Michael Ende (1929–1995) im Gemeindekrankenhaus Garmisch geboren und als Michael Andreas Helmuth mit der Nr. 87 ins Garmischer Geburtsregister eingetragen. Seine ersten Lebensjahre verbrachte er im sogenannten Bunten Haus, das längst abgerissen wurde. Seit November 1999 erinnert an der Bahnhofstraße 43 eine Gedenktafel an den international renommierten Schriftsteller.

Sein Vater, der Kunstmaler und Bildhauer Edgar Ende (1901–1965), war durch einen Zufall 1927 von Hamburg nach Garmisch gekommen. Wegen heftig einsetzender Regenfälle hatte er im kleinen Laden von Luise Bartholomä im Bunten Haus Unterstand gesucht, die dort arabische Spitzen und bunte Edelsteine verkaufte. Die beiden verstanden sich auf Anhieb. Kurz darauf zog Edgar Ende zu Luise. Am 22. Februar 1929 wurde im Garmischer Standesamt geheiratet. Neun Monate später kam ihr Sohn Michael zur Welt. Viel Geld hatten die Eheleute nicht. Edgar Ende malte Bilder, deren Wert erst später erkannt wurde, und seine Frau Luise verdiente den Unterhalt für die Familie.

1931 zogen Endes von Garmisch nach München. Möglicherweise, weil ihnen der Laden, und damit wohl auch die Wohnung, gekündigt worden war. Möglicherweise aber, weil mit Spitzen und Edelsteinen in der Zeit der Weltwirtschaftskrise kein Geld zu verdienen war. Michael Ende meinte: »Denn in Garmisch kann ein Maler nichts werden, der muss nach München. Meine Mutter machte den Laden zu und man ging nach München.« (*Peter Boccarius, Michael Ende*) Edgar Endes Gemälde verkauften sich dort so gut, dass sich die ökonomische Lage der Familie deutlich verbesserte. Michael Ende wuchs im Atelier seines Vaters auf, einem dunklen Raum, der keine Fenster und nur ein Oberlicht aufwies. »Ich bin«, so Michael Ende später, »mit dem Blick in den Himmel groß geworden.« *(Peter Boccarius, Michael Ende)* Edgar Endes Bilder und Ansichten prägten seine eigenes Werk nachhaltig. Die Bilder zeigen visionäre, meist entseelte Landschaften, surreale Traumwüsten mit Torsen und schemenhaften, abstrakten Gestalten.

12 Hotel Roter Hahn – Logis von Thomas Mann und Hans Reisiger, *Bahnhofsstraße 44*

Der Schriftsteller und Philosophieprofessor Hans Reisiger (1884–1968) verbrachte hier ab 1963 seine letzten Lebensjahre und ist auf dem Friedhof Garmisch beerdigt. Zuvor hatte er hier schon jahrelang regelmäßig den Sommer verlebt. Reisiger war mit den großen Schriftstellern seiner Zeit eng befreundet: mit Thomas Mann, Annette Kolb und Gerhart Hauptmann, die ihn damals in Garmisch besuchten. Thomas Manns Hinwendung vom Monarchisten zum kosmopolitischen Demokraten Anfang der 1920er-Jahre war stark von den Gesprächen mit Hans Reisiger, dem »Rüdiger Schildknapp« seines Romans *Doktor Faustus*, geprägt. Das zeigt seine Widmung für den Freund in seinen eigenen *Reden und Essays* (1922): »An Hans Reisiger, der uns Whitman verdeutschte, und in der Hoffnung, er möge auch auf diesen Seiten vom Geist der Humanität (…) gut, also der ›Demokratie‹ einen Hauch verspüren, München 4.IV.22 / Thomas Mann«.

Hotel und Restaurant Roter Hahn, 1949

Thomas Manns Sohn Golo widmete Hans Reisiger zum 80. Geburtstag einen Nachruf: »Mein Vater, sonst so oft in sich gekehrt, taute auf, sobald Hans Reisiger da war. Die beiden konnten zusammen lachen, daß es eine Freude war; sich unterhalten in ernsten Gesprächen wie mit allerlei Anekdoten, Scherzen, Nachahmungen und Reimen; sogar zusammen Karten spielen. (…) So ist er zwei Großen seiner Zeit, Gerhart Hauptmann und Thomas Mann, schier unentbehrlich geworden. Er konnte zuhören wie kein anderer, wenn ihm aus einer werdenden Arbeit vorgelesen wurde, (…) konnte eingehen, kritisieren, ermuntern.« (*Zit. n.: Peter de Mendelssohn, Der Zauberer. Das Leben des deutschen Schriftstellers Thomas Mann*)

In den 1930er-Jahren hatte sich Hans Reisiger im nahegelegenen Seefeld / Tirol niedergelassen, das er von seinen häufigen Besuchen im benachbarten Ehrwald gut kannte, »teils im Protest gegen Deutschlands politische Verwandlung, die ihm widerwärtig war, teils auch einfach, weil das Tiroler Bergdorf ihm zusagte. Dort wurde er von der Welle ›des Anschlusses‹ erfaßt, gestellt, mit anderen ›Verdächtigen‹ in einem Schulgebäude inhaftiert. Die Herren (…) waren aber nicht weiter bösartig; von unserem Dichter wollten sie bloß wissen, ob er wohl ein guter Deutscher sei? Reisiger bejahte das und wurde entlassen«, so Golo Mann. (*Zit. n.: Peter de Mendelssohn, Der Zauberer. Das Leben des deutschen Schriftstellers Thomas Mann*)

Hans Reisiger kam kurz nach Ausbruch des Zweiten Weltkriegs nach Garmisch-Partenkirchen zurück. Er zog am 19. Oktober 1939 von Seefeld in Tirol in die Mittenwalder Straße 14. Die letzten beiden Kriegsjahre erlebte Reisiger in Berlin und blieb nach Kriegsende lange Jahre in Stuttgart. Von dort kam der zum Doktor h.c. der Universität München (1947) und Professor h.c. des Landes Baden-Württemberg (1958) ernannte Schriftsteller immer wieder nach Garmisch zur Sommerfrische. Als Thomas Mann 1949 zum ersten Mal seit 1933 wieder Deutschland besuchte, traf er auch seinen alten Freund Reisiger wieder. Es existiert ein Foto vom Juli 1949, das Thomas Mann und Hans Reisiger nebeneinander im Fond eines offenen Wagens zeigt.

13 Michael Endes Jugend – Haus Roseneck, *Partnachstraße 50*

Der Zufall wollte es, dass Michael Ende mit 13 Jahren in seinen Geburtsort zurückkehrte, zunächst in das Haus Kramerhof, dann ins Haus Roseneck – ganz in die Nähe des Bunten Hauses. Als in München im Herbst 1943 Bomben fielen und sich ganze Straßenzüge in Schutt und Asche verwandelten, wurden viele Schulkinder zusammen mit ihren Lehrern aufs Land evakuiert. Die Schüler des Max-Gymnasiums – unter ihnen Michael Ende – quartierte man in das kleine Hotel Kramerhof (früher Müllerstraße 12) ein. Tagsüber lernten sie im Speisesaal des Hotels Latein und

Kurheim Haus Roseneck, um 1925

Griechisch. Nachts vertrieben sich die Schüler mit Darbietungen und Sketchen verschiedenster Art die Zeit. Michael Ende machte den Regisseur. Einmal durfte er eine seiner Inszenierungen sogar vor großem Publikum in einem Garmischer Kino wiederholen. Ihre Freizeit verbrachten die Schüler zusammen mit ihren Lehrern im Sommer mit Tageswanderungen und Bergtouren; im Winter liefen sie am Kreuzeck Ski und gingen ins Olympiastadion zum Schlittschuhlaufen. Im Kramerhof schrieb Michael Ende seine ersten Gedichte.

Als die Zöglinge gegen das schlechte Essen heftig aufbegehrten, wurde Michael Ende ins Haus Roseneck strafversetzt. Dort lernte er seine erste große Liebe Gudrun kennen, die Tochter des Hausbesitzers. Er erteilte ihr Nachhilfestunden und machte mit ihr Spaziergänge zum Kramerplateau. Nach dem Abitur absolvierte Michael Ende eine Ausbildung an der Otto Falkenberg Schule in München. Eigentlich wollte er Regisseur werden. Mit dem Schreiben von kleinen Geschichten hielt er sich über Wasser, bis mit *Jim Knopf* Anfang der 1960er-Jahre der literarische Durchbruch erfolgte. (*Peter Boccarius, Michael Ende. Der Anfang der Geschichte*)

Mit einer Weltauflage von mehr als fünf Millionen Buchexemplaren zählt Michael Ende, der Autor von *Jim Knopf und Lukas der Lokomotivführer* (1960), *Jim Knopf und die Wilde 13* (1962), *Momo* (1973) und der *Unendlichen Geschichte* (1979), zu den wohl erfolgreichsten deutschsprachigen Schriftstellern der Nachkriegszeit. Seine Bücher wurden in 40 Sprachen übersetzt und erreichten weltweit eine Auflage von über 20 Millionen Exemplaren. Der Markt Garmisch-Partenkirchen erinnert an den großen Schriftsteller mit dem Michael-Ende-Kurpark, einem Themenpark im Herzen von Garmisch.

14 Hotel Neuwerdenfels – Logis von Ernst Bloch, *Von-Brug-Straße 13*

Der Philosoph Ernst Bloch hielt sich zwischen 1911 und 1915 häufig in Garmisch auf. Von 1912 bis 1915 hatte er im Haus Erdmann seinen festen Wohnsitz. Er gilt als einer der wichtigsten deutschen Philosophen des 20. Jahrhunderts.

Anfang Mai 1913 kam er in weiblicher Begleitung nach Garmisch. Kurz vor seiner Hochzeit zog er es vor, mit seiner Braut im Nobelhotel Neuwerdenfels zu logieren und nicht in dem ihm so vertrauten Haus Erdmann. Das »vornehme Familien- und Passanten-Hotel in zentraler freier Lage« mit 120 Betten, das 1903 errichtet wurde, war eines der besten Häuser am Platz und hatte damals schon »fließendes, warmes und kaltes Wasser in allen Zimmern«. Am 6. Mai 1913 schrieb Ernst Bloch von dort einem Freund: »Heute Abend, in einer halben Stunde, kommt meine Braut aus München zurück, und wir werden uns jetzt nicht mehr trennen. Ich selbst habe die Zwischenzeit der Einsamkeit von oben bis unten mit Arbeit vollstopfen können, habe über 100 Seiten geschrieben, und seit heute morgen 9.25 Uhr liegt ›Die Welt und ihre Wahrheit als utopisches Problem‹ 280 Seiten stark bereit, um Else in die Hände gelegt zu werden. (…) Wir haben hoffentlich in 14 Tagen Hochzeit. Von ganzem Herzen Dein Freund Ernst«. (*Karola Bloch, Ernst Bloch. Briefe 1903–1975*)

Gerne führte Ernst Bloch seine Braut in Garmisch aus. »Zum ersten Mal wieder mit der brillant, maßlos vornehm, blond, blauäugigen (strahlend groß) und bedeutend aussehenden Else zum Abendessen gegangen. Wir sprechen darüber, daß die nächste Wirtschaft 20 Minuten von unserem Haus entfernt ist, so daß wir auf Flaschenbier angewiesen wären. Dagegen schlägt Else vor, ab und zu ein Faß von 20 Litern (das Mindestmaß) aufzuheben, aber wo dazu die Herrengesellschaft (vier Mann) hernehmen? Nachdem es fast nur Leimsieder gibt. (…) Von Herzen! Dein Ernst« (*Brief vom 26. Mai 1913*). Der prachtvolle Hotelbau wurde in der Nachkriegszeit abgerissen.

Hotel Neuwerdenfels, 1930

15 Haus Wittelsbach, heute Wittelsbacher Hof – Logis von Kurt Tucholsky, *Von-Brug-Straße 24*

Hotel Wittelsbach, 1960er-Jahre

Der Satiriker und Schriftsteller Kurt Tucholsky (1890–1835) logierte im Haus Wittelsbach mit Blick auf den Gebirgsbach Partnach, während er in der nahegelegenen Villa des Künstlerpaares Max Pallenberg (1877–1934) und Fritzi Massary (1882–1969) in der Alleestraße 33 zusammen mit dem Schriftstellerkollegen Alfed Polgar (1873–1955) eine Auftragsarbeit für Max Reinhardt vorbereitete. Dieser war auf die Idee gekommen, ein Revuetheater neuen Typs zu kreieren, das Kritik und Publikum gleichermaßen überzeugen sollte. Die Hauptrolle sollte Fritzi Massary singen. Als Textautoren wurden Kurt Tucholsky und Alfred Polgar gewonnen. Im Mai 1926 arbeiteten die beiden ein Exposé aus. Zwei Monate später trafen sie sich mit den Pallenbergs in Garmisch, um gemeinsam ein fertiges Manuskript zu erstellen. Man arbeitete fleißig, machte Ausflüge, ging spazieren. Fast täglich berichtete Kurt Tucholsky seiner Frau Mary über den dortigen Aufenthalt.

»Garmisch
Haus Wittelsbach 10. Juli 26
Liebes Xchen,
(...) Bruno Frank kommt heute her, der, der die Tochter von Massary zur Frau hat. Pallenberg hat heute bei Tisch ›Mutti‹ zu Massary gesagt, die es nicht wissen will. (...) Es regnet hier, egal – das Hotel ist sehr schön – das Essen bei der M. unbeschreiblich. Das habe ich noch nie gesehn. Es ist ganz große Tour, und dabei ganz einfach.« (*Kurt Tucholsky, Unser ungelebtes Leben. Briefe an Mary*)

Obschon die Arbeit schließlich Fortschritte machte, der Premierentermin verschoben wurde und die vorläufigen Ergebnisse die Auftraggeber zufrieden stellten, fand die mit »Der Untergang des Abendlandes« betitelte Revue auf Reinhardts Bühne nicht statt und kam auch später nicht zur Aufführung. Für Konfliktstoff sorgte der österreichische Schriftsteller Alfred Polgar, der in Garmisch-Partenkirchen in Begleitung seiner späteren Frau Lisl erschien, was bei Tucholsky heftigste Antipathie hervorrief. Letztendlich veröffentlichte Kurt Tucholsky einige seiner für die Revue geschriebenen Text in der Wochenschrift »Die Weltbühne« und setzte sich mit der missglückten Auftragsarbeit satirisch auseinander: »Also sehn Se, ich hab mir das so gedacht ... Dreigroschenoper mitm Schuß Lehár – Na, und natürlich Starkomponist, Starregie, Starbesetzung u. a. mit Pallenberg und der Massary. Ablieferung des Manuskripts? In acht Tagen bitte!«

16 Pension Fürstenhof (ehemaliges Kurhaus im Michael-Ende-Kurpark), *Fürstenstraße 7 (früher 14)*

Im Jahr 1999 wurde der Kurpark nach dem berühmten Schriftsteller Michael Ende benannt. In diesem Ort der Ruhe und Entspannung in der Ortsmitte laden prächtige Laubbäume, bunte Blumenbeete und wunderschöne Seerosenteiche den Erholungssuchenden auf eine Partie Schach oder Boccia ein. Das ehemalige Kurhaus inmitten des Parks schaut auf eine lange Tradition zurück. 1902 wurde die stattliche Villa von Privatleuten erbaut und beherbergte fast 30 Jahre die privat geführte Pension Fürstenhof. Der Schriftsteller Thomas Mann weilte dort vom 16. bis 23. August 1920 auf Einladung des Verlegers Samuel Fischer. Das Wetter war nicht besonders, wie Thomas Mann am 28. August im Tagebuch notierte: »Meistens kühl, nur ein voller Sommertag, an dem wir zur neuen Hütte an der rechten Lehne stiegen. Meist schlecht geschlafen.« (*Peter de Mendelssohn und*

Inge Jens, Thomas Mann. Tagebücher) Die Verhandlungen mit seinem Verleger gingen schleppend voran, nur ein Ausflug durch die Partnachklamm mit Samuel Fischers Tochter Brigitte und seinem Freund Hans Reisiger begeisterte ihn: »Spaziergang mit Reisiger und Tutti (Brigitte) F. durch die Pachtnach (sic!)-Klamm, eindrucksvoll.« (*Peter de Mendelssohn und Inge Jens, Thomas Mann. Tagebücher*)

Ein Foto aus diesen Tagen zeigt Hedwig Fischer und ihre Tochter Tutti auf der Terrasse des Fürstenhofs. Thomas Mann schrieb damals an einer ausführlichen Würdigung des Wiener Dichters Peter Altenberg, die noch im selben Jahr im *Almanach der Münchener Bücherstube* von Horst Stobbe erschien. Am 23. August 1920 reiste Thomas Mann weiter zu seiner Mutter nach Polling und bedankte sich von dort aus bei Fischers für die »schönen Tage« in Garmisch. 1929 wurde das Gebäude von der Gemeinde Garmisch übernommen, im Sommer 1930 als Kurhaus eingerichtet. Die ehemals herrschaftliche Villa beherbergt nach vielen Veränderungen aktuell Ausstellungsräume, eine kleine Cafeteria und eine Bühne für Theaterbegeisterte.

Die Partnachklamm, eine 700 Meter lange und vom Wildbach Partnach teilweise über 80 Meter tief eingeschnittene Klamm im Reintal nahe Garmisch-Partenkirchen

17 Wohnhaus von Fritzi Massary und Max Pallenberg, *Alleestraße 33*

Im Januar 1919 erwarben die Operndiva Fritzi Massary und der Komiker und Charakterschauspieler Max Pallenberg das zwischen Loisach und Partnach idyllisch in einem großen Garten gelegene Landhaus zum Preis von 160 000 Mark von der Staatsratswitwe Julie Zaepernick. Erbauen lassen hatte es 1898 vermutlich der Hofschauspieler Mathias Lützenkirchen, der es einige Jahre später wieder veräußerte. 1922 besuchten

Die Sängerin Fritzi Massary, Mutter von Liesl Frank und Schwiegermutter von Bruno Frank, Ende der 1920er-Jahre

nacheinander Max Reinhardt, Hugo von Hofmannsthal und Alfred Polgar das gastfreundliche Haus von Fritzi Massary. Hofmannsthal hatte das Lustspiel *Der Unbestechliche* vollendet und auch schon Absprachen über die Premiere in Wien getroffen. Max Pallenberg sollte die Hauptrolle übernehmen. Während des Winters umdüstert und ermüdet, auch körperlich schlecht beieinander, machte sich Hofmannsthal nach Garmisch auf, um Pallenberg für sein Lustspiel zu gewinnen. Der zeigte sich begeistert und wollte unverzüglich mit dem Rollenstudium beginnen. Aufgeheitert und gut gelaunt, verließ deshalb der sonst so herbe und verschlossene Hofmannsthal das Haus. (*Carola Stern, Die Sache, die man Liebe nennt. Das Leben der Fritzi Massary*) Im selben Jahr verbrachte der Journalist und Theaterkritiker Alfred Polgar den Sommer im Garmischer Landhaus. Mit Max Pallenberg verband ihn eine geistige Wahlverwandtschaft. Bis zu seinem Tod blieb er Alfred Polgars bester Freund. Dessen Frau Fritzi verehrte er hingebungsvoll und lobte sie 1923 in einer oft zitierten Kritik: »Die Massary macht der dummen Operette den Sublimierungsprozeß. Sinnlicher Reiz geht dabei keiner verloren. Er bleibt gebunden und gesichert im Temperament dieser Frau, das schöpferisch ist.« (*Alfred Polgar, Fritzi Massary*)

Wie es im Inneren des Landhauses von Fritzi Massary aussah, dokumentiert Kurt Tucholskys Brief an seine Frau Mary vom 9. Juli 1926: »Um M.(assarys) Haus sind viele Hunde – sie hat selbst drei. Großer Skandal. Auf dem Piano steht das Manuskript von ›Olala‹ mit dem Bild von (Oscar) Strauss. Sie hat Teppich Sachen, daß man gar nichts mehr sagen kann – und zwar alles leise, gemütlich, alles bewohnt, nichts Prunkhaftes, nirgends friert man. Sie selbst ist in der Haltung vollendet, ganz kühl, ganz natürlich, vernünftig, gar nichts Komödiantisches. Er und Graetz – den Unterschied müßtest Du sehen! Nie ein Wort über sich, nie eins über seine Rollen, nichts von Ruhm – gar nichts. Liebenswürdig, natürlich – sicherlich falsch, aber herrlich gemacht. Aber man will eine Wohnung haben, in der man still sitzen kann. Liesl entsprechend. Kalt, lauernd, verwöhnt – scheußlich. Die Nervenbelastung ist viel zu stark, als daß mir auch nur ein Vers einfällt. Wenn ich nur ohne Schaden herauskomme!« (*Kurt Tucholsky, Unser ungelebtes Leben. Briefe an Mary*)

Fritzi Massarys Tochter Liesl wohnte zunächst mit im Haus. Sie war eng liiert mit dem um 16 Jahre älteren Schriftsteller Bruno Frank (1887–1945). Bereits mit 22 Jahren hatte er seinen ersten Roman geschrieben und inzwischen mehrere Theaterstücke erfolgreich aufgeführt. Am 6. August 1924 fand im Garmischer Landhaus die Hochzeit statt. Anschließend zog Liesl mit ihrem Mann in dessen am Starnberger See gelegenes, kleines Haus und 1926 in die Münchner Villa des Dirigenten Bruno Walter in der Mauerkircherstraße 43, ganz in der Nähe der Familie Mann. 1927 verkauften die Pallenbergs ihr Landhaus in Garmisch und erwarben eine Villa in Bissone am Luganer See.

18 Villa des Komponisten Richard Strauss, *Zoeppritzstraße 42*

Richard Strauss (1864–1949) ließ hier 1908 vom Münchner Architekten Emanuel von Seidl in enger Abstimmung mit ihm und seiner Frau Pauline ein Landhaus errichten. Mehrere Bauplätze wurden besichtigt, bevor die Wahl auf das Grundstück in der Zoeppritzstraße 42 fiel – wohl auch, weil hier auch noch am späten Nachmittag die Sonne schien. Richard Strauss entstammte einer gut situierten bürgerlichen Familie in München. Sein Vater Franz Joseph war erster Hornist am Hoforchester, die Mutter Josepha entstammte der Brauereidynastie Pschorr. Die Dresdner Uraufführung der *Salomé* am 9. Dezember 1905 begründete den Welterfolg des Opernkomponisten Richard Strauss – und schuf die gesicherte materielle Basis für den Bau der Garmischer Villa.

Fernab der Großstadt hielt sich Richard Strauss bis zu seinem Tod 1949 vor allem in den Sommermonaten in Garmisch auf und nutzte diese für ihn wertvollste Zeit des Jahrs stets zum Komponieren. Hier entstanden von nun an die meisten seiner Werke. Uraufgeführt und dargeboten wurden sie in den traditionsreichen Musikmetropolen Wien, München, Dresden und Berlin, Richard Strauss' geistiger Heimat. In einem Brief an seine Frau Pauline, die gerade auf Kur weilte, beschrieb er das Leben in der Garmischer Villa: »Der Garten ist in vollstem Blütenflor. Dahlien, Salvien gesetzt, die Pfingstrosen werden in einigen Tagen aufgehen, der Flieder duftet bis ins Eßzimmer und über meinen Schützling, den geköpften Ahorn, wirst Du staunen, er wirft schon schöne Schatten und ist so dicht belaubt, daß man den Stamm kaum mehr sieht. Bubi ist täglich im Moos, hat schon vier Böcke geschossen. Sonst ist es herrlich still, nur die lieben Buben bringen noch ab und zu Leben in das Idyll. Sonntag trafen Gregor und Krauss zusammen und wir kamen nach dem Würstessen, nachher Spargel mit Schinken, Baisertorte, in eine so interessante Debatte über ›Danae‹, daß Krauss statt um 3 erst um 5 Uhr nach Bozen abfuhr.«

◀ *Die Villa von Richard Strauss bei der Einweihung 1908, im Vordergrund Richard Strauss und seine Frau Pauline*

Mehr als 40 Jahre war Richard Strauss in Garmisch-Partenkirchen zu Hause – mit nur wenigen Unterbrechungen. Gerne kehrte er nach internationalen Verpflichtungen und Konzertreisen in sein Refugium zurück, das die Garmischer Villa ihm, seiner Frau Pauline, dem Sohn Franz, der Schwiegertochter Alice und den beiden Enkeln Richard und Christian bot. Von seinen Konzertreisen schickte Richard Strauss viele Briefe an seine Frau Pauline in Gar-

Richard Strauss und Hugo von Hofmannsthal, um 1915

misch. Darin betonte er wiederholt, wie wichtig ihm seine Familie und sein dortiges Zuhause sind, wie am 31. Oktober 1930 aus Brüssel: »Nun bin ich mit meiner Weisheit zu Ende. Der Direktor des Conservatoriums erinnert sich noch genau, wie schön Du hier meine Lieder gesungen hast – und bin bei meinem Ceterum Censeo angelangt, daß es am schönsten in Bayern und Österreich ist und nirgends die Luft so gut wie in Garmisch und nirgends so schön als im eigenen Haus beim lieben Pauxerl, das innigst umarmt ihr treuester R.« (*Familienglück, Heimat, Refugium. Richard Strauss und Garmisch-Partenkirchen*)

Gerne stieg er mit seiner Frau auf die nahegelegenen Berge oder ging mit seiner Familie am Eibsee spazieren. In eine Holzhütte auf einer kleinen Insel zog er sich gelegentlich zurück, um ungestört zu arbeiten oder Skat zu spielen. Franz Klarwein, Tenor und Sohn des Garmischer Bahnhofswirts erinnerte sich später: »Er spielte sehr gut, variabel und gewagt. Wie ein genialer Mathematiker wußte er nach drei, vier Stichen, was der andere hatte. Und er bluffte meisterhaft. Und wenn er bluffte, machte man Fehler. Das war seine Stärke. Er gewann oft, auch wenn wir die Trümpfe hatten.« (*Zit. n.: Christoph Wagner-Trenkwitz, Sie kannten Richard Strauss. Ein Genie in Nahaufnahme*)

In seiner *Alpensinfonie* setzte Richard Strauss der Landschaft um Garmisch ein musikalisches Denkmal. Mit einem 130-köpfigen Orchester, in dem allein drei Schlagzeuger u.a. für Windmaschine, Donnermaschine und Herdengeläute vorgesehen sind, beschrieb er eine Bergbesteigung. Sie beginnt noch bei Nacht, thematisiert den Sonnenaufgang und die Wanderung über Wiesen, Almen und Gletscher, drückt das Glücksgefühl auf dem Gipfel aus, weist aber auch auf die Gefahren hin, die im Gebirge durch Irrwege und Gewitter lauern. Strauss vollendete die *Alpensinfonie* 1915 in Berlin. Die Uraufführung fand dort am 28. Oktober 1915 statt.

Richard Strauss bekam häufig Besuch von sehr prominenten Künstlern, einer davon war Hugo von Hofmannsthal. Erstmals begegnet waren sich der Dichter und der Komponist 1900 in Paris. Die mehr als 20 Jahre dauernde Zusammenarbeit der beiden großen Künstler ist in der Geschichte des deutschen Musiktheaters einzigartig. 1917 gründeten Richard Strauss, Max Reinhardt und Hugo von Hofmannsthal die Salzburger Festspielgemeinde. In über 600 Briefen dokumentieren Strauss und Hofmannsthal die Entstehungsgeschichte der gemeinsamen Werke, die »hundertfache Bemühung ums Einzelne«. Hofmannsthal schrieb für so berühmte Opern wie *Elektra*, *Der Rosenkavalier*, *Adiadne auf Naxos* und *Frau ohne Schatten* das Libretto. Freilich ist auch nicht zu übersehen, wie kompliziert die Zusammenarbeit war. In seinen Briefen beklagt sich Hofmannsthal häufig, Strauss habe den Text »mit dicker Musik zugedeckt« und so seine Intentionen zunichte gemacht. Für Strauss war der Fall ganz einfach. Die Musik hatte auf jeden Fall zu dominieren; sie war für ihn das herrschende Element. Hofmannsthal dagegen war an einer »selbständigen Dichtung« gelegen.

Der Dirigent Karl Böhm (1894–1981) kam häufig nach Garmisch, um *Daphne* vorzubereiten, ebenso der Karikaturist Olaf Gulbransson (1873–1958), der Richard Strauss am treffendsten karikierte. Wenige Zeitgenossen haben plastische Beschreibungen von Strauss gegeben. Der französische Dichter, Musikologe und Nobelpreisträger Romain Rolland (1866–1944) gehört zu ihnen. Die beiden waren einander 1891 in Bayreuth im Haus von Cosima Wagner begegnet. Seine Notizen vermitteln ein lebendiges Bild des Komponisten, als er 1898 schrieb: »Er ist groß, schlank, hat flauschiges Haar und einen weißblonden Schnurrbart. Blaß, helle Augen, runder Rücken und ein unsicherer Gang auf langen Beinen mit kleinen Füßen. Breite Schultern. Schöne feine lange gepflegte Hände, die aristokratisch wirken. Sein Klavierspiel ist weich, leicht, schwebend, nicht hart und prägnant wie bei Berufspianisten. Am Klavier wirkt er gleichgültig und lässig. Seine Art zu reden eher bäuerlich, seine Haltung ist nie straff. Der ändert sich beim Dirigieren. Das ist der andere Strauss, der in starker Spannung vor Konzentration vibriert.« (*Marie Hülle-Keding, Richard Strauss – Romain Rolland. Briefwechsel)*

Im Schriftsteller Stefan Zweig (1881–1942) fand Richard Strauss einen neuen Librettisten, nachdem

Richard-Strauss-Villa, 2008

Hugo von Hofmannsthal 1929 gestorben war. Stefan Zweig schrieb zwischen 1932 und 1934 das Libretto zu *Die schweigsame Frau*. Aus Bescheidenheit und Höflichkeit hatte Zweig jede Einladung nach Garmisch abgelehnt. Er war nie dort. Die Oper wurde 1935 in Dresden unter dem Dirigat von Karl Böhm uraufgeführt. Das NS-Regime wollte zunächst den Namen von Stefan Zweig wegen seiner jüdischen Herkunft aus dem Programmzettel streichen, fügte ihn auf den Protest von Richard Strauss hin jedoch wieder ein. In der Folge wurde dem Komponisten die weitere Zusammenarbeit mit Stefan Zweig untersagt. Es kam zum Eklat. Richard Strauss legte daraufhin die Präsidentschaft der Reichsmusikkammer nieder, die er seit 1933 inne gehabt hatte.

1939 feierte Richard Strauss mit seiner Frau Pauline in Garmisch Goldene Hochzeit. Die Kriegsfronten rückten näher. Strauss und seine Frau blieben vom Sommer 1944 an in Garmisch-Partenkirchen. Der Ort wurde kampflos den US-Truppen übergeben. Am Morgen des 30. April 1945 standen auf der Wiese neben Richard Strauss' Haus amerikanische Panzer, und um 11 Uhr fuhren Jeeps auf den Vorplatz. Die Armee beschlagnahmte Villen für sich, die Besitzer hatten sie binnen 15 Minuten zu räumen. Strauss kleidete sich an, trat vors Haus und sagte: »Ich bin Richard Strauss, der Komponist von Rosenkavalier und Salome.« Auf dem Jeep saß Major Kramer, holländischer Abstammung und Musikkenner. Er sorgte augenblicklich für Respekt. Strauss bat die Soldaten ins Haus und holte seinen amerikanischen Ehrenbürgerbrief von Morgantown. Dann wurde den Offizieren und Soldaten Hirschragout bereitet. Mittags zogen sie ab und am Abend erhielt das Haus das Off-limits-Schild, das weiteren amerikanischen Besuchern die Beschlagnahmung verbot.

Ein Besuch blieb der Familie Strauss besonders gut in Erinnerung. Zwei gut aussehende, deutsch sprechende Journalisten baten Richard Strauss um ein Interview. Kurz danach erschien in der Soldatenzeitung »Stars and Stripes« ein äußerst kritischer Artikel, verfasst von Mr. Brown alias Klaus Mann, dem Sohn von Thomas Mann. Er hatte die ausschweifenden Wochenenden Anfang der 1920er-Jahre noch gut im Gedächtnis, als er in amerikanischer Uniform Mitte Mai 1945 nach Garmisch zurückkehrte. In seinem Lebensbericht *Der Wendepunkt* greift Klaus Mann das Ereignis noch einmal auf: »Gestern war ich bei Richard Strauss in Garmisch, mit Curt Rieß zusammen, der hier als ein ›US Correspondent‹ tätig ist. Wir ließen uns als zwei amerikanische Reporter melden; der Meister empfing uns mit großer Herzlichkeit, ohne mich zu erkennen, natürlich, und ohne daß ich ihm irgendwelche Aufschlüsse über meine Identität gegeben hätte. Auch diese Unterhaltung fand vor einer Villa im blühenden Garten statt. (…) Ja, so einer ›wurschtelt‹ sich durch, ganz gleich, unter welchem Regime. Haben die Nazis einen sinnlosen und mörderischen Krieg verschuldet? Sind Millionen Unschuldiger in Gaskammern zugrunde gegangen? Liegt Deutschland in Schutt und Asche? Was kümmert es Richard Strauss?« (*Klaus Mann, Der Wendepunkt. Ein Lebensbericht*) Schon bald darauf verließen Richard Strauss und seine Frau Garmisch und ließen sich in Baden bei Zürich nieder. Einen Monat vor dem 85. Geburtstag von Richard Strauss kehrten die beiden in die Garmischer Villa zurück. Am 11. Juni 1949, seinem 85. Geburtstag, wurde Richard Strauss Ehrendoktor der Universität München und Ehrenbürger von Garmisch-Partenkirchen. Im Rahmen des Festakts dankte der Komponist für die Auszeichnungen: »Ich bin glücklich, daß es meiner Frau und mir vergönnt ist, wenigstens für die Sommermonate wieder nach der alten Heimat zurückzukehren in den Kreis meiner Familie und den Genuß eigenen Hauses und Gartens.« Am 8. September 1949 starb Richard Strauss nach kurzer Krankheit in Garmisch. Die Urnen von ihm und seiner Frau Pauline wurden 1980 auf dem Friedhof in Garmisch beigesetzt.

Seit 1950 hat sich die Einrichtung der Künstlervilla nicht mehr verändert. Treppenhaus, Arbeits- und Speisezimmer blieben unverändert. Eine Besichtigung der Villa in der Zoeppritzstraße ist in Ausnahmefällen nach Rücksprache mit dem Richard Strauss Institut möglich. Benannt ist die Straße nach dem Ingenieur und begeisterten Bergsteiger Adolf Georg Zoeppritz (1855–1939).

19 Pension Bader – Logis des englischen Komponisten Edward Elgar, *Von-Müller-Straße 12*

Zwischen 1892 und 1897 verbrachten der englische Komponist Sir Edward Elgar und seine Frau Alice die Sommer im Werdenfelser Land und studierten Sitten und Bräuche der Einheimischen. Sie logierten regelmäßig in der Pension Bader in Garmisch, die fest in englischer Hand war. Seit mehreren Jahren betrieben die englischen Wirtsleute Slingsby-Bethells die 30-Betten-Pension in der Von-Müller-Straße 12.

»In der Pension Bader fanden wir unser Ideal von Friede und Ruhe verwirklicht. Wir wachten im Schatten des Wettersteingebirges auf, im Westen standen die imposanten Waxnsteine.« (*Peter Greave, In the Bavarian Highlands. Edgar Elgar's German Holidays in the 1890s*) Möglicherweise hatten die Elgars die Landsleute auf dem mehrtägigen Zwischenaufenthalt in München kennengelernt. Meist kamen sie mit dem Schiff und mit der Bahn erster Klasse über Dover–Ostende in der ersten Augustwoche in Garmisch an und blieben bis zur ersten Septemberwoche.

Edward Elgar, einer der bedeutendsten englischen Musiker, war ein großer Freund der oberbayerischen Lebensart. Auf diesen kleinen Flecken Erde war er durch den deutschstämmigen Maler Hubert von Herkomer aufmerksam geworden, der sich in England einen Namen gemacht hatte. Edward Elgar hatte seine Bilder mit bäuerlichen Motiven rund um Garmisch in der Grosvenor Gallery in London gesehen und sofort Feuer gefangen. Diese Region am Alpenrand wollte der gerade 35-Jährige unbedingt kennenlernen. In Garmisch erholte sich Edward Elgar bei Golf und Fußball und schrieb in Stunden der Muse das Libretto zu *Lux Christi* (*The light of life*) und die Sketchmusik für die *Geschichte vom Blinden Mann*. Und während Edward Elgar komponierte, übertrug seine Frau Alice die Gedichte der bayerischen Volkslieder und Schnadahüpfln freizügig ins Englische. Sie sprach gut deutsch und zeigte sich gerne im Dirndl. Vor allem die Holzhäuser und Holzbalkone mit ihren bunten Blumen hatten es Edward Elgar angetan und auch die langen Dachrinnen, die das Wasser weit weg vom Haus hielten. Das aufgeschichtete Holz vor den Bauernhäusern machte ihn auf die Menschen neugierig, in deren Nähe er sich zu Hause fühlte, auch wenn er ihre Sprache nicht verstand. In sein Tagebuch schrieb er: »Schwalben füttern ihre Jungen, indem sie durch ein Fenster ein- und ausfliegen. Regen, Donner – Rückzug in die Hütte – Bauern spielten und sangen kurz nach der Heuernte. Sie schüttelten mit jedermann Hände. Die Bauern bleiben über Nacht auf der Alm – Feuer brennen am Abend – Almabtrieb – Kuhglocken und Karren, die Ochsen ziehen.« (*Edward Elgar, A Creative Life*) Viel Zeit verwendete Elgar auf das Studium der bayerischen Volksmusik. Besonders die im Werdenfelser Land üblichen Volkslieder, Schnaderhüpferl und Volkstänze faszinierten den britischen Komponisten. In den Gastwirtschaften schaute er den Schuhplattlern zu, die zur Zithermusik tanzten. Wie seinen Landsmann D.H. Lawrence faszinierte ihn, wie die Einheimischen mit den Händen auf die Schenkel und Schuhsohlen schlugen. Auch bei den regelmäßig stattfindenden Heimatabenden im Hotel Drei Mohren beobachtete er, wie die Burschen im Tanz die Mädchen umgarnten. Edward Elgar hätte am liebsten alles mit seiner Kamera festgehalten. So auch die Gewitter mit Blitz und Donner, die in den Gebirgstälern durch das Echo der Berge ein einmaliges Schauspiel bieten. Die Klangkulisse eines strahlenden Sommertags begeisterte ihn. So registrierte er in seinen Tagebuchaufzeichnungen minutiös sowohl das Läuten der Kirchenglocken als auch das Geläute der Kuhglocken beim Almabtrieb, was für ihn den charakteristischen Klangteppich dieser Gegend ausmachte.

Die Elgars unternahmen ausgedehnte Bergwanderungen auf die Hochalp und Spaziergänge zu einsamen Weilern wie Wamberg, St. Anton und Hammersbach. In diesen Ortsnamen entdeckte Edward Elgar die Untertitel für seine Komposition *Scenes from the Bavarian Highlands* und verband damit seine Musik topografisch fest mit dem Werdenfelser Land. Mit den *Scenes from the Bavarian Highlands* reflektiert Edward Elgar die Heiterkeit und Lebensfreude der oberbayerischen Menschen. Alle seine in Garmisch gewonnenen Eindrücke hatten direkt oder indirekt Einfluss auf diese Musik, die voll von lokalen Rhythmen, Melodien und Harmonien ist. Komponiert hat Edward Elgar seine Lieder allerdings nicht in Garmisch, sondern aus der Erinnerung im Frühjahr 1895 in Worcestershire, wo er seit vielen Jahren lebte. Die Orchesterfassung *Three Bavarian Dances* wurde zwei Jahre später uraufgeführt. Mit seiner Komposition setzte Edward Elgar dieser Alpenregion ein musikalisches Denkmal, 20 Jahre bevor der Komponist Richard Strauss sie in seiner *Alpensymphonie* musikalisch verewigte. Die beiden bedeutenden Komponisten schätzten einander sehr und trafen sich 1897 bei dem letzten Garmisch-Aufenthalt der Elgars mehrmals. Als der Erste Weltkrieg ausbrach, mussten die Briten als Kriegsgegner Garmisch verlassen und mit ihnen ging auch Pensionsbesitzer Henry Slingsby-Bethells zurück nach Großbritannien. Das Gebäude ist inzwischen abgerissen und stand früher da, wo heute die Sanitas-Klinik steht.

20 Haus Erdmann – Ernst Blochs Refugium, *Höllentalstraße 36 (früher Hsnr. 64 1/3)*

Der Philosoph Ernst Bloch (1885–1977) hielt sich zwischen 1911 und 1915 häufig in Garmisch auf, zunächst im Staudacher Hof (Höllentalstraße 48), dann im Haus Erdmann, wo er von 1912 bis 1915 einen festen Wohnsitz hatte und in Garmisch polizeilich gemeldet war.

Im November 1911 kam der junge Doktor der Philosophie zum ersten Mal ins Haus Erdmann. Er arbeitete gerade an seiner Habilitation, die er im Sommer 1912 vorstellen wollte. Dem Philosophen und Freund Georg Lukacs, auch Djoury genannt, schrieb er: »Lieber Georg (...). Hier ist es sehr still und schön zum Philosophieren. Vielleicht zieht auch ein Glück herauf. Es geht auch sehr schnell mit der Arbeit vorwärts. Dein Ernst.« (*Karola Bloch, Ernst Bloch. Briefe 1903–1975*) Mit Pauline de Ahna, Ehefrau von Richard Strauss, pflegte er gesellschaftliche Kontakte: »Bereits zwei Spaziergänge mit Frau Richard Strauss; gestern zum Abendessen eingeladen. Beides entsetzlich!! Er ist im Haag.« Ernst Bloch wollte Georg Lukacs dazu überreden, »aus dem schlechten Florentiner Winter und dem ekelhaften Kriegerland herauszukommen und etwa hierher nach Garmisch in Stille und reine Luft und Alpenlandschaft zu ziehen«, wie er im Dezember 1911 schrieb. Das gelang ihm jedoch nicht. Von Juni bis August 1912 war Ernst Bloch wieder in Garmisch, spielte viel Klavier und

Haus Erdmann, um 1910

Hotel Riessersee, 1914

erholte sich in der freien Natur: »Wieder mit Paulinchen eine halbe Stunde spazieren gegangen und über den Dreck auf den Garmischer Straßen geredet«, so hielt Bloch im August 1912 fest. Mit der Pensionsbesitzerin Erdmann hatte er sich inzwischen bestens angefreundet: »Ich bekomme übrigens von Frau Erdmann hier im Haus ein schönes Geschenk. Sie besitzt (da ein Freund von ihr einen kleinen Balken aus Kants Haus bei dessen Abbruch kaufte) ein Brett aus diesem Balken, von dem ich ein Teil bekomme und das ich unmerklich an eine Seite meines kommenden großen Schreibtischs einfügen lasse.« (*Brief vom 20. August 1912*) Anfang Oktober 1912 kam Ernst Bloch aus Pest/Ungarn zurück und war froh, »wieder in meiner Heimat zu sein«. (*Brief vom 3. Oktober 1912*) Das bäuerliche Leben in Garmisch gefiel ihm viel besser als das großbürgerliche Leben in der Großstadt: »Lieber Djoury, ich sitze wieder an meinem alten Mittagstisch in der so sehr vertrauten niedrigen bäurischen Wirtsstube, aß mit Patriotismus das deutsche Essen und habe dazu den ›Loisach-Boten‹ und die ›Neuesten Nachrichten‹ gelesen. (…) Ich bin froh, aus Pest weg zu sein.« (*Karola Bloch, Ernst Bloch. Briefe 1903–1975*)

Im Haus Erdmann beendete Bloch seine *Erkenntnistheorie* und fasste neue Pläne. Er wollte für die »Frankfurter Zeitung« über »unser aller ehemaligen Kollegen Don Quixote« einen Essay in Dialogform schreiben. Der Zeitungsartikel wurde nicht gedruckt, dafür erschien 1915 sein Essay *Über Don Quichote und das abstrakte Apriori.*

Am 17. Juni 1913 heiratete »der ledige Doktor der Philosophie« vor dem Standesamt Garmisch Else Sophie Antonia von Stritzky, die zu ihm ins Haus Erdmann, dem heutigen Gästehaus Sonneblume, zog. Anschließend mieteten sich die beiden in Grünwald bei München eine Villa, die sie im April 1915 bezogen und bis Februar 1917 bewohnten.

21 Hotel Riessersee – Logis von Ernst Bloch, *Rieß 5*

Ende März 1915 verbrachten Ernst Bloch und seine Frau Else mehrere Tage in Garmisch, weil ihre Grünwalder Wohnung gründlich saniert werden musste. Sie bevorzugten das noble »Hotel & Pension Riesser-See«, das am Ufer des Riessersees etwa eine halbe Stunde zu Fuß vom Ortskern entfernt liegt. Von dort schrieb Ernst Bloch am 25. März 1915 seinem Freund: »Mein lieber Djoury! Ich bin auf einige Tage hierhergefahren, da ich den letzten Handanlegungen der Handwerksleute nicht beiwohnen wollte. Das hat Else in großartiger Weise besorgt. Sie ist seit gestern hier und ruht sich noch einige Tage aus, dann werden wir erst einziehen.« (*Karola Bloch, Ernst Bloch. Briefe 1903–1975*) Sein erstes großes Buch *Geist der Utopie* erschien 1918. In den 1920er-Jahren lebte Bloch vor allem in Berlin und pflegte regen Austausch u. a. mit Theodor W. Adorno, Walter Benjamin, Bertolt Brecht, Otto Klemperer. 1933 wurde er ins Exil gezwungen und lebte ab 1938 in den USA. In der Nachkriegszeit lehrte Bloch an den Universitäten in Leipzig und ab 1961 in Tübingen, wo er 1977 im Alter von 92 Jahren starb.

22 Der Alpinist Ödön von Horváth auf Tour über die Höllentalklamm zur Höllentalangerhütte

Der Schriftsteller Ödön von Horváth übernachtete auf seinen Bergtouren zur Zugspitze oder zur Alpspitze, die er zusammen mit seinem Bruder Lajos und mit Freunden aus Murnau unternahm, oft auf der Höllentalangerhütte, um von dort aus möglichst früh über den Höllentalferner in das Hochgebirge aufsteigen zu können. Die Höllentalangerhütte liegt oberhalb der Höllentalklamm. Sie wurde 1894 auf ca. 1387 Meter Höhe erstmals errichtet und mehrmals erweitert, bevor sie 2015 abgetragen und durch einen Neubau ersetzt wurde. Die ehemalige Blockhütte ist nun im Garten des Alpinen Museums in München zu besichtigen. Ursprünglich bot sie auf 40 Quadratmetern Grundfläche sechs Matratzen- und 16 Heulager. Von der Höllentalangerhütte schrieben Lajos und Ödön von Horváth am 14. Juli 1920 an die Eltern eine Ansichtskarte, die im Hotel Fröhler in Murnau zur Sommerfrische waren. In einem Tourenbuch des Alpenvereins wurde folgende Eintragung vom darauffolgenden Samstag gefunden:

»Ödön Josef von Horváth D(eutscher und). Oe(sterreichischer) A(lpen).V(erein).Sekt(ion). München. Knorrhütte – Innere- Mittlere- Äußere-Höllentalhütte – Volkarspitze – Hochblassen – Alpspitze – Kreuzeck am 17. Juli 1920.« Hans Geiringer, mit dem Ödön von Horváth viele Bergtouren unternahm, erinnerte sich später an gemeinsame Touren: »Dagegen konnte er irgendwo in den Alpen stundenlang in einem verräucherten Wirtshaus sitzen und entzückt der Zither und den ›Schnaderhüpferl'n‹ lauschen. (…) Trinken konnte er recht gut, nicht zu viel, aber auch nicht zu wenig. Nur einmal sah ich ihn einen halben Liter mit einem Zug hinunterstürzen – aber das war ausnahmsweise nur Limonade und ereignete sich auf dem Kreuzeckhaus bei Garmisch, nachdem wir in siebenstündiger Kletterei die Traversierung Zugspitze – Alpspitze hinter uns hatten. Es war die schönste Tour meines Lebens. Damals gab es noch keine Bahnen und keine Hotels auf der Zugspitze und man mußte sich die 2963 Meter sauer verdienen. (…) Die Berge liebte er, als wenn sie seine Heimat wären, wie ja überhaupt alles, was mit der Natur zusammenhing, ihn froh und heiter stimmte.« (*Hans Geiringer, Kleinigkeiten aus seinem Leben*)

Ödön von Horváth (rechts) mit Freunden bei einer Bergwanderung am Höllentalferner, 1920er-Jahre

1
Obermoos
Alpenhofstraße
Hauptstraße
Kirchplatz
3
2
Innsbrucker Straße
Florentin
Wehner Weg
Martinsplatz
4
Tennisplatz
Gaisbach
5
Dr.-Ludwig-Ganghofer-St
6

Ehrwald / Tirol

»Ehrwald, am Rande Tirols gegen Bayern gelegen, nennt sich das Zugspitzdorf, obschon man von der Zugspitze eigentlich nichts sieht. Was sich gewaltig mit einer mächtigen Kalkwand im Osten über dem Dorf erhebt, ist der Wetterstein. Auf seinem Nordgrat sieht man ein paar Träger der Zugspitzschwebebahn zur Höhe staken (…). Zwanzig Minuten geht man vom Bahnhof ins Dorf und hat dabei Gelegenheit genug, seine Häuser rechts und links der Straße zu betrachten.« (*Zit. n.: Heide Helwig, »Ob niemand mich ruft«. Das Leben der Paula Ludwig*)

1 Die Ehrwalder Zugspitzbahn – Motiv von Ödön von Horváth, *Obermoos 8*

Ödön von Horváth entdeckte den Bergsteiger- und Wintersportort in Tirol schon früh im Zuge seiner literarischen Vorarbeiten. In Ehrwald entstand Mitte der 1920er Jahre mit dem Bau der Tiroler Zugspitzbahn auf den Westgipfel der Zugspitze ein »Wunderwerk der modernen Technik«. Es ermöglichte den Zugang zum Gletscherschigebiet am Zugspitzplatt von österreichischer Seite aus. Im Frühjahr 1925 wurde mit den Arbeiten an der Seilschwebebahn von Ehrwald / Tirol auf den Zugspitzkamm (2805 Meter ü. d. M.) begonnen. Nach 14 Monaten wurde sie am 5. Juli 1926 eröffnet. Die alte Tiroler Zugspitzbahn überwand auf einer 3360 Meter langen Strecke mit sechs Stützen einen Höhenunterschied von 1578 Metern. Mit der Luftseilbahn konnten 19 Personen in einer Fahrzeit von 16 Minuten befördert werden. Die Errichtung der eisernen Stützen in eisigem Gelände erforderte von den Bergbahnarbeitern völlige Schwindelfreiheit und eine gute Ausrüstung. Beides war in den seltensten Fällen gegeben. Viele Arbeiter kamen aus dem angrenzenden Deutschen Reich, wo die Zahl der Arbeitslosen ständig stieg. Teilweise waren sie schlecht ausgerüstet und den extremen Arbeits- und Witterungsverhältnissen im Hochgebirge nicht gewachsen. Sie übernachteten in den Baracken, die in den Felsen errichtet worden waren und lebten wochenlang in dem unwegsamen Gelände. Regelmäßig ins Tal hinab stiegen nur die einheimischen Arbeiter, die am nächsten Tag in aller Frühe wieder den wei-

Bau der Tiroler Zugspritzbahn, 1925

ten Weg zur Baustelle hinaufkletterten. Mindestens vier Arbeiter kamen während der Bauarbeiten ums Leben. Im Wettrennen zwischen der bayerischen und der österreichischen Seite zum Zugspitzgipfel blieben sie auf der Strecke Es kam zum Streik. Am 5. Mai 1926 machte die »Innsbrucker Volkszeitung« mit der Schlagzeile »Mit Bajonetten gegen Streikende« auf das »unerhörte Vorgehen des Bezirkshauptmannes von Reutte« beim Zugspitzbahnbaustreik aufmerksam. Häufige Beschwerden gegen die »schlechten Unterkunftsverhältnisse auf den Höhenstellungen« und die fortdauernden Anstände mit der »Menage« hatten die Arbeiter aufgebracht. In der Zeitung stand: »Übrigens schuldet die Bauleitung der Zugspitzbahn nicht wenigen Arbeitern schon seit Wochen und Monaten Lohnrückstände, die bei manchen Arbeitern bis zu 100,- Schilling ausmachen, und trotz aller Interventionen, bis heute nicht voll zur Auszahlung gelangt sind.« 18 Gendarmen, die eiligst aus den umliegenden Posten zusammengezogen wurden, luden ihre Gewehre mit scharfer Munition und gingen »mit Bajonett auf« gegen die streikenden Arbeiter vor. Wer daraufhin die Arbeit nicht fortsetzte, wurde entlassen. Ödön von Horváth nahm die skandalösen Arbeitsbedingungen zum Vorbild für sein erstes Volksstück *Revolte auf Côte 3018.* Er zeigt darin die Schattenseiten beim Bau eines solchen Wunderwerks, der letztendlich allein von Geldinteressen bestimmt wird. Aus der Lokalzeitung und auf seinen zahlreichen Bergtouren im Zugspitzgebiet erfuhr er von den schlechten Arbeitsverhältnissen und den Unfällen beim Bergbahnbau. Auch war er mit dem damaligen Hüttenwirt des Münchner Hauses eng befreundet. In dem 1900 errichteten Schutzhaus unterhalb des Zugspitzgipfels traf Horváth neben anderen Bergsteigern auch Bergbahnarbeiter, die den gefährlichen Weg von der

Baustelle zum Münchner Haus riskierten, um sich bei einer Maß Bier von den Strapazen der Arbeit zu erholen. Der angehende Dramatiker hörte ihnen genau zu und ließ sich zu folgender Textpassage inspirieren: »Da liest überall vom Fortschritt der Menschheit und die Leut bekränzn an Ingineur, wie an Preisstier, die Direkter sperrn die Geldsäck in d'Kass und dem Bauer blüht der Fremdenverkehr. A jede Schraubn wird zum ›Wunder der Technik‹, a jede Odlgrubn zur ›Heilquelle‹. Aber daß aner sei Leben hergebn hat, des Blut wird ausradiert.« (*Ödön von Horváth, Die Bergbahn*)

Die Uraufführung des Volksstücks war am 4. November 1927 in Hamburg. Aber erst die überarbeitete Fassung mit dem Titel *Die Bergbahn*, die zwei Jahre später in der Berliner Volksbühne auf die Bühne kam, wurde ein Erfolg.

Kurt Tucholsky war einer der ersten Passagiere, der sich mit diesem »Wunderwerk der Technik« auf Deutschlands höchsten Gipfel bringen ließ. Er nutzte seinen Arbeitsaufenthalt bei den Pallenbergs im Juli 1926, um gemeinsam mit Fritzi Massary mit der gerade einmal zehn Tage alten Bahn auf die Zugspitze hinaufzugelangen. Die Umstände, unter denen die Bergbahn entstanden war, konnte der sonst so kritische Zeitgenosse freilich nicht ahnen. Am 14. Juli 1926, kurz nach

Gondel der Tiroler Zugspritzbahn auf halbem Weg zwischen Obermoos und Zugspitzgipfel

der Rückkehr in sein Hotel, schrieb er an seine Lebensgefährtin Mary Gerold: »Heute morgen waren wir also auf der Zugspitze. Es war der einzige schöne Vormittag, was das Wetter anbetrifft. Fahrt im Auto, der M. – ein himmlischer Wagen – dann rauf. Sie kennt den Geheimrat, der das gemacht hat, sonst wären wir gar nicht mehr rangekommen, so voll. (Er hat uns fotografiert, als wir heruntergeschwebt kamen.) Der Anblick ist grandios. Stell Dir den Pic de Midi dreimal vor – und dann riesige Seile, die nach oben führen. Es wird einem etwas blümerant. Ganz kleine Kabine, in der man hängt – sie schaukelt beim Einsteigen sanft, man kann nur stehen. Dann 18 Minuten rauf. Wenn man runter guckt – hm. Aber es ging – ich hatte Watte in den Ohren, weil der Luftdruck so stark wechselt. Das Herz zeigte den Unterschied der Höhen an – machte aber nichts. Oben mäßig, man kann nicht auf den öppersten Gipfel – hat also keinen Rundblick. Um ganz rauf zu kommen, anseilen – haben wir nicht gemacht.« (*Kurt Tucholsky, Unser ungelebtes Leben. Briefe an Mary*)

Die Seilbahn ist 1991 komplett erneuert worden. Die Stützen wurden von ursprünglich sechs Stützen auf drei Hauptpfeiler reduziert. Statt der engen Kabinen transportieren seither zwei Großkabinen für je 100 Personen durchschnittlich 730 Fahrgäste pro Stunde auf den Gipfel. In der Talstation der Tiroler Zugspitzbahn brach Anfang Februar 2003 ein Feuer aus und vernichtete das Gebäude bis auf die Grundmauern. Der Seilbahnbetrieb läuft seit Sommer 2003 wieder ganz normal. Im Gipfelgebäude befindet sich ein kleines Museum, das den Bau der ersten und zweiten Zugspitzbahn dokumentiert.

2 Wohnung von Ludwig Ganghofer, *Kirchplatz 12*

In diesem Haus hatte der bayerische Schriftsteller Ludwig Ganghofer von 1906 bis 1918 neben seiner Münchner Wohnung einen weiteren Wohnsitz und schrieb dort einige seiner bekannten Werke. Als begeisterter Jäger hatte er seit 1894 im Gaistal ein Jagdhaus inmitten eines großen Jagdgebiets gepachtet, in dem sich vor allem in den Sommermonaten viele prominente Besucher aus der Stadt aufhielten. Offensichtlich wurde ihm dieser eigentlich sehr stille Ort bisweilen zu laut und es überkam ihn das Verlangen, sich in die Dorfeinsamkeit zurückzuziehen. 1906 mietete er sich am anderen Ende des Gaistals in Ehrwald im Haus eines Kaufmanns eine kleine Wohnung und arbeitete dort wochenlang ungestört. Das Gaistal konnte er von dort aus zu Fuß oder mit der Kutsche gut erreichen. Mit Kriegsbeginn 1914 verwaiste die Jagd im Gaistal, da Ganghofer für einen Grenzübertritt ins österreichische Ausland ein Visum benötigte. Als glühender Verehrer Kaiser Wilhelms meldete er sich freiwillig als Kriegsberichterstatter. Am 27. Januar 1917 schrieb er, desillusioniert und enttäuscht, eineinhalb Jahre vor Kriegsende aus Ehrwald an seinen Oberst: »(...) mit meiner Gesundheit geht es leider gar nicht gut.« Als die Ehrwalder Wohnung in seiner Abwesenheit in Brand geriet, seilten die Ehrwalder den zentnerschweren Schrank mit seinen Manuskripten kurz entschlossen durch das Fenster ab. Unter dem Titel *Tiroler Treue* war darüber in der Lokalzeitung zu lesen. Nach Kriegsende verließ Ludwig Ganghofer endgültig Ehrwald und kaufte sich am Tegernsee ein Haus. Das Geschäftshaus ist mehrmals umgebaut worden. Doch eine Gedenktafel erinnert heute noch an den einst so prominenten Vielschreiber.

Ludwig Ganghofer, um 1900

3 Wohnung von Paula Ludwig, *Florentin Wehner Weg 1*

Im zweiten Stock dieses Hauses wohnte zwischen 1934 und 1938 die Lyrikerin und Malerin Paula Ludwig (1900–1974). Sie war damals schon so bekannt, dass der Lokalreporter Alfred Längle im Dezember 1936 im »Vorarlberger Tagblatt« eine Reportage über sie veröffentlichte: »Paula Ludwig hat ihren Dichtersitz in der Nähe der Kirche aufgeschlagen. Es braucht etliche Zeit, ehe ich das Haus ausfindig mache. Denn es liegt ungeachtet seiner Nähe zum Dorfplatz doch wieder abseitig, wie es sich wohl auch für das Heim einer Dichterin ziemt, die das Laute des Lebens in Einsamkeit und Stille in Verse, Strophen und Bücher umgestalten und verklären soll. Das Haus ist neueren Ursprungs, eigentlich ein Doppelhaus mit zwei Haustüren. Durch die eine von ihnen trete ich ein und steige zum zweiten Stock hinauf.« (*Vorarlberger Tagblatt, Wochenendbeilage »Feierabend«, Dezember 1936*)

Geboren wurde Paula Ludwig am 5. Januar 1900 als Tochter eines schlesischen Tischlers in Altenstadt in Vorarlberg. Nach der Scheidung der Eltern 1907 lebte die Mutter mit ihren Kindern von Näharbeiten. Es war ein Leben in Armut und ständigen Alltagssorgen. 1909 zog die Mutter mit ihren Kindern zur Großmutter nach Linz. 1914 starb die Mutter von Paula Ludwig und sie musste als Modell arbeiten und sich bei künstlerisch begabten Menschen als Dienstmädchen ihren Lebensunterhalt verdienen. 1917 brachte sie ihren Sohn Siegfried (»Friedl«) zur Welt, den sie allein aufzog. Im selben Jahr ging sie nach München, stand dort u.a. Franz von Stuck (1863–1923), dem Malerfürsten, Modell und arbeitete an den Kammerspielen als Kleindarstellerin, Souffleuse und Statistin. 1924 zog Paula Ludwig nach Berlin in ein Atelier am Kurfürstendamm. Das Bunte der Metropole Berlin reizte sie, die Kontraste zu ihrer ländlichen Herkunft zogen sie magisch an. Doch als die politischen Verhältnisse in Deutschland immer schwieriger wurden, kehrte sie Berlin den Rücken und ging ganz zurück aufs Dorf. Das Leben in Ehrwald, das Einssein mit der Natur, das Farbenspiel und der Stimmungsreichtum der Landschaft begeisterten sie.

Mit dem jüdischen Dichter Yvan Goll verband sie seit 1931 eine leidenschaftliche Liebe. Häufig besuchte er Paula Ludwig in Ehrwald und wohnte monatelang bei ihr. Am 2. November 1931 schrieb er ihr: »Du, du bist im Acker fest verwurzelt, in dem du geboren. Und deine Gedichte und deine Gesten haben jetzt die große Sicherheit, die ich bewundere. Nein, glaube ja nicht, dass ich je gering von dir denke.« (*Iwan Goll und Paula Ludwig, Ich sterbe mein Leben. Briefe 1931–1940*) Als der National-

Paula Ludwig mit Sohn Friedl auf dem Weg zum Seebensee bei Ehrwald, 1931

sozialismus immer mehr das Leben in Deutschland bestimmte, drängte Goll seine Geliebte immer heftiger, fort aus Berlin ganz nach Ehrwald zu ziehen. Am 17. März 1933 schrieb er ihr: »Soweit ich die Lage übersehen kann, würde ich raten, namentlich im Hinblick auf deine Hymnen-Arbeit, noch lange in Ehrwald zu bleiben. Berlin muss trostlos sein.« (*Iwan Goll und Paula Ludwig, Ich sterbe mein Leben. Briefe 1931–1940*) In Ehrwald genoss der in Paris lebende Großstadtdichter Yvan Goll das tiefe Verwurzeltsein der Landbevölkerung in Traditionen und Bräuchen. Die spielerische Ausgelassenheit dieser bäuerlichen Menschen steckte ihn an. Zusammen mit Paula Ludwig ließ er sich im Februar 1936 durch die Faschingsnächte treiben und schwärmte davon in einem Brief an seine Ehefrau Claire, die einstweilen in Paris auf ihn wartete: »Es gab fast alle zwei Tage einen Maschgera-Ball, einmal im Gasthaus zum ›Stern‹, dann im ›Grünen Baum‹. Du weißt, dass ich über die so dramatischen Tirolischen Masken geschrieben habe. Meine Freundinnen haben die Sitte, sich zu maskieren und Abende lang einander zu verstecken und zu suchen. Ich machte mit. Einen Abend war ich als altes Weib vermummt, mit allen Schikanen: Unterröcke, Rock, Schal, Spitzenjabot, Hut, Handtasche: alles passte und war urecht. Die Leute aus dem Dorf leihen einander ihre

Yvan Goll auf dem Weg zur Ehrwalder Alm, 1934

ganze Garderobe. Niemand erkannte mich. Es war entzückend. Aber von Aschermittwoch ab wird Ehrwald wieder ein ganz stilles und verträumtes Nest werden.« (*Claire Goll und Ywan Goll, Meiner Seele Töne. Das literarische Dokument eines Lebens zwischen Kunst und Liebe*) Ab 1933 beschäftigten sich Yvan Goll und Paula Ludwig immer intensiver mit der Frage Exil oder innere Emigration. Am 30. Januar 1934 schrieb Yvan Goll: »Du kannst überall leben. Aber deine Dichtung nicht. Die braucht deutschen Atem. Und sieh um dich: die Emigrantenliteratur kommt nicht weit. Sie wird bald Asthma haben. Infolge Ruhm- und Käufermangels.« (*Iwan Goll und Paula Ludwig, Ich sterbe mein Leben. Briefe 1931–1940*) Das waren bittere Worte aus dem Munde

Pfarrkirche Mariä Heimsuchung in Ehrwald (Tirol) vor dem Zugspitzmassiv

Wöberlerhof, 1950er-Jahre

eines Schriftstellers, der selber ein Grenzgänger zwischen verschiedenen Ländern und Sprachen war. Die Beziehung zwischen Paula Ludwig und Yvan Goll, die gekennzeichnet war von Krieg, Flucht, Armut, Einsamkeit, ging durch viele Höhen und Tiefen, bevor sie 1941 endete.

In den Ehrwalder Jahren näherte sich Paula Ludwig wieder ihrer Vorarlberger Heimat an. Dort schrieb sie den Prosaband *Traumlandschaften*, der 1935 erschien. Lektor war Alexander Mitscherlich (1908–1982), der mit dem Motorrad zu Paula Ludwig nach Ehrwald kam, um gemeinsam an der Herausgabe des Buchs zu arbeiten. In Ehrwald entstand Paula Ludwigs Autobiografie *Das Buch des Lebens*: Erinnerungen an ihre bäuerlich geprägte Arme-Leute-Kindheit in Vorarlberg; an die grünen Wiesen, die weißen Schneehäupter, die Bäche, die totale Stille und den Turm mit seinem bröckelnden Gemäuer, in dem sie 1900 zur Welt kam. Kapitel um Kapitel schickte sie zum Probelesen an Yvan Goll nach Paris. Dieser ergänzte Anregungen und formulierte Einwände, dann konnte die Autobiografie 1936 bei L. Staackmann in Leipzig erscheinen. Bei einer Hausdurchsuchung fiel sie der Ehrwalder Polizei in die Hände, die recht suspekte Botschaften darin entdeckte und das Werk sicherheitshalber beschlagnahmte. Als die Deutschen im März 1938 in Österreich einmarschierten, floh Paula Ludwig am 13. März 1938 über die Schweiz zunächst nach Frankreich, 1940 nach Spanien, dann nach Brasilien. 1953 kehrte sie aus der Emigration zurück, schwer gezeichnet vom Elend der Fremde. Sie starb 1974 in Darmstadt. Bekannt wurde sie mit dem Gedichtszyklus *Dem Dunklen Gott – Ein Jahresgedicht der Liebe*, der 1932 erschien. Ihr lyrisches Werk wurde häufig mit dem von Regina Ullmann und Else Lasker-Schüler verglichen.

4 Wohnung von Magnus Henning und Nina Engelhardt im Wöberlerhof, *Martinsplatz 30*

Der Komponist und Pianist Magnus Henning (1904–1991) kam 1927 zum ersten Mal nach Ehrwald. Es gefiel ihm dort so gut, dass er zusammen mit seiner damaligen Frau, der Tänzerin Nina Engelhardt, den ersten Stock im Hinterhaus des stattlichen Wöberlerhofs mietete, der seit Jahrhunderten im Besitz der Familie Spielmann ist. In der geräumigen Diele wurde der Flügel von Magnus Henning aufgestellt, auf dem der Künstler für die Hausbewohner und Besucher nun regelmäßig konzertierte. Bis Mitte der 1950er-Jahre blieb er dort wohnen. Nina Engelhardt hielt sich mit ihren Kindern seither vor allem in Ehrwald auf. Häufig bekam sie Besuch von ihren Eltern und ihrer besten Freundin, der Schriftstellerin Paula Ludwig, die bei ihr übernachteten. Zum Freundeskreis gehörten des Weiteren die Dichterin Ina Seidel (1885–1974) und der Verleger Ernst Rowohlt (1887–1960), der mit Ninas Schwester Elli verheiratet war. Schon bald mieteten auch die Rowohlts hier das ganze Jahr über ein komplettes Stockwerk. Aus München kamen die Schauspielerin Therese Giehse (1898–1973) mit ihrer Freundin Erika Mann, der ältesten Tochter von Thomas Mann, um gemeinsam mit

Magnus Henning und Therese Giehse auf einem Schiff auf der Rückfahrt von einer Amerikareise, 1936

Magnus Henning die Gründung des politischen Kabaretts »Pfeffermühle« vorzubereiten, des Weiteren Klaus Mann, an den sich Magnus Henning später besonders gut erinnern konnte: »Ich hatte ihn sehr gern und habe ihn sehr geschätzt, er war von den Mannkindern meiner bescheidenen Meinung nach ›der beste Mensch‹. Wir waren viel zusammen in München, Sanary, Paris und New York, er hat mich auch oft in Ehrwald besucht«. (*Klaus Mann, Der Wendepunkt. Ein Lebensbericht*) Auch die Komikerin Liesl Karlstadt, eine gemeinsame Freundin von Erika Mann und Therese Giehse, kam in Herrenbegleitung. Seither wehte über dem kleinen Dorf ein Hauch von »Künstlerkolonie«. Dichter und Schauspieler, Verleger und Musiker bezogen in Ehrwald Quartier, erklommen im Sommer so manchen Gipfel und lernten im Winter bei einheimischen Skilehrern das Skifahren.

Der 1680 erbaute Wöberlerhof, 2018

Im Sommer 1928 kam die Schriftstellerin Paula Ludwig zum ersten Mal in die Wohnung von Nina Engelhardt. Vom Wöberlerhof aus unternahm sie mehrtägige Ausflüge, beispielsweise nach Ambach an den Starnberger See, wo Waldemar Bonsels (1880–1952) sich 1918 das Haus des ungarischen Malers Gyula von Benczúr gekauft und dort sein Domizil aufgeschlagen hatte. Er war damals schon ein international renommierter Schriftsteller und hatte es mit seinen Welterfolgen *Die Biene Maja und ihre Abenteuer* (1912) und *Indienfahrt* (1916) zu großem Wohlstand gebracht. Anfang der 1920er-Jahre entdeckte er das große literarische Talent von Paula Ludwig. Wann und wo sich die beiden kennengelernt haben, weiß man nicht. Zwischen der blutjungen Autodidaktin und dem um 20 Jahre älteren Schriftsteller entwickelte sich eine heftige Liebesaffäre. Das Verhältnis blieb ambivalent. Er fühlte sich zwar angezogen von dem natürlichen Charme und der lyrischen Begabung der jungen Paula Ludwig, doch ihre Einstellungen in grundlegenden Dingen waren doch zu verschieden. Als Paula Ludwig 1924 nach Berlin zog, war das der Liebe zu Waldemar Bonsels nur förderlich. Paula Ludwig fand es schön, aus der Ferne zu lieben. Am 25. Juli 1928 schrieb sie ihm aus Ehrwald: »So sind wir schon lange hier in den Bergen, bei Nina, die eine ständige Wohnung in Ehrwald genommen hat. Es ist so schön, daß ich in einer einzigen Betäubung von Luft und Sonne, Baden im Bergbach und Steigen auf die Berge, lebe. Es fällt mir schwer, mich über ein Schreibpapier zu beugen, besonders wo ich das Gefühl habe, Dich so zum Sprechen nahe zu wissen, nach Ambach im Notfall hinübereilen zu können.« (*Brief vom 25. Juli 1928*)

In den Herbstmonaten 1929 arbeitete Paula Ludwig mehrere Monate in Ehrwald. Der Schnee begeisterte sie und stillte ihr großes Verlangen: »Vorläufig schneie ich ein. Ich sitze hier wie eine Schneekönigin in großer Distanz zu allen Begierden warmblütiger Geschöpfe. Nur das Fensterbrett voll dunkler roter Nelken erinnert mich noch an rote Münder. Dahinter aber fällt dieser weiße ununterbrochene Vorhang von Schnee, der diese große Stille erzeugt, als schliefe auch das Blut der Menschen ein. Endlich bin ich nicht mehr nur Beschauerin, die aus der Stadt vorübergehend die Natur aufsucht – nein, jetzt gehöre ich schon dazu, ich schneie mit ein«, schrieb sie Waldemar Bonsels am 1. November 1929. Noch heute ist der Wöberlerhof eine Frühstückspension mit einem großen Garten, von wo aus man einen wunderbaren Blick auf das Gebirge hat.

5 Erika Manns »Pfeffermühle«, *Dr.-Ludwig-Ganghoferstraße 38*

Mitte der 1950er-Jahre kaufte Erika Mann in Ehrwald ein kleines Haus und nannte es Pfeffermühle, in Erinnerung an die großen Erfolge, die sie zusammen mit Magnus Henning mit dem politischen Kabarett »Pfeffermühle« erlebte. Hier sollte Magnus Henning einen Alterswohnsitz und sie ein Feriendomizil haben. Nie blieb sie länger als drei Wochen. Des Öfteren besuchten sie ihre Eltern Thomas und Katia Mann, meist chauffiert vom Bruder Golo Mann. Doch auch Gottfried Reinhardt, der Sohn von Max Reinhardt, kam nach Ehrwald, um Erika Mann wiederzusehen.

Magnus Henning hatte mit seiner Familie den Krieg in Ehrwald überlebt und arbeitete nach Kriegsende als Barpianist in Luzern. Mitte der 1950er-Jahre kehrte er nach Ehrwald zurück und eröffnete in Erika Manns Haus ein Lokal. Doch die »Pfeffermühle« wurde rasch zu klein und ein neues Objekt musste gesucht werden. Deshalb stieg Erika Mann Ende der 1950er-Jahre kurzfristig ins Immobiliengeschäft ein. Zusammen mit Magnus Henning wollte sie eine Hotelpension mit etwa 30 Betten für gut zahlende Touristen aus dem Wirtschaftswunderdeutschland eröffnen. Am 11. Januar 1960 schrieb Erika Mann aus dem Hotel Walther

Palaces, Pontresina im Engadin, an Adrienne Thomas-Deutsch: »Magnus Henning ist nicht nur ungewöhnlich erfahren im Hotelwesen, sondern ausserdem der geborene Bautenlenker und Ausdenker von tausend hübschen Annehmlichkeiten, die wenig kosten und umso mehr ›hermachen‹, – dies hat sich schon beim Bau unserer ›Pfeffermühle‹ erwiesen, – eines Häuschens, welches wir heute bereits über das Doppelte der Herstellungskosten im Handumdrehen verkaufen könnten. Zudem ist der Bube, wenngleich von Geburt ein Balte, ein uralter Ehrwalder, kennt dort sämtliche Tricks und ›ropes‹ und hat bereits die bindende Zusicherung des dortigen Reisebureau's, dergemäss sämtliche Betten (etwa 30) unseres Gasthofs während der Winter- und Sommer-Saisons vermietet seien, sobald sie bezogen sind (mit Wäsche). Eile, freilich, ist leider angezeigt. Denn natürlich sind wir nicht die einzigen, die so intelligente Pläne hegen.« Aus diesem Hotelprojekt wurde jedoch nichts.

Ende Juli 1960 besuchte die Schauspielerin Liesl Karlstadt die Ehrwalder »Pfeffermühle« und kündigte auf einer Ansichtskarte viele weitere Besuche an. »Liebe Frau Erika! Nun habe ich endlich ihr Häuschen von innen gesehen u. bin mehr als begeistert! Ich gratuliere. Den oberen Platz kann ich mir auch schon gut vorstellen u. ich bin überzeugt, dass Magnus auch das richtig hinkriegen wird u. wir alle uns öfters zwecks Gaudi mit Ihnen treffen. Zu schade, daß ich Sie jetzt nicht hier angetroffen, ich hoffe, aber auf bald und bleibe mit herzlichen Grüssen Ihre Liesl Karlstadt« Einen Tag später starb die große Volksschauspielerin in Partenkirchen.

Die »alte Pfeffermühle« blieb noch bis 1961 im Besitz von Erika Mann und Magnus Henning. Dann wurde das Haus mit der gesamten Inneneinrichtung verkauft.

6 Haus »Pfeffermühle«, *Dr.-Ludwig-Ganghoferstraße 65*

Erika Mann und Magnus Henning gaben ihre Hoffnungen auf ein größeres Objekt nicht auf und fanden am Ortsrand von Ehrwald gegenüber einer Kapelle, etwa 1,5 Kilometer von der alten »Pfeffermühle« entfernt, ein geeignetes Grundstück. Um alles zu organisieren, hielt sich Erika Mann Anfang Januar 1960 wieder in Ehrwald auf. Bei Freunden warb sie für die finanzielle Unterstützung dieses Projekts: »Ehrwald, Tirol, ist, seit einigem schon, ein in Geschwindschritt ›kommender‹ Platz. (…) Magnus (Ihr erinnert Euch seiner?) und ich, nicht faul, haben nun auch schon sämtliche

Pläne geschmiedet und mit der Finanzierung begonnen. Ein Grundstück, knappe zehn Minuten vom Dorf und auf dem Wege um und vom ›Sessellift‹ ward erworben: sowohl der Lange, wie ich verfügen über ein bisschen Kleingeld, und meine Mutter hat sich beteiligt. Das grosse Geld, aber, fehlt noch (…).« Magnus Henning richtete in dem Haus ein Restaurant ein und führte es bis 1965. Dann verkaufte er es und verließ Ehrwald endgültig.

7 Aufenthaltsort von Liesl Karlstadt – Ehrwalder Alm

Die Schauspielerin und Komikerin Liesl Karlstadt zog sich nach einer schweren Lebenskrise auf die Ehrwalder Alm, einer Hochalm auf 1460 Metern Höhe im Zugspitzgebiet, zurück. Nach gesundheitlichen Rückschlägen suchte sie in den Jahren 1941 bis 1943 Erholung im Gebirge. Auf der Ehrwalder Alm schloss sie Freundschaft mit den dort stationierten Gebirgsjägern. Besonders die Maultiere, im Volksmund »Mulis« genannt, hatten es ihr angetan. Die Wehrmachtssoldaten nahmen Liesl Karlstadt in ihre Gemeinschaft auf, gaben ihr den Namen Gustav und und ernannten sie zum »Hilfstragetierführer«, später auf Veranlassung des Kompaniechefs ganz offiziell zum Obergefreiten. Als erster und einziger weiblicher »Mulitreiber« tat sie in Männerkleidung Dienst bei der deutschen Wehrmacht. In der Abgeschiedenheit der Natur begann sie sich zu erholen und fand, was sie immer schon gesucht hatte: Wärme und Geborgenheit. Nur von einigen Gastspielen am Münchner Volkstheater unterbrochen, wurde die Alm zu ihrem Lebensmittelpunkt.

Liesl Karlstadt war als Elisabeth Wellano am 12. Dezember 1892 in München auf die Welt gekommen und wurde in den 1920er-Jahren bekannt als Bühnenpartnerin des genialen Karl Valentin. Mit ihm verband sie eine Jahrzehnte lange, äußerst komplizierte Liebschaft. Anfang der 1930er-Jahre begann eine schwere und dramatische Zeit im Leben der Liesl Karlstadt. Sie versuchte vermehrt, eigene Wege zu gehen, spielte die Frau Vogel in dem Stück *Sturm im Wasserglas* von Bruno Frank im Münchner Schauspielhaus und nahm kleinere Rollen in Spielfilmen an. Es musste wohl einiges zusammengekommen sein, als Liesl Karlstadt am Morgen des 6. April 1935 einen Selbstmordversuch unternahm. In der Polizeichronik wird als Grund »Kummer« genannt. Die Polizei wies sie daraufhin in die psychiatrische Klinik in der Nußbaumstraße ein; der aufnehmende Arzt dokumentierte in der Krankenakte ihre Seelenlage: »Äußerst lebhafte Selbstvorwürfe: habe alles falsch gemacht, sich u. anderen das Leben verdorben, sich unehrlich verhalten, Gutes stets mit Bösem vergolten, jetzt aber die größte Schande über sich u. andere gebracht, könne sich nie mehr sehen lassen, man möge sie ins Gefängnis, ins Zuchthaus bringen, denn sie verdiene nicht mehr, unter anderen Menschen zu leben, sie sei gar nichts wert, habe sich trotzdem immer Mühe gegeben u. nun sei alles umsonst gewesen.« (*Krankenakte von Liesl Karlstadt, Archiv der Psychiatrischen Klinik und Poliklinik München)*

Am 17. Oktober 1935 schrieb sie aus der Klinik an den Karikaturisten und Maler Olaf Gulbransson: »Geliebter Meister! Da hocke ich nun in der Nervenklinik – ohne Kognack u. Wein und brüte Trübsal.« (*DKA / Nachlaß Olaf Gulbransson Nr. 371: Karlstadt, Liesl*) Wegen einer schweren psychischen Krise wurde sie zwei Jahre später wieder für längere Zeit in die Psychiatrie eingeliefert. In der Folgezeit häuften sich ihre Nervenkrisen und Klinikaufenthalte und sie fiel immer öfter als Bühnenpartnerin aus. 1939 suchte sich Karl Valentin deshalb mit der attraktiven und talentierten Schauspielerin Annemarie Fischer im Leben und auf der Bühne eine neue Partnerin. Dennoch traten Valentin und Karlstadt 1940 noch zweimal im Deutschen Theater auf. Nach vielen gescheiterten Versuchen, sich aus der emotionalen Abhängigkeit von Karl Valentin zu befreien, trennte sich Liesl Karlstadt im Herbst 1940 endgültig von ihrem langjährigen Bühnen- und Lebenspartner. Magnus Henning, der Pianist aus dem Kabarett »Die Pfeffermühle«, bot ihr seine Wohnung in Ehrwald in Tirol an. Schon bald wanderte Liesl Karlstadt täglich auf die Ehrwalder Alm. Immer wieder sah sie auf ihren Bergwanderungen Gebirgsjäger mit ihren Maultieren vorbeiziehen. Sie machte ausfindig, dass etwa 50 Meter oberhalb des Gasthofs Alpenglühn eine Militärdiensthütte stand, auf der Gebirgsjäger stationiert waren. Sie entschloss sich zu bleiben und zog zunächst in den Gasthof und schließlich in das einzige Offizierszimmer der Diensthütte, dic etwa 100 Soldaten beherbergen konnte. Tagsüber half sie, die Tiere zu versorgen. Sie mistete den Stall aus, fütterte und putzte die Tiere und führte sie durch das abschüssige Gelände. Am Abend saß sie mit den Soldaten am Stammtisch, verbrachte zünftige Hüttenabende und entspannte sich von der harten körperlichen Arbeit. Da es nur einen gemeinsamen Waschraum gab, musste sie sehr früh aufstehen, um sich ungestört waschen und herrichten zu können. Trotz dieser Widrigkeiten machte sie das Leben in der freien Natur oben in den Bergen glücklich und zufrieden. Als Anerkennung bekam sie am 27. Februar 1941 den »Mulitreiber-

Liesl Karlstadt auf der Ehrwalder Alm, 1942

Führerschein«, der mit einem echten Dienstsiegel versehen war: »Das Frl. Liesl Karlstadt hat am heutigen Tag trotz Sonnenschein die Mulitreiber-Prüfung auf der Geraden und am Steilhang mit der Note ›hervorragend‹ bestanden. Sie ist damit bis auf Widerruf berechtigt, fiskalische und andere Muli in jedem Gelände, bei Tag und bei Nacht, zu führen.« (*Gunna Wendt, Liesl Karlstadt. Ein Leben*) Liesl Karlstadt spielte ihre Männerrolle perfekt und schlüpfte mit Eifer in eine Art Uniform. Später legte sie großen Wert darauf, dass weder eine Vorliebe für Uniformen noch für militärisches Leben entscheidend dafür war, dass sie sich bei den »Mulitreibern« so wohl fühlte, sondern einzig das Leben mit den Tieren in der Natur fernab der Zivilisation und des Zweiten Weltkriegs, der dort oben fern schien. Ihre Sicherheit gegenüber den Soldaten bezog die einzige weibliche Person, die dort oben ihren Dienst tat, allerdings aus ihrer Verkleidung als Mann: »Wenn ich einen Frauenrock angehabt hab, hab ich mich nix sagen traun. Aber in der Hosn hab ich immer a freche Goschn ghabt, weil ich gwußt hab, daß mich meine Kameraden nicht im Stich lassen.« (*Theo Riegler, Liesl Karlstadt Buch*)

Mittlerweile vermisste man die Schauspielerin in München und forderte sie für Bühnen- oder Filmrollen an. Zwischendurch nahm sie mehrere Engagements an und beantragte beim Hüttenwart in aller Form Urlaub. Nie blieb sie länger als ein paar Monate in der Stadt und kehrte immer wieder auf die Ehrwalder Alm zurück. Im Frühjahr 1943 zog sie wieder endgültig nach München. In der Abgeschiedenheit der Natur hatte sie die Kraft zur Eigenständigkeit und zum künstlerischen Neuanfang als Volksschauspielerin gefunden und übte diese Profession bis zu ihrem Tod 1960 in Garmisch-Partenkirchen mit großem Erfolg aus.

14 Jagdhaus Hubertus von Ludwig Ganghofer, *Tillfußalm im Gaistal*

Zwischen Ehrwald und Leutasch erstreckt sich auf ca. 16 Kilometer das Gaistal, das man in etwa acht Stunden zu Fuß durchqueren kann. Für den Autoverkehr ist das Tal gesperrt. Etwa auf halber Wegstrecke befindet sich die Tillfußalm. In unmittelbarer Nähe zu dieser im Sommer bewirtschafteten Jausenstation liegt das ehemalige Jagdhaus von Ludwig Ganghofer mit zwei Nebengebäuden. Heute ist es im Besitz des Landes Österreich und an Privatpersonen verpachtet. An der Grundstücksgrenze befindet sich eine Hinweistafel auf das kulturelle Leben in Ludwig Ganghofers Jagdhaus Hubertus.

1894 ließ sich Ludwig Ganghofer für immer in München nieder. Sein literarischer Ruf war durch Romane wie *Der Klosterjäger*, *Die Martinsklause* und *Schloß Hubertus* soweit gefestigt, dass ihn regelmäßige Honorare finanziell absicherten. 1896 erfüllte er sich mit der Pacht einer Hochwildjagd im Tiroler Gaistal den Wunsch nach einem eigenen Stück Natur. Auf neun Jahre schloss er mit Zustimmung der Innsbrucker Forstbehörde zunächst den Vertrag mit dem Herzog von Orleans, dem das Jagdgebiet damals gehörte. Später verlängerte er den Pachtvertrag bis 1918. Mit den zusätzlich gepachteten Gemeindejagden von Ehrwald, Bieberwier und Leutasch umfasste sein Revier eine Fläche von über 20 000 Hektar. Ganghofer nannte seine Bergresidenz Haus Hubertus im Gedenken an seinen Roman *Schloß Hubertus*, den er 1895 beendet hatte.

Die Anreise dorthin war zu dieser Zeit äußerst mühsam. Die Münchner Gäste kamen zumeist über Mittenwald und die Leutasch, seltener über Ehrwald. Die Wiener reisten über Innsbruck, Zirl, Seefeld nach Leutasch und gelangten von dort zu Fuß oder mit dem Pferd zum Haus Hubertus. Das Gepäck wurde von mit Leiterwagen nachgebracht. Mit Inbetriebnahme der »Karwendel-

Ludwig Ganghofers Jagdgesellschaft im Gaistal, um 1900

strecke« im Jahr 1912 verkehrten von Seefeld nach Leutasch zwar Postautobusse, aber bis dahin und noch lange danach war das übliche Verkehrsmittel für die wohlhabenden Gäste die Pferdekutsche.

Am 20. November 1896 hielt sich Ludwig Ganghofer zum ersten Mal zusammen mit seinem Dichterfreund Ernst von Wolzogen (1855–1934) im Jagdhaus auf der Tillfußalpe auf. 18 Jahre verbrachte Ganghofer vor allem die Sommermonate dort. Doch auch im Spätherbst kam er zur Hirsch- und Gemsbrunft ins Gaistal. Für den begeisterten Radfahrer und Skiläufer bot das Tal mehr als ein Jagdrevier: Haus Hubertus war gleichsam eine Gegenwelt zur gesellschaftlichen Realität, in der er in München lebte.

Dichter, Maler, Geschäftsleute, Industrielle, meist mit ihren Familien, besuchten Ludwig Ganghofer gerne auf seinem Landsitz mitten im Hochgebirge. Fast alle, die in seinem Leben eine Rolle gespielt hatten, kamen einmal oder mehrmals als Gäste dorthin. Selten findet sich in einem Jagdhaus eine Gesellschaft von so vornehmer geistiger Prägung zusammen, wie dort in dem einsamen Alpenhaus des Gaistals. Die

Ludwig Ganghofer bei seinem Jagdhaus Hubertus auf der Tillfußalm im Gaistal, um 1905

Maler friedrich August von Kaulbach, Franz von Stuck und Arnold Böcklin waren ebenso zu Gast wie die Schauspieler Josef Kainz, Ernst von Possart und Alexander Moissi. Des Weiteren die Musiker Bruno Walter und Richard Strauss sowie der Sänger Leo Slezak. Der Maler Franz von Defregger (1835–1921) verewigte Ludwig Ganghofer auf Hubertus mit seinen Jägern auf einem Gemälde. Auch Verleger Georg Hirth, Gründer der Zeitschrift »Jugend«, und Albert Langen (1869–1909), Chefredakteur des »Simplicissimus«, beehrten Ludwig Ganghofer mit ihrem Besuch sowie die Schriftstellerkollegen Ricarda Huch, Rainer Maria Rilke, Gerhart Hauptmann, Max Halbe und Thomas Mann. Sie übernachteten in den zahlreichen Gästezimmern des dreigeschossigen Jagdhauses. In einem Brief vom 10. April 1899 bedankt sich Hugo von Hofmannsthal für »das gemütliche Beisammensitzen Abends und die vielen schönen, lebensvollen Geschichten, die Sie so lieb und gut waren, mir unermüdlich vorzulesen und zu erzählen. Sie werden nicht leicht in Ihrem reichen und freigebigen Lebens jemandem eine so nachhaltige Freude gemacht haben, lieber Herr Doktor, als mir, und so lassen Sie mich endigen als Ihr aufrichtig dankbarer Hofmannsthal.« (*Andreas Aberle und Jörg Wedekind, Ludwig Ganghofers Jagdbuch. Von Jägern und Wilderern*) Wenige Wochen später kam Hofmannsthal wieder ins Gaistal, um den fachlichen Rat des Hausherrn einzuholen, auf dessen Urteil er größten Wert legte. Seinen Eltern schrieb er am 6. Mai 1899 gleich nach der Ankunft: »Ich fühle mich sehr wohl und denke noch 2–4 Tage hier zu bleiben. Hier ist es natürlich verschneit. Ich bin das erstemal wirklich im Innern des Gebirges und finde es äußerst wohltuend. Heute hat mich Ganghofer um zwei Uhr geweckt, um einen Hahn balzen zu hören. Konnten ihm aber nicht nahe kommen, aber die Stimmung war wundervoll. Um sechs waren wir wieder zu Haus, Ganghofer ging noch Saiblinge fangen. Ich legte mich wieder ins Bett und schlief sehr gut bis elf in meinem Zimmer, das nach Zirbelholz riecht. Die Kost ist ausgezeichnet. Um halb drei früh haben wir Thee gehabt, um sechs Uhr früh Eierspeise und Marsala, um ein Uhr Saiblinge, garniert mit Lungenbraten, ein sehr gutes Citronen-Soufflé und Münchner Bier.« (*Andreas Aberle und Jörg Wedekind, Ludwig Ganghofers Jagdbuch. Von Jägern und Wilderern*)

Ludwig Thoma war einer der häufigen Gäste im Jagdhaus Hubertus. Er machte alljährlich auf das Karwendel- und Wettersteingebirge eine Radtour und legte gerne bei Ludwig Ganghofer eine meist längere Rast ein. Gemeinsam gingen die leidenschaftlichen Jäger dann auf die Pirsch.

Und wie verbrachten die illustren Gäste aus der Stadt den Tag in der Bergeinsamkeit? Der Morgen gehörte der Jagd – zu Fuß oder zu Pferd. Am Vormittag wurde geruht, dann gab es den ganzen Tag Unterhaltung. Bei besonders gutem Wetter wurde das Mittagessen gegen ein Uhr im Freien bei der Kegelbahn serviert. Anschließend konnte man kegeln, Boccia oder Tennis spielen, bei schlechtem Wetter vertrieb man sich die Zeit mit Skat oder anderen Kartenspielen, bis die Post kam. Es gab einen eigenen Postboten für das Jagdhaus, der mit dem Rad von Seefeld den prominenten Gästen täglich vier Stunden bergauf Briefe, Karten, Telegramme brachte und holte. Abends wurde getanzt und musiziert, wobei Ganghofer selbst als glänzender Alleinunterhalter des Öfteren in Erscheinung trat und mit der Zither zum Tanz aufspielte. Es wurde auch viel gesungen, besonders Gstanzln. Mitunter verbrachte man den Abend auch mit fachlichen oder philosophischen Gesprächen, je nachdem, wer gerade zu Gast war. Unter der umsichtigen Anleitung von Tinka Ganghofer sorgte das Personal für das Wohlwollen der Gäste. Abgesehen von Milch und Butter, die täglich Bauernmädchen aus Leutasch ins Gaistal brachten, wurden die Lebensmittel und Haushaltswaren aus Zirl angeliefert. Wildbret, Wildgeflügel und Forellen hatte man selbst genügend im Eiskeller, der im Frühling mit Schnee gefüllt wurde.

Normalerweise begann Ganghofer erst zu schreiben, wenn seine Gäste zu Bett gegangen waren. »Hatte ich einen sonnenschönen Tag mit einer halben Nacht um die Ohren geschlagen und kam ich heim in meine Bude, so zündete ich stets die Lampe an, blieb noch ein paar Stunden am Schreibtisch sitzen, arbeitete oder las etwas Tüchtiges. Damals gewöhnte ich meinem Körper an, wenig Schlaf zu brauchen.« (*Andreas Aberle und Jörg Wedekind, Ludwig Ganghofers Jagdbuch. Von Jägern und Wilderern*)

Von seinem Jagdhaus aus hatte Ludwig Ganghofer einen herrlichen Blick auf die Mieminger Berge mit der Hohen Munde und der Hochwand auf der einen und auf das Wettersteinmassiv auf der anderen Seite. In dieser unberührten Naturlandschaft ließ sich der Schriftsteller zu Jagdgeschichten und Romanen inspirieren. Im Gaistal entstand 1897 der Roman *Gottesleben.* Auch den Roman Das *Schweigen im Wald* von 1898/99 ließ Ludwig Ganghofer in der Landschaft des Gaistals spielen. Um 1890 wurde der *Dorfapostel* vollendet, die Geschichte des armen Holzknechts, der im Kampf gegen die Rohheit und den Aberglauben der

Dorfbewohner unterging. In seine dreibändigen *Jagdbuch*, das so etw wie die Chronik seiner ausgedehnte Hochwildjagd ist, wurde die Zeit i Gaistal bis 1914 detailliert dokumen tiert. Während des Ersten Weltkrie konnte Ludwig Ganghofer seine Jagd i Österreich nur noch selten aufsuche sodass er sie 1918 aufgab.

Haus Hubertus im Gaistal, 2011

5

Spaziergänge rund um den Tegernsee

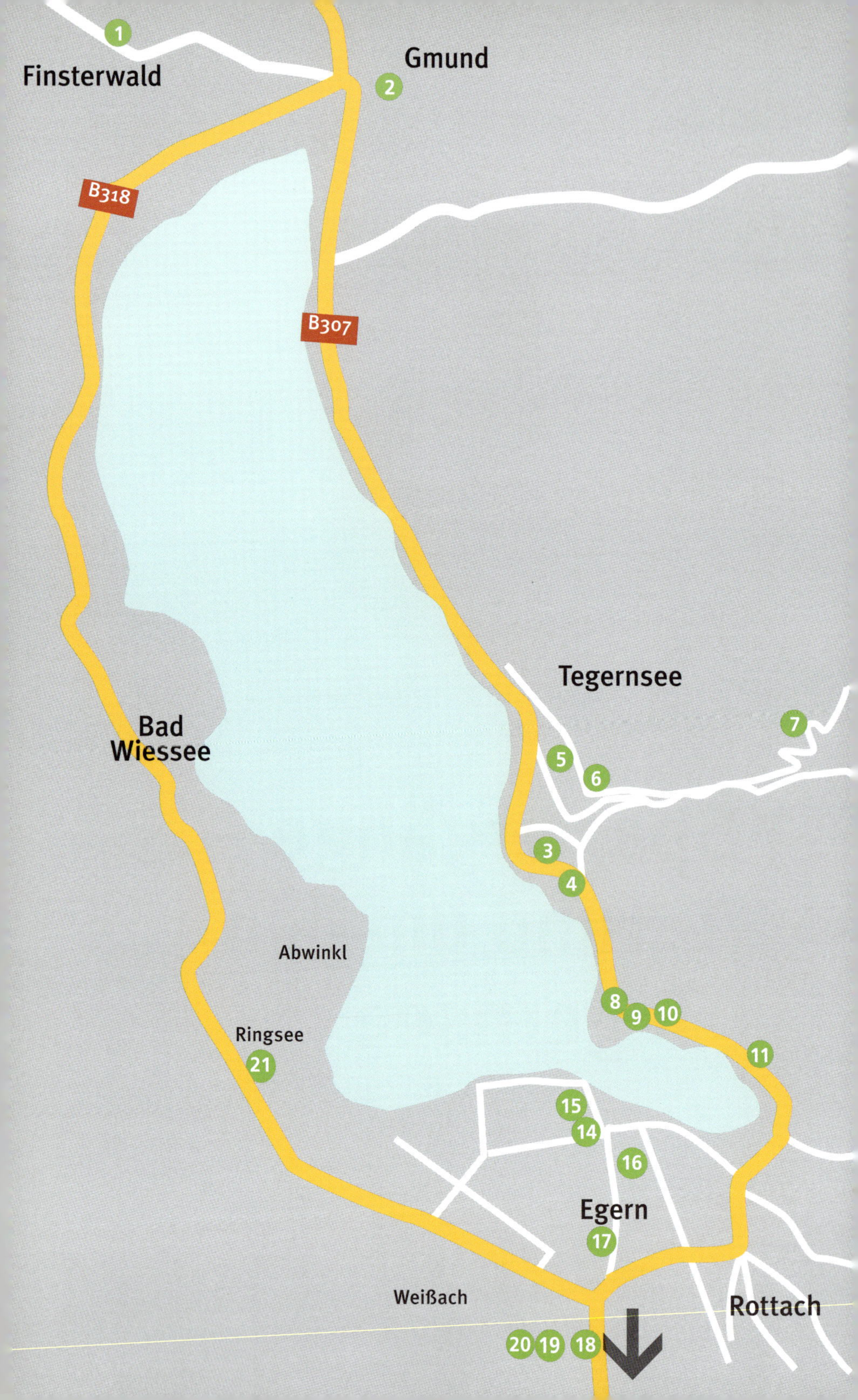
Finsterwald
Gmund
B318
B307
Tegernsee
Bad Wiessee
Abwinkl
Ringsee
Egern
Weißbach
Rottach
1
2
3
4
5
6
7
8
9
10
11
14
15
16
17
18
19
20
21

Das Tegernseer Tal ist seit Jahrhunderten ein landschaftlich schöner und kulturell produktiver Mittelpunkt für Kunst und Kultur in Bayern. Seit Langem ist es aufs Engste mit der Haupt- und Residenzstadt München verbunden. Das liegt zum einen an den Wittelsbacher Herrschern, die das ehemalige Tegernseer Kloster zum Schloss Tegernsee umbauen ließen. Das liegt aber auch an den vielen Schriftstellern und Künstlern, die um 1900 zur Sommerfrische von der Stadt ins Tegernseer Tal drängten. Zwischen München und dem Umland entstand ein fruchtbarer kultureller Austausch zum Wohle aller. Mit städtischen Gewohnheiten bereicherten Schriftsteller und Maler das Land – mit bäuerlichen Prägungen kehrten sie zurück in die Stadt. Inmitten der schönen Natur suchten sie Ruhe und Entspannung und regenerierten ihre kreativen Kräfte. Ob als Sommerfrischler, Hausbesitzer oder Tagesgäste: Schriftstellerinnen und Künstler posierten auf dem Land gern in Dirndl und Lederhose. Die Zuzügler von überall her liebten es, durch das Tragen von Tracht an der Natürlichkeit und Ursprünglichkeit des Landlebens teilzuhaben; sie wollten dazugehören. Der Brünner Kammersänger Leo Slezak und der norwegische Zeichner Olaf Gulbransson trugen ebenso Lederhosen wie der rheinische Verleger Albert Langen und die zugereisten Schriftsteller Bruno Frank, Carl Zuckmayer und Max Mohr. Auf der Suche nach dem ursprünglichen und echten Landleben ließen sich auch die bayerischen Schriftsteller Ludwig Thoma und Ludwig Ganghofer am Tegernsee nieder. In ihren Werken hielten sie die Schönheit der Landschaft fest und prägten das tausendfach kopierte Bild vom »Bilderbuchbayern«: ein See inmitten einer reizenden Gebirgslandschaft, gesäumt von blitzsauberen Dörfern.

1 Der »Simplicissimus« beim Sixbauern, Finsterwald bei Gmund, *Tölzer Straße 145*

Im Tegernseer Tal trafen international renommierte Künstler und Literaten mit den in der altbayerischen Kultur verwurzelten Einheimischen zusammen. Kein Künstlerkreis wird um 1900 enger mit dem Tegernsee in Verbindung gebracht als die Mitarbeiter der Satirezeitschrift »Simplicissimus« mit den Exponenten Olaf Gulbransson und Ludwig Thoma. Dieser entdeckte das Dörfchen Finsterwald, gleich oberhalb von Gmund gelegen, und verbrachte ab 1902 die Sommermonate mit seinen

»Gruppenbild auf Heuwagen« aus Anlass des »Ganghofer-Schießens« in Finsterwald beim Sixbauern am 2. und 3. Juli 1905. Sitzend v. l. n. r.: unbek., Ludwig Thoma, Marie Schulz (spätere Marion Thoma), Olaf Gulbransson, Margarete Ziemssen, Kammersänger Raoul Walter. Stehend v. l. n. r.: Eduard Thöny, Ludwig Ganghofer, Georg David Schulz (sitzend)

Geschwistern Bertha und Peter beim Sixbauern. Von dort aus organisierte Ludwig Thoma den Bau seines eigenen Hauses auf der Tuften bei Rottach, das er 1908 bezog. Aus dem königstreuen, antisemitischen Gerichtsreferendar und jungen Anwalt in Dachau und München war mit dem Eintritt in die »Simplicissimus«-Redaktion 1899 ein staats- und gesellschaftskritischer, linksliberaler Redakteur geworden, der vor allem wusste, wogegen er war: gegen Klerus, Kaiser und Kapital. Zu Ludwig Ganghofers 50. Geburtstag 1905 arrangierte Thoma beim Sixbauern das »Ganghofer-Schießen«, an dem neben den »Simpl«-Künstlern auch David Georg Schulz und Ludwig Thomas spätere Frau Marietta di Rigardo (1880–1966) teilnahmen.

Bei den Leuten vom »Simplicissimus« fand Thoma Freunde fürs Leben und Nestwärme. Thoma, des Stadtlebens immer mehr überdrüssig, setzte durch, dass im Sommer die wöchentliche Redaktionssitzung des »Simplicissimus« in Finsterwald bei Gmund abgehalten wurde. Die Zeichner Olaf Gulbransson, Rudolf Wilke, Bruno Paul, sein Künstlerfreund Ignatius Taschner sowie die Schriftsteller Otto Julius Bierbaum und Franz Blei fuhren nun öfter zu ihm hinaus in das ländliche Idyll. Der Redakteur Korfiz Holm erinnerte sich: »So lernte dann auch ich den Ort bei einem Sonntagsausflug kennen, und weil es sich da fern vom Fremdenstrome nett und billig leben ließ, verbrachte ich mit Frau und Kindern meinen nächsten Sommerurlaub dort. Wir wurden richtig heimisch in dem bäuerlichen Austragshäusl, das wir uns gemietet hatten, und gingen deshalb über Weihnachten 1903 und Neujahr 1904 wieder zur Winterfrische hin.« (*Korfiz Holm, Ludwig Thoma und Olaf Gulbransson. Wie ich sie erlebte*) Gemeinsam mit Otto Julius Bierbaum und Franz Blei verbrachten sie die Weihnachtsfeiertage und ließen sich an Silvester tagsüber mit zweispännigen Schlitten »unter lustigem Schellenklingeln durch Tegernsee und Egern bis zum Glaslwirt« fahren. Den Abend verbrachte man in fröhlicher Runde beim Silvesterfest in der Wirtschaft von Finsterwald. In Frage kommen der jetzige Feichner Hof oder der Gasthof Weidenau. Der Karikaturist Olaf Gulbransson nutzte die Gelegenheit und trat zum ersten Mal in bayerischer Tracht auf. Die »kurze Wichs« saß eng wie eine Wursthaut und das grobleinene Hemd war hinten aufgeplatzt.

Er weihte die anderen Mitarbeiter des »Simplicissimus« in die Geheimnisse des Skilaufens ein, das damals in Oberbayern noch etwas Besonderes war. Für Korfiz Holm suchte er sogar »selbst die Brettel vom besten Eschenholz mit schnurgerader Faserung aus und gab auch einem Sattler an, wie er die Bindung darauf anzubringen hätte, die höchst einfach war und nur aus einem Stückchen Treibriemen und etwas einem halben Meter kleineren Riemenzeugs bestand.« (*Korfiz Holm, Ludwig Thoma und Olaf Gulbransson. Wie ich sie erlebte*) Olaf Gulbransson baute sich am Waldrand von Finsterwald eine kleine Sprungschanze, um wie in Norwegen Skispringen

Olaf Gulbransson beim Skifahren

zu können: »Ich sah mit Staunen zu, wie er dann auf den Skiern aus dem Wald hervorgeschossen kam, sich plötzlich in die Luft vorschnellte und dann, alle Viere steif von sich gestreckt, am Hange förmlich Räder schlug. Denn ein ›gestandener Sprung‹ ist ihm hier nicht ein einziges Mal geglückt, dafür war ja der Auslauf viel zu steil.« (*Korfiz Holm, Ludwig Thoma und Olaf Gulbransson. Wie ich sie erlebte*)

Korfiz Holms Schulkamerad in Lübeck Thomas Mann war vom Tegernsee beeindruckt: »Tegernsee lebt noch in mir, mit dem erregenden Wasser, dem Boot, den Lido-Eindrücken am Badestrand, dem Besuch in Bad Kreuth mit Bertram, der Besteigung des Hirschbergs, der Nacht im Unterkunftshaus, dem südwindigen Morgen und dem Gipfel vor und bei Sonnenaufgang.« (*Thomas Mann, Tagebuch, 11. September 1918*)

2 Mit Thomas Mann entlang der Seepromenade von Gmund nach Tegernsee

Der Schriftsteller Thomas Mann kannte den Tegernsee seit seiner Kindheit aus Erzählungen und später von zahlreichen Aufenthalten allein und mit seiner Familie. Daran erinnert die lebensgroße Bronzefigur »Herr und Hund« an der Seepromenade, die der ortsansässige Bildhauer Quirin Roth nach einer Fotografie von 1918 entworfen hat. Am Tegernsee, genauer gesagt in Abwinkl, schrieb Thomas Mann am Prosa-Idyll *Herr und Hund* und fieberte danach, sich schon bald wieder dem Roman *Zauberberg* zuwenden zu können. Die Verpflegung war im letzten Kriegsjahr auch am Tegernsee erbärmlich. Katia Mann radelte zweimal die Woche den langen Weg nach Gmund, um Eier und Gemüse zu kaufen. Die Bronzefigur trägt deshalb die Widmung: »An die Gmunder Bauern, die im Hungerjahr 1918 der Familie Mann durch die größte Not geholfen haben«. Die Manns hatten den völlig abgemagerten Hund im Café Forsthaus bei Tölz entdeckt: beim »ansprechend gedrungenen, schwarzäugigen Fräulein«, das »von einer kräftig heranwachsenden und ebenfalls schwarzäugigen Toch-

Quirin Roth: Skulpturengruppe »Herr mit Hund« in Gmund am Tegernsee

ter« unterstützt wurde. Nach einigem Zögern kauften die Manns den Hund gegen »eine kleine Kaufsumme« Mutter und Tochter Halder ab. Schon bald nahm Bauschan in seines Herrn Seele einen großen Raum ein. Der Hund wurde aufgepäppelt und avancierte zum Liebling der Kinderschar. In der Novelle *Herr und Hund* von 1919 setzte Thomas Mann dem Hund ein ebenso amüsantes wie bewegendes literarisches Denkmal. Auch seine Tagebuchaufzeichnungen lassen erkennen, wie groß die Zuneigung Thomas Manns für dieses legendäre »Kummerbild« war.

Ort Tegernsee

3 Olaf Gulbransson Museum Tegernsee, *Kurgarten 5*

Das Tegernseer Tal war der langjährige Wohnort des Karikaturisten und Malers Olaf Gulbransson. Näheres zu seinem Leben und Werk erfährt man im Olaf Gulbransson Museum, das 1966 eröffnet wurde. 1973 ging das Kunstmuseum an den Freistaat Bayern über und ist seither eine Zweiggalerie der Bayerischen Staatsgemäldesammlungen in München. Verwaltung und Betrieb obliegen der Olaf Gulbransson Gesellschaft e.V. im Einvernehmen mit den Bayerischen Staatsgemäldesammlungen. Im Museum dokumentieren zahlreiche Fotografien und Gemälde vor allem Gulbranssons Tegernseer Zeit und beleuchten den persönlichen Bereich des Künstlers inmitten seiner Familie und seiner Freunde. Der »Zeichner der menschlichen Seele«, versuchte mit seinem Zeichenstift stets den Wesenskern in der äußeren Erscheinung eines Menschen sichtbar zu machen. Die Größen seiner Zeit hielt er in scharfsichtigen Porträts fest, darunter Leo Tolstoi, Eleonore Duse, Bjørnstjerne Bjørnson, Knut Hamsun, Selma Lagerlöf, Annette Kolb, Thomas Mann, Karl Valentin, Ludwig Thoma.

Geboren wurde Olaf Gulbransson am 26. Juni 1873 in Oslo. Mit 15 Jahren besuchte er die Kunst- und Handwerksschule in Christiania. Vom 16. Lebensjahr an war er als Zeichner für Tages- und Witzblätter tätig. 1902 holte ihn der Verleger Albert Langen als Zeichner für den »Simplicissimus« nach München. Albert Langen hatte 1896 Dagny Bjørnson, die jüngste Tochter des norwegischen Nationaldichters und Nobelpreisträgers Bjørnstjerne Bjørnson, geheiratet und im selben Jahr die Satirezeitschrift »Simplicissimus« gegründet. Im August 1906 feierte Olaf Gulbransson mit Grete Jehly (1882–1934) Hochzeit. Sie war die Tochter des Landschaftsmalers Jakob Jehly aus Bludenz/Vorarlberg. Ihre Mutter Vanda stammte aus dem fränkischen Adelsgeschlecht der Freiherrn von Pöllnitz. Mit ihr kam der aus dem bäuerlichen Milieu stammende Gulbransson in ein völlig neues gesellschaftliches Umfeld. Doch die Ehe scheiterte. Am 5. Juni 1923 heiratete Gulbransson als 50-Jähriger in dritter Ehe die 22-jährige Dagny Bjørnson, Enkelin von Bjørnstjerne Bjørnson. Das Paar trat die Hochzeitsreise nach Norwegen an, dort herzlich begrüßt von alten Freunden wie Knut Hamsun, Edvard Munch und Fridtjof Nansen. Aus dieser Hochzeitsreise wurde ein längerer Aufenthalt. Aber München und die bayerischen Berge ließen die beiden nicht los. Im März 1927 kehrten sie zurück. 1929 trat Olaf Gulbransson die Professur an der Akademie der Bildenden Künste in München an und kaufte den Schererhof in Tegernsee. Während zahlreiche Intellektuelle, Künstler und Schriftsteller nach der Machtübernahme im Januar 1933 wegen ihrer politischen Haltung oder wegen ihrer jüdischen Herkunft als »verfemte Dichter« und »entartete Künstler« verhaftet wurden oder aus Deutschland fliehen mussten, gehörte Olaf Gulbransson zu den hofierten und hoch dekorierten Künstlern des NS-Regimes. Mit der NS-Prominenz, wie dem Dichter Will Vesper, dem Außenminister Joachim von Ribbentrop, dem Gouverneur des besetzten Polen Dr. Hans Frank, dem Reichsstatthalter in Bayern Franz von Epp und Hitlers Stararchitekten Paul Ludwig Troost, pflegte er gute Kontakte. Die Kunsthistorikerin Andrea Bambi schrieb zu Gulbranssons Haltung im »Dritten Reich«: »Gulbransson wollte seine Wahlheimat dezidiert nicht verlassen und blieb in München und am Tegernsee, wo er seinen Platz im zentral kontrollierten nationalsozialistischen Kunstbetrieb suchte und fand. Er fügte sich den Vorgaben der Redaktion des gleichgeschalteten ›Simplicissimus‹ und erkannte seine eingeschränkten Handlungsspielräume an, ohne dagegen aufzubegehren (…) Seit dem 1. Januar 1934 war er Mitglied (der Reichskulturkammer) mit der Mitgliedsnummer 3811. Diese Mitgliedschaft bedeutete u.a., dass er bis 1943 als Professor lehren konnte und bis 1944 für den ›Simplicissimus‹ zeichnete und so einerseits die wirtschaftliche Grundlage seiner Familie sicherte als auch die Propaganda des Reiches künst-

Olaf Gulbransson Museum im Kurpark in Tegernsee

lerisch begleitete.« (*Andrea Bambi, Zur Rezeption von Olaf Gulbranssons Werk in der Zeit des Nationalsozialismus und in der Nachkriegszeit, in: Trügerische Idylle*) Auch war Olaf Gulbransson in der Zeit der NS-Diktatur ein offiziell anerkannter und mehrfach ausgezeichneter Künstler: Er war Ehrenmitglied des Vereins Berliner Künstler (1941) und Ehrenmitglied der Akademie der bildenden Künste Wien (1942). Zu seinem 70. Geburtstag erhielt er 1943 die »Goethe-Medaille für Kunst und Wissenschaft«. In der jungen Bundesrepublik blieb er ein angesehener Künstler. »Dass seine populäre Gestalt und Produktion durch Einvernahme seitens des nationalsozialistischen Systems kompromittiert worden war, geriet in Vergessenheit.« (*Bernhard Maaz und Helmut Nanz, Vorwort, in: Trügerische Idylle*)

Regelmäßig finden im Olaf Gulbransson Museum Tegernsee Sonderausstellungen zu international bedeutenden Künstlern statt, die mit Leben und Werk Olaf Gulbranssons in Verbindung stehen. In der interdisziplinären Sonderausstellung »Trügerische Idylle« im Sommer 2017 und im gleichnamigen Buch wurde u.a. Gulbranssons Rolle in der NS-Zeit wissenschaftlich dokumentiert.

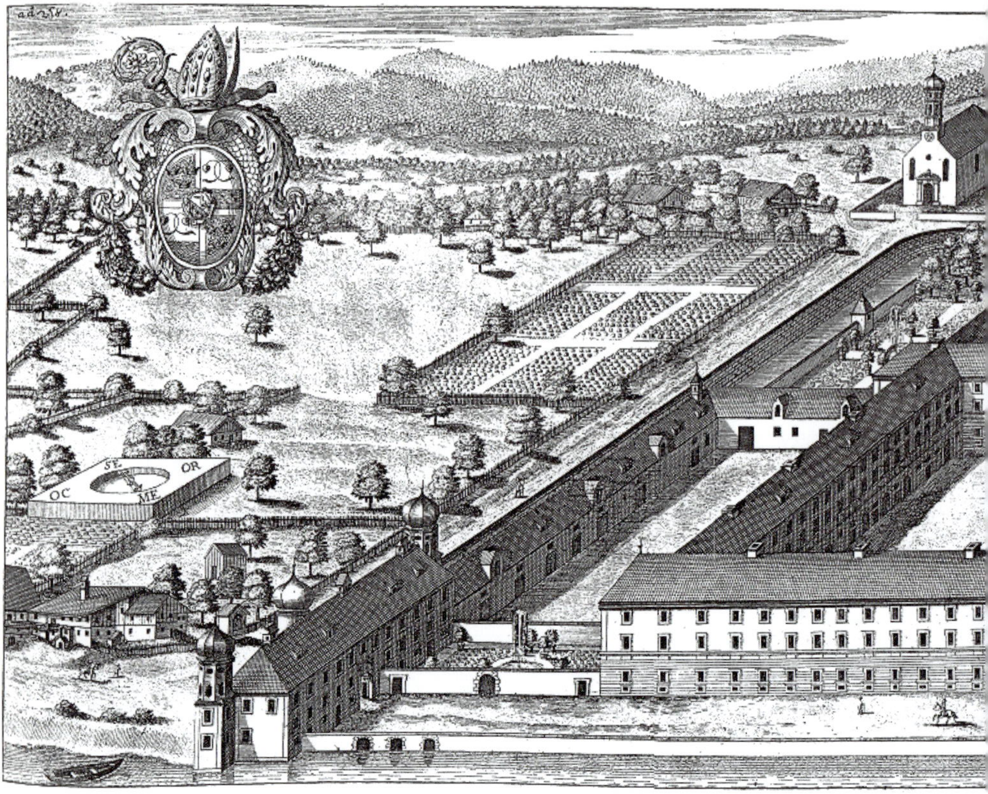

4 Ehemaliges Kloster Tegernsee (heute Schloss Tegernsee)

Das Tegernseer Kloster, eines der ältesten in Bayern, ist ein literaturhistorischer Ort oberster Güte. Die Dichtkunst erlebte hier schon im Mittelalter einen ersten Höhepunkt. Das erste in Deutschland bekannte Mysterienspiel, das Spiel vom *Tegernseer Antichrist* wurde höchstwahrscheinlich von einem Benediktinermönch in Tegernsee verfaßt und im Kloster lange Zeit zur Aufführung gebracht. Es handelt vom Ende des römisch-deutschen Kaisertums und vom Sieg der Kirche über den Antichrist. Das Mysterienspiel, dessen Text gesungen wird, entstand vermutlich zu Ehren des Kaisers Friedrich I. Barbarossa, der um 1189 dem Kloster einen Besuch abstatten wollte. Zwischen 1212 und 1217 kehrte der bedeutendste Sänger des Mittelalters, Walther von der Vogelweide (um 1170–1230) im Kloster ein. Der Minnesänger behielt den dortigen Empfang jedoch in keiner guter Erinnerung, aber immerhin ging mit seinem Lied das Kloster Tegernsee erstmals in die Weltliteratur ein: »Man erzählt mir immer von Tegernsee // wie hoch das Haus im Ansehen steht: // dorthin wandte ich mich mehr als eine Mei-

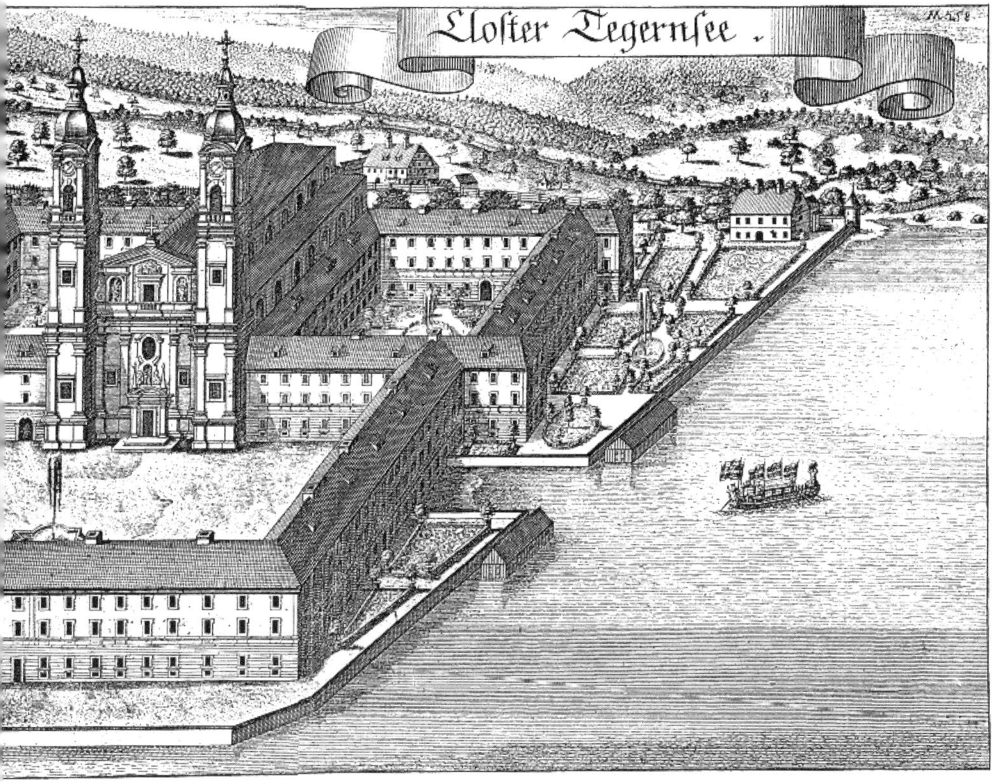

Nie vollständig umgesetzter Idealplan des Klosters Tegernsee, um 1700

le weit von der Straße weg // Ich bin ein merkwürdiger Mensch, // daß ich mich nicht selbst zurechtzufinden weiß // und mich so sehr auf andere Leute verlasse. // Ich tadele sie nicht, aber Gott möge uns beiden gnädig sein: // Ich erhielt dort Wasser, und so naß // Mußte ich den Tisch des Mönchs verlassen.« (*Walther von der Vogelweide, Sämtliche Lieder*)

Die Tegernseer Bibliothek sowie die dortige Schreibschule gewannen im Mittelalter immer mehr an Bedeutung. Um 1500 soll die Bibliothek mehr Bände besessen haben als die des Vatikans. Abgeschrieben wurden vor allem die Werke der Kirchenväter Augustinus, Hieronymus und Chrysostomus, die in der humanistischen Theologie eine zentrale Rolle spielten. In ihrer Glanzzeit gehörten ca. 11 860 Bauernhöfe zur Abtei Tegernsee. Graf Drechsel, der das Kloster nach der Säkularisation 1802/1803 kaufte, ließ den vorderen Teil abreißen. König Maximilian Joseph erwarb das Klostergebäude 1817 und nutzte es als Sommerresidenz. Die Wittelsbacher, die das Kloster mehrfach umbauten, waren von nun an verstärkt im Tegernseer Tal präsent, unterhielten Jagden,

Blick auf den Tegernsee und Schloss Tegernsee vom Westerhof-Café aus

kümmerten sich um bäuerliche Traditionen und bereicherten durch ihre Anwesenheit Feste. Die Leute auf dem Land erwiesen ihrem jeweiligen Landesvater dafür bei jeder Gelegenheit die Ehre und gelobten immerwährende Treue. Als Zeichen dafür hing in jeder Wirtsstube das Porträt des Königs.

5 Villa Brand – Wohnung von August Macke, *Pöttinger Straße 5*

Im November 1909 kamen der Maler August Macke (1887–1914) und seine Frau Elisabeth nach ihrer Hochzeitsreise für ein Jahr nach Tegernsee. Die beiden wohnten zunächst in der Villa Brand, »ein städtisches, leicht gebautes Haus, in der Nähe des Bahnhofs gelegen, mit vielen Balkonen ringsum« (*Elisabeth Erdmann-Macke, Erinnerung an August Macke*), wo der befreundete Schriftsteller Wilhelm Schmidtbonn bereits eine Etage bewohnte. Er hatte den in Paris weilenden Mackes die Vorzüge der Tegernseer Landschaft und ihrer Bewohner angepriesen und das Paar mit folgenden Sätzen nach Tegernsee eingeladen: »Prachtvolle alte Männer, wie es in Paris keine gibt und liebste kleine Mädchen von einer unbäurischen

Feinheit.« (*Wilhelm Schmidtbonn an August Macke, 25. September 1909*)

August Macke wurde 1887 in Meschede (Sauerland) geboren, verbrachte seine Kindheit in Köln, die Schulzeit in Bonn und studierte an der Kunstakademie und Kunstgewerbeschule in Düsseldorf. 1907/1908 war er der Schüler von Lovis Corinth in Berlin. Auf seinen Reisen nach Paris lernte er die Werke der französischen Impressionisten kennen. 1909 heiratete er seine Jugendfreundin Elisabeth Gerhardt und zog kurz darauf mit ihr nach Tegernsee. Elisabeth Erdmann-Macke erinnerte sich später daran, wie aus den Fremdenzimmern in der Villa Brand ein Maleratelier wurde: »Alle Kitschbilder und Etageren mit billigem Nippeskram wurden zum Entsetzen der Hausleute von der Wand genommen und erbarmungslos in einem der unbenutzten Zimmer untergebracht. Ein Zimmer wurde ganz ausgeräumt, es diente als Atelier. August hatte große Arbeitslust, und bald füllten sich die leeren Leinwände mit den ersten Bildern. Er ließ sich von Brugger aus München Material kommen, und nun begann eine wunderbare, fruchtbare Arbeitszeit, in der die vielen Eindrücke der letzten Wochen, besonders die Aufenthalte in Paris, verarbeitet wurden.« (*Elisabeth Erdmann-Macke, Erinnerung an August Macke*)

Villa Brand am Tegernsee, 1986

Die Mackes ließen sich aus Bonn jede Menge Kisten mit Hausrat aller Art schicken, »vor allem das eigene Bettzeug, Kissen, Kamelhaardecken und Federbetten«, denn die Wohnung war im Winter eiskalt. Auch das Klavier wurde geschickt, damit das jungvermählte Paar nicht auf liebgewonnene Musik verzichten musste. An den langen Winterabenden saßen sie zusammen und ließen sich vom Maler Helmuth Macke, August Mackes Cousin, aus dem *Abenteuerlichen Simplizius Simplizissimus* vorlesen. Begeistert schrieb August Macke am 1. Dezember 1909 seinem engsten Freund Lothar Erdmann, dem späteren zweiten Ehemann von Elisabeth: »Tegernsee, Kerl, Mittags sitzen wir hier auf dem Balkon, trinken Kaffee, essen zu Mittag und schwitzen. Die Sonne brennt wie im Hochsommer, dabei ein halber Meter Schnee. Nachmittags rodeln. Arbeiten tue ich wie ein Pferd und kann nie aufhören. Es ist etwas herrliches in dieser Gebirgsluft.« Wegen eines Zerwürfnisses mit Wilhelm Schmidtbonn zog das frisch vermählte Paar zwei Monate später aus.

Elisabeth und August Macke mit Sohn Walter, 1912

6 Schreiner Staudacher – Wohnung von August Macke, *Bahnhofstraße 110*

August Macke: Selbstporträt mit Hut, 1909

August Macke: Das Staudacher Haus, 1914

Anfang Januar 1910 fanden August Macke und seine Frau Elisabeth eine neue Bleibe »in der Bahnhofstraße beim Schreiner Staudacher«. »Es war ein hundertjähriges Bauernhaus, das etwas erhöht lag, umgeben von einem großen Obstbungert und zwei weiteren Häusern, in deren einem die Werkstatt war und oben eine kleine Wohnung. (…) Wir hatten den Blick auf den Wallberg, gegenüber auf der anderen Seite der Strasse lag das kleine Krankenhaus Tegernsee, ein gelbes, altmodisches Gebäude mit Obst- und Nutzgarten, in dem sich die alten Häusler, die dort ihren Lebensabend verbrachten, mittags in der Sonne wärmten. Unten an der Straße lag die Schmiede von Daucher, (…). Vor dem Haus waren eine kleine, bewachsene Laube und ein mit Holz eingefaßtes Beet, in das Sommerblumen gesät wurden. Eine zweistöckige Scheune war hinten am Haus angebaut, (…) und wenn August und Helmuth Ski laufen wollten, zogen sie die Bretter im Hause an und konnten gleich durch die Scheunentür ins Freie gleiten.« (*Elisabeth Erdmann-Macke, Erinnerung an August Macke*)

Fast zeitgleich mit dem Umzug wurden August Macke, sein Cousin Helmuth Macke und der Sohn des Berliner Sammlers Bernhard Koehler bei einem Besuch der Münchner Kunsthandlung Brakl auf Tierlithografien von Franz Marc aufmerksam. Noch am selben Tag suchten sie den jungen Maler in seinem Atelier in der Schellingstraße auf. Es war der Beginn einer intensiven Künstlerfreundschaft. Franz Marc schrieb an seine Lebensgefährtin Maria Franck in Berlin: »Nun muß ich Dir ein Erlebnis von heute schildern, von dem ich mir manche angenehme Möglichkeiten verspreche. Es klopft. Vor der Tür stehen drei eher junge und ziemlich elegante Herren. Fragen nach mir. (…) Die drei Herren sind Maler, u. Cézanne ist ihr Gott und der Vater des einen hat eine berühmte Sammlung von van Gogh, Cézanne, Maillol etc. Die drei machten auch einen mehr als vermögenden Eindruck. (…) Sie leben momentan am Tegernsee, wohin sie mich dringend eingeladen.« Franz Marc nahm die Einladung an und besuchte am 22. Januar in Begleitung von »Fräulein Franck« zum ersten Mal August Macke. Es folgten mehrere gegenseitige Besuche in Tegernsee und Sindelsdorf, wo Franz Marc und Maria Franck inzwischen wohnten.

Der neue Wohnsitz im oberen Stock des Staudacherhauses, das »seit Generationen in der Familie mit Tradition und Kultur« war, inspirierte August Macke zu vielen Bildern. Am liebsten malte er auf dem Balkon. Mit den neuen Vermietern verband ihn bald ein herzliches Verhältnis: »Er konnte frei und ungehindert arbeiten, zumal Staudacher ihm eine alte, leere Werkstatt als Atelier zur Verfügung stellte, die er sich mit wenig Mitteln als Arbeitsraum herrichtete«. (*Elisabeth Erdmann-Macke, Erinnerung an August Macke*)

Am 13. April 1910 kam in Tegernsee der erste Sohn Walter zur Welt. Die junge Familie genoß den schönen warmen Sommer. Sie unternahmen Wanderungen, gingen am See entlang oder mieteten ein Boot zu längeren Ruder- und Segelfahrten. Trotz des kalten Wassers gingen sie sogar im Tegernsee baden.

Der Liebreiz der farbenfrohen Landschaft am Tegernsee, die Begegnungen mit den bäuerlichen Einheimischen und das klare Licht bei Föhn weckten in dem damals erst 22-jährigen Städter August Macke eine so große Schaffenskraft, dass in nur einem Jahr an die 150 Bilder mit Motiven vom Tegernsee entstanden. Am 24. Juli 1910 schrieb August Macke an seine Schwiegermutter Sofie Gerhardt: »Ich male, male, male und freue mich von ganzem Herzen, wenn mein Blick mit dem Licht hineintaucht in das Dun-

August Macke: »Unser Wohnzimmer in Tegernsee«, 1909/1910

kel des Waldes oder über die Wiesen zittert und schließlich den Wolken nachträumt in der Ferne. Tagtäglich neues Glück erleben, neue Freuden. Ich will jetzt die Tage nutzen so viel es geht. Es drängt mich immer mehr zum Arbeiten.« Dabei kam seine junge Familie nicht zu kurz: »Wir lasen viel, ich strickte, und es verging kein Tag, an dem wir nicht unsere Spaziergänge machten in den nahen Lärchenwald, zum Paraplui und zum Lieberhof, nach Gmund oder Rottach-Egern. Es ging mir recht gut, und ich konnte noch tüchtig laufen in der köstlichen Luft.« (*Elisabeth Erdmann-Macke, Erinnerung an August Macke*)

Tegernsee war für August Macke ein Ort der Ruhe und Inspiration, um Neues zu schaffen. In Tegernsee lebte er mit seiner Frau zum ersten Mal in eigenen vier Wänden; auch hatte er unbeschränkt Zeit zum Malen. »Macke hatte bisher seine intensivsten Eindrücke in großen Städten erfahren. Der Wechsel aus der fast betäubenden Fülle von Großstadtbildern in den unberührten Frieden der oberbayerischen Landschaft machte ihn doppelt empfänglich für die großen und stillen Natureindrücke (…) Während des Winters fand eine Wendung in der Malerei von Macke statt. Er stand jetzt unter dem Einfluß von Matisse, den er sehr verehrte – im Februar konnte er eine Ausstellung des Malers in München sehen – und des französischen Fauvismus.« (*Isabelle Jansen, August Macke und Franz Marc am Tegernsee. Die Geburt einer Freundschaft, 14. Oktober 2007*)

Modelle aus dem Ort wurden engagiert: »der alte Jäger, ein versoffener Typ aus Gmund« und »eine junge, stämmige Sennerin (...), die wir einmal auf einem Spaziergang beim Heuen antrafen in langen blauen Hosen«, erinnerte sich später Elisabeth Erdmann-Macke. Es entstand das Ölgemälde »Tegernseer, Bauernjunge«, das den 13-jährigen Franz Drexler aus Sankt Quirin darstellt. Er stand auch Modell für das Gemälde »Bauernbursche auf Balkon« und »Bauernjunge aus Tegernsee« aus demselben Jahr. Das Ölporträt »Blondes Mädchen mit Puppe« ist nach der Nachbarstochter Mizzi Daucher gemalt. Anfang November 1910 besuchten Franz Marc und Maria Franck zum letzten Mal August und Elisabeth Macke in Tegernsee. Kurz darauf kehrte die junge Familie Macke ins heimatliche Bonn zurück. »Staudachers waren alle auf, trotz der frühen Stunde (...) und wir verließen nicht ganz leichten Herzens unser geliebtes heimatliches Nest, in dem wir so glücklich gewesen waren, August so schön und fruchtbar hatte arbeiten können und uns unser liebes erstes Kind geschenkt ward.« (*Elisabeth Erdmann-Macke, Erinnerung an August Macke*)

Über Franz Marc lernte August Macke den Russen Wassily Kandinsky kennen und knüpfte über ihn Kontakte zur »Neuen Künstlervereinigung München«. Ende 1911 fanden die berühmt gewordenen »Blauer-Reiter«-Almanach-Sitzungen in Murnau statt. Im April 1912 zeigte die Moderne Galerie Thannhauser in München eine Ausstellung von Werken August Mackes, darunter in Tegernsee entstandene Bilder.

7 Schererhof – Wohnhaus von Olaf Gulbransson

Von 1929 bis zu seinem Tod 1958 lebte Olaf Gulbransson mit seiner Familie auf dem Schererhof, einem 500 Jahre alten Bauernhof. 1929 erwarb er ihn für seine junge Frau Dagny und ließ ihn von Bauern und Handwerkern aus der Umgegend renovieren. Als das Haus fertig war, gab es eine Einstandsfeier, bei der alle Bauern aus der Umgebung eingeladen waren. Der Komödiant und Volksschauspieler Bertl Schultes, ein guter Freund von Ludwig Thoma, kannte den Schererhof von zahlreichen Besuchen: »Der Schererhof war einst ein Berggasthof gewesen, beliebt bei Einheimischen und Sommerfrisch-

Schererhof, um 1913

lern. Auch Thoma kehrte dort gerne ein und machte kurze Rast, wenn er von der Jagd kam. Er ging dann stets in die Bauernstube; auch beim schönsten Wetter saß er dort – der Fremden wegen. Nach einem langen Marsch durch sein Revier trank er sogar, was sehr selten war, eine ganze Maß und aß einen Radi und einen Bierkas. Das war für ihn der höchste Genuß. Wir waren des öfteren dort oben, wo man eine herrliche Aussicht auf den See hatte, beisammen. Es fiel immer ein Stückerl Bierkas, das er mit der Messerspitze servierte, und ein Blattl Radi für mich ab. In späteren Jahren, als der Schererhof dann in den Besitz von Olaf Gulbransson übergegangen war, zeigte ich diesem alle Plätze, an denen Thoma gesessen hatte.« (*Bertl Schultes, Ein Komödiant blickt zurück*)

Für das Tegernseer Tal hatte sich Olaf Gulbransson entschlossen, weil ihn die Landschaft an seine norwegische Heimat erinnerte. Die bayerischen Berge rund um den Tegernsee benannte er nach seinen geliebten Gipfeln in der Nordmarka nördlich von Oslo, wo er einen großen Teil seiner Jugend verbracht hatte. Vom Schererhof schrieb er an den norwegischen Bildhauer Gustav Vigeland: »Ich wohne hier in einem kleinen Stück Norwegen (…) auf einem alten Baernhof. (…) Der Tegernsee, das ist mein Fjord.«

Große Stube des Schererhofs im Erdgeschoss, um 1930

Der Verleger Reinhard Piper, der zum Freundeskreis gehörte, beschrieb in seinen Memoiren, wie es im Inneren des Hauses aussah: »Der lange Wohnraum, von fünf kleinen Fenstern erhellt, hat eine niedrige, weißlackierte Holzdecke, getragen von drei waagrechten dicken schwarzen Eichenbalken. Der mittlere dieser Balken wird senkrecht gestützt von der mächtigen hölzernen Schraube einer alten Weinpresse. Sie roch noch nach dem Wein, von dem sie einmal ganz durchtränkt war. Auf dem schwarzen Flügel stand das Glas mit den Zeichenfedern und die Perltusche. Hier zeichnete Olaf manchmal im Stehen, auf den Flügel gelehnt, dicht neben seiner Bronzebüste, die Bernhard Bleeker, sein Kollege an der Akademie, geschaffen hat. An der Wand hingen ein paar alte, nachgedunkelte Barockbilder. Auf dem einen hockte ein Türke mit langer Pfeife und betrachtete prüfend eine nackte Dame, ob sie sich wohl für seinen Harem eigne. Sonst waren da noch bayerische Hinterglasbilder mit Heiligen und Märtyrern. Radierungen von Rembrandt, Stiche von Callot mit Zigeunern und Bettlern, alte Ansichten von Tegernsee und dergleichen aufgehängt. Vom Hausherrn selbst neben dem großen offenen Kamin nur eine schwarze Tuschzeichnung: das Bildnis einer Greisin mit einem entschlossenen faltigen Männergesicht, die Tonpfeife im Munde, und mit knochigen Händen. Es ist Olafs Großmutter.« (*Reinhard Piper, Mein Leben als Verleger*) Zu Gulbranssons Künstlerfreunden gehörten u.a. der Volksliedsammler Kiem Pauli, der Kammersänger Leo Slezak und der Schriftsteller Hermann Hesse, mit dem er seit 1907 eng befreundet war.

In der Zeit der NS-Dikatur war Olaf Gulbransson ein offiziell anerkannter und mehrfach ausgezeichneter Künstler. Er fand nichts Verwerfliches dabei, über die Vermittlung von Hans Frank, seit 1923 Mitglied der NSDAP und während des Zweiten Weltkrieges Generalgouverneur des besetzten Polen, auf dem Schererhof eine »ausländische Arbeitskraft« zu beschäftigen. »Der Bronislav ist wie das ›gelobte Land‹. Die Dagny und ich habe direkt aufgeatmet. Wir sind ja auch so gekwält worden von unseren vorigen Saeufer. Er hat jeden Monat sein Geld – gom. Von uns und 60 war seine Rente – ausgesoffen. (…) Wie taht der Bronislaw uns wohl. Er ist tüchtig – fleisig – breitbackig – weisrussichs – sein Vater aus Posen – also eigentlich deutsch: sein Dialekt ist ruhig – langsam ostpreussisch. Er konte mein Bruder sein. Ich hab ihm das nicht gesagt. Nicht einmal merken lassen. Aber wir schauten uns (glaube ich) beruhigend an. Und wehn kan ich nun dieses Glück auf mein Berg verdanken? Ich weiss nicht wie ich es sagen soll. Ich kann Sie lieber und verehrter Herr Nachbar bloss von ganzen Herzen mit beiden Haenden die Hand schütteln. Mange Mange Tak!« (*Olaf Gulbransson an Hans Frank, o.D., ca. April 1942*) Auch Gulbranssons Frau Dagny war begeistert, dass Hans Frank den neuen Gärtner ohne Umwege über das Arbeitsamt München oder Holzkirchen vermittelt hatte: »Sehr geehrter und lieber Herr Generalgouverneur! Wir freuen uns sehr als der Pole glücklich am Sonntag in der Früh ankam (…) er ist direkt hierhergefahren und war nicht vorher im Arbeitsamt München oder Holzkirchen angekündigt. Er macht einen recht ordentlichen Eindruck und arbeitet schon fleissig im Garten herum. (…) Nun hätte ich so gerne gewusst welche Bedingungen er zugesagt bekommen hat und die Reisekosten. (…) Ihre dankbare Dagny B. Gulbransson« (*Dagny Gulbransson an Hans Frank, Tegernsee, 14. April 1942*) Offensichtlich blieb der polnische Gärtner länger auf dem Schererhof. Von seiner Anwesenheit wusste man auch in der Gemeinde Tegernsee, wie das Amtsschreiben des Bürgermeisters Max Hagg vom 28. Mai 1943 belegt: »Nach einer Verfügung des Landrats Miesbach dürfen am sonntag den 30. Mai 1943 Kriegsgefangene und ausländische Arbeitskräfte nicht ausgehen.« Und auf dem Originalkuvert ist mit Bleistift vermerkt: »Wegen Bruno polnischer Gärtner auf dem Schererhof.« (*Hektografierte Mitteilung, 28. Mai 1943*)

Nach 1945 war Olaf Gulbransson vom »Gesetz zur Befreiung von Nationalsozialismus und Militarismus« nicht betroffen. Bei der Tegernseer Gemeinderatswahl im April 1946 wurde Gulbransson, der 1906 die bayerische Staatsbürgerschaft erhielt und seit 1929 in Tegernsee gemeldet

Olaf Gulbransson bei der Gartenarbeit am Schererhof

war, vor der Wahlurne abgewiesen. Warum, ist bisher nicht zu rekonstruieren. Gulbransson schrieb daraufhin am 20. April 1946 an den Miesbacher Landrat mit der Bitte, »die Wählerkartei zu den bevorstehenden Kreistagswahlen berichtigen zu lassen.« Eine Woche später teilte ihm der Bürgermeister von Tegernsee mit, dass der Landrat dabei bliebe, dass Gulbransson nicht wählen dürfe, dass seine Frau Dagny dagegen wählen könne. Auf zwei handgeschriebenen Seiten erklärt Olaf Gulbransson sich und der Nachwelt, dass er von den Greueltaten der Nationalsozialis-

Evangelisch-Lutherische Auferstehungskirche in Rottach-Egern, Kißlingerstraße 25

ten nichts gewusst habe und dass er ein unpolitischer Künstler sei: »Ich habe nie einer Partei angehört, darum ist es ja ganz selbstverständlich, dass meine Zeichnungen nur aus einer deutschen Gesinnung kommen konnten und nicht aus einer Partei.« (*Germanisches Nationalmuseum/DKA Nürnberg, Bestand Olaf Gulbransson-Gesellschaft, Akte Veit 1a*) Schnell gelangte Olaf Gulbransson wieder zu Ruhm und Ehre. Der Schriftsteller Peter Bamm wurde zum oft gesehenen Gast, dann Heinrich Spoerl, Marion Gräfin Dönhoff, der Ozeanflieger Charles Lindbergh, Verleger Ernst Rowohlt, Dirigent Wilhelm Furtwängler und der Physiker Werner Heisenberg. Am 18. September 1958 ist Olaf Gulbransson auf dem Schererhof hoch über dem Tegernsee im 85. Lebensjahr verstorben. Beigesetzt wurde er auf dem Friedhof der Auferstehungskirche in Rottach-Egern, Ortsteil Egern, neben der von seinem Sohn Olaf Andreas (»Oleman«) erbauten Kirche.

8 Haus der Künstlerfamilie Stieler (heute Westerhof-Café), *Seestraße 74*

Der königliche Hofmaler Joseph Karl Stieler (1781–1858) erwarb aus königlichem Besitz 1829 am schönsten Punkt Tegernsees ein Grundstück auf der Point und errichtete eines der ersten Stadthäuser am Tegernsee. Das biedermeierliche Sommerhaus mit Atelier war der Vorreiter für weitere Ansiedelungen bedeutender Künstler im Gefolge des königlichen Hofs im Tegernseer Tal. Bekannt wurde Joseph Karl Stieler mit dem Auftragswerk, für das Schloss Nymphenburg eine Schönheitsgalerie zu malen. Seine heute bekanntesten Meisterwerke sind Bildnisse von Ludwig van Beethoven und Johann Wolfgang von Goethe. Der berühmteste Spross der Familie war der Dichter Karl Stieler (1842–1885), ein Freund und Schüler Franz von Kobells (1803–1882). In München geboren erlebte Karl Stieler in Tegernsee eine schöne Kindheit. Neben seinem bürgerlichen Beruf als promovierter Jurist wurde Schreiben und Dichten sein Metier. In vielen detailgetreuen Erzählungen hielt Karl Stieler das Leben im Tegernseer Tal des 19. Jahrhunderts fest. Vor allem in seinen Prosawerken gewährt er einen Einblick in den Alltag der bäuerlichen Bevölkerung. Seit 2014 ist das aufwändig restaurierte Haus der Künstlerfamilie Stieler als Café wieder für die Öffentlichkeit zugänglich.

Innenraum im ehemaligen Stieler-Haus, heute Westerhof-Café

Ludwig Ganghofer auf der Tillfußalm im Tiroler Gaistal, um 1912

9 Ludwig-Ganghofer-Haus, *Seestraße 78*

Ludwig Ganghofer baute sich nach dem Ersten Weltkrieg ganz in der Nähe seines Freunds Ludwig Thoma 1919 auf dem Leeberg ein eigenes Landhaus: die Villa Maria. (Kann nicht besichtigt werden.) Er bewohnte es aber nur kurze Zeit, da er am 24. Juli 1920 mit nur 65 Jahren an Herzversagen verstarb. Sein bester Freund Ludwig Thoma schrieb nur wenige Wochen vorher, am 1. Juli 1920, an Ricca, die Frau von Kommerzienrat Guido Lang: »Maidi wohnte bei Ganghofer, der reizend eingerichtet ist und mit dem ich lebhafte Nachbarschaft halte.«

Seit 1902 hatte Ludwig Ganghofer im Sommer regelmäßig den Tegernsee besucht. Sein Bruder Emil hatte sich dort am Egerner Ufer neben dem Gasthaus Überfahrt ein Haus gekauft, das längst abgerissen wurde. 1903 gewann er den Schrifststellerkollegen Ludwig Thoma zum besten Freund. Die beiden bayerischen Erfolgsschriftsteller blieben fast zwei Jahrzehnte eng befreundet. Beide stammten aus Försterfamilien und waren schon als Kinder umgeben von der Jagd. Das Jagen war für beide nie bloßer Sport oder Zeitvertreib, sondern neben dem Schreiben wichtigster Lebensinhalt. Die intensive Nähe zur Natur ging in ihre Literatur ein. Ludwig Thoma war damals bereits ein bedeutender bayerischer Schriftsteller und weit über Bayerns Grenzen hinaus bekannt. Sein Theaterstück *Moral* feierte in Berlin und Wien spektakuläre Erfolge. Ludwig Ganghofer gehörte mit Heimatromanen wie *Edelweißkönig* (1886), *Der Herrgottschnitzer von Ammergau* (1890) und *Die Martinsklause* (1894) zu den bekanntesten Erfolgsschriftstellern. Mit seinen Trivialromanen traf er den Nerv der Zeit. Der Technikkenner Ganghofer spürte, dass sich die Menschen tief in ihrem Inneren nach einer ländlichen Idylle zurücksehnten. Denn um sie herum war alles im Umbruch begriffen. Auch auf dem Land durchdrang die Industrialisierung immer mehr den Alltag. Die bisher geordnete Welt geriet völlig aus den Fugen. In Ganghofers Welt jedoch, in den Dörfern, Wäldern und Bergen zwischen Berchtesgaden und Mittenwald, war die Welt noch in Ordnung.

Nach dem Tod seines persönlichen Vertrauten und Freundes gestand Ludwig Thoma am 5. September 1920 seiner Geliebten Maidi von Liebermann: »Ich bin um 2 Jahre älter geworden, ernster, müder. (...) Und solche Eingriffe ins Leben, wie Ludwigs Tod für mich war, graben sich ein. Man kriegt ein anderes Augenmaß für das, was wichtig ist.«

Ludwig Ganghofer wurde unter großer Anteilnahme der Bevölkerung auf dem Egerner Friedhof begraben. Der Schriftstellerkollege, Freund und Nachbar Ludwig Thoma hielt die Grabrede. Gleich nach Ganghofers

Quirin Roth: Skulptur des Dichters Ludwig Ganghofer im Kurpark von Rottach-Egern

Tod kaufte er sich neben seinem Grab eine Grabstätte, sodass die beiden Freunde auf dem Friedhof nebeneinander liegen. Im August 1995 wurden zum 75. Jahrestag von Ganghofers Tod im Kurpark von Rottach-Egern Denkmäler für Ganghofer und Thoma enthüllt.

10 Bruno Frank in Tegernsee – Villa d'Henglière, *Seestraße 80*

Der Schriftsteller Bruno Frank und seine Frau Liesl, geborene Massary, verbrachten um 1930 mehrere Sommer in Tegernsee. Zunächst mieteten sie die längst abgerissene Villa des Kunsthändlers Gustav Seidenader, der sie 1901 in Schwaighof erbauen ließ. Im nächsten Sommer kamen sie wieder und wohnten in der Villa d'Hengelière an der Uferstraße zwischen Tegernsee und Rottach. Liesl Frank war die Tochter der damals berühmten Schauspielerin und Operettendiva Fritzi Massary, die mit dem Komiker und Charakterdarsteller Max Pallenberg verheiratet war. 1924 hatte Liesl Massary in Garmisch den Schriftsteller Bruno Frank geheiratet, der aus einer jüdischen Bankiersfamilie stammte. Dort besaßen seine Schwiegereltern Fritzi Massary und Max Pallenberg bis 1927 ein stattliches Landhaus.

Bruno Frank lebte mit Liesl zunächst am Starnberger See, dann ab 1926 im Münchner Herzogpark in direkter Nachbarschaft zu Thomas Mann und seiner Familie. Prominente Schriftsteller wie Carl Zuckmayer, Thomas Mann und Alfred Polgar besuchten die Franks in der Sommerfrische am Tegernsee. Olaf Gulbransson verbrachte mit ihnen gemeinsame Stunden am Strand. Zum Freundeskreis gehörten auch die in Frankfurt aufgewachsenen Brüder Albrecht und Rudolf Joseph, deren Eltern – Justizrat Dr. Ludwig Joseph und seine Frau Elise Regine – seit 1928 im Hofeld 124 ein Landhaus besaßen. 1929 zogen ihre beiden Söhne laut der Meldekartei der Stadt Tegernsee bei ihnen ein. Um den Drehbuchautor Albrecht

Die Seidenader-Villa in Tegernsee an der Uferstraße nach Rottach, 1901 (abgerissen)

Joseph und den Dramaturgen und Regisseur Rudolph Joseph scharte sich neben Liesl und Bruno Frank mit Carl Zuckmayer, Max Mohr, Fritzi Massary und Max Pallenberg bald ein illustrer Kreis von berühmten Künstlern und Schriftstellern. Für die Großstädter hatte es Kultstatus, bei den Aufführungen der Ganghofer-Thoma-Bühne in der Überfahrt dabei zu sein.

Wenige Jahre später veränderte der Machtantritt Adolf Hitlers alles. »Zuckmayer und ich gingen zur Wahl am ersten März. Wie man hatte erwarten müssen, bestätigte deren Ausgang Hitler und sein Kabinett. Zum letzten Mal gab ich in Deutschland meine Stimme ab, und es war auch das letzte Mal, daß ich Berlin sah. Am Tag darauf brach Zuckmayer nach Henndorf, ich nach Tegernsee auf. Hier schien sich nicht viel verändert zu haben. (…) Die Nazis, die es hier gab, waren hauptamtliche, meist waren es verbitterte Kleinbürger, die mit ihrem Geschäft oder auf ihrer Laufbahn Schiffbruch erlitten hatten und nun hofften, daß sie als alte Parteimitglieder oder ›alte Kämpfer‹, wie sie sich von Amts wegen nannten, doch noch ihr Glück machen würden.« (*Joseph Albrecht, Portraits. I. Carl Zuckmayer. Bruno Frank*) Kurz darauf verließen die beiden jüdischen Schriftsteller Deutschland. Albrecht Joseph floh über Österreich, Italien, England und Frankreich schließlich in die USA. Carl Zuckmayer zog sich nach Österreich in sein Haus in Henndorf zurück, das er 1926 gekauft hatte. Das mit ihm befreundete Ehepaar Bruno und Liesl Frank emigrierte ebenfalls 1933 über Österreich, die Schweiz, Frankreich und England nach Amerika, wo sie sich in Beverly Hills im Kreis der deutschen Emigranten niederließen. Bruno Frank schrieb in der Emigration seine großen historischen Romane *Cervantes* (1934) und *Der Reisepaß* (1937). Er starb 1945 im amerikanischen Exil.

11 Mutterhof am Leeberg (ehemaliges Courths-Mahler-Haus), *Schwaighofstraße 47*

Seit Anfang der 1930er-Jahre verbrachte die Unterhaltungsschriftstellerin Hedwig Courths-Mahler (1867–1950) mit ihrer Familie die Sommermonate am Tegernsee. Dort gefiel es ihnen so gut, dass sie beschloss, von Berlin an den Tegernsee zu ziehen. Am 14. September 1933 kaufte Hedwig Courths-Mahler vom Frankfurter Großindustriellen Alfred Merton eine Villa im Landhausstil. Sie ließ das Haus und den großen Garten herrichten und eine Zentralheizung einbauen. Im März 1935 zog sie mit ihrem Mann

Hedwig Courths-Mahler auf dem Balkon des Mutterhofs am Leeberg, 1949

Kohl selber und bin wieder geworden, was meine Vorfahren waren – Bauern.« Gegen Ende des Kriegs musste Hedwig Courths-Mahler die meisten Zimmer im Mutterhof für Ausgebombte und Flüchtlinge bereitstellen; ihr blieb nur noch ihr Schlafzimmer. Eine Beschlagnahmung des Hauses als Erholungsheim der SS konnte nur knapp abgewendet werden.

Geboren wurde Hedwig Courths-Mahler 1867 in Nebra / Thüringen als uneheliches Kind einer Seilertochter. Sie wuchs bei Pflegeeltern auf und wurde zeitweise sehr schlecht behandelt. Die Welt der Literatur erschloss sie sich

Fritz Courths sowie ihrer Tochter Margarete nebst Ehemann Karl Elzer in der Schwaighofstraße in Tegernsee ein und lebte dort bis zu ihrem Tod 1950. Der Tochter Frieda schenkte die Erfolgsschriftstellerin 1935 in Rottach-Egern eine eigene Acht-Zimmer-Villa. Während des »Dritten Reichs« galt Hedwig Courths-Mahler als »Dienstmädelkitsch-Autorin«. Nur noch ein Drittel ihrer Romane waren auf dem Buchmarkt präsent. 1938 schrieb sie verbittert an die Reichsschrifttumskammer: »Auf meinem kleinen Landhaus baue ich meinen

als Dienstmädchen und Krankenpflegerin bei gebildeten Leuten. Die Bücher der Eugenie Marlitt und die Zeitschrift »Die Gartenlaube« wurden ihr zum Vorbild für das eigene literarische Schaffen. Mit ihrem Schreiben träumte sie sich in eine Scheinwelt, wo sich alle Schwierigkeiten mit einem Happy End lösen ließen. Das kam in einer Zeit der Arbeitslosigkeit und Wirtschaftskrise bei vielen Lesern sehr gut an. Auch dass ihre Romane in Heftchenform erschienen, begünstigte ihren kometenhaften Aufstieg in den 1920er-Jahren. Von 1916 bis 1933 lebte Hedwig Courths-Mahler mit ihrem Mann und ihren zwei Töchtern in Berlin. Sie gehörte zur Berliner Prominenz und verkehrte mit Berühmtheiten wie Emil Jannings, Paula Wessely, Curt Goetz u.a. In dieser Zeit wurden ihre Romane zum Markenzeichen der leichten Unterhaltungsliteratur. Als Courths-Mahler am 26. November 1950 in ihrem Haus in Tegernsee starb, hatte sie insgesamt 208 Unterhaltungsromane veröffentlicht, die in zahlreiche Sprachen übersetzt wurden. Der Bastei-Verlag, mittlerweile alleiniger Inhaber der Weltrechte, gibt eine deutsche Auflage von 80 Millionen Exemplaren an. Auf Courths-Mahlers Grab auf dem Friedhof in Tegernsee steht: »Arbeit adelt«.

Rottach-Egern

12 Haus von Ludwig Thoma, *Tuften 12*

Im Sommer 1906 kaufte sich der Schriftsteller Ludwig Thoma drei Tagwerk Grund auf dem Tuftenfeld in Rottach und ließ sich vom befreundeten Grafiker und Bildhauer Ignatius Taschner ein stattliches Wohnhaus und daneben einen Kuhstall mit Stadel entwerfen. Eigenen Angaben zufolge war er jeden Tag auf der Baustelle und redete selbst beim Einbau der Fensterstöcke mit. Die Tuften sollte das gemeinsame Domizil mit seiner Frau Marion, geborene Maria Trinidad de la Rosa, werden. Sie war in Manila auf den Philippinen geboren, faszinierte ihn mit ihrer eigenwilligen, fast knabenhaften Schönheit und inspirierte ihn zur Gestalt der Cora in *Tante Frieda*. Die beiden heirateten am 26. März 1907. Anfang April 1908 zogen sie in das neue Haus auf der Tuften ein, das an einem der schönsten Plätze im Tegernseer Tal steht. Das Herzstück des Hauses bildete damals wie heute die Jägerstube mit einer gemütlichen Ofenbank am mächtigen Kamin und einem breit ausladenden Tisch vor dem Herrgottswinkel. In seinem neuen Zuhause war Ludwig Thoma schrift-

Ludwig-Thoma-Haus, 1912

zum Kaffee vorbei und »Frau Dr. Dispeker«, die Mutter von Grete Weil, machte bei ihren Besuchen »Complimente über die blitzsaubere Haushaltung«. Marion hingegen fand sich nach einiger Zeit in der ländlichen Abgeschiedenheit nicht zurecht und ging immer häufiger auf Reisen. »Aber das ist alles bloß halb, wenn Du fehlst, und ich muß den Leuten immer erklären, warum Du weg bist«, schrieb Ludwig Thoma seiner Frau am 9. Juli 1910. Nach vier Jahren Ehe ließen sich die beiden 1911 scheiden, blieben aber bis 1918 eng verbunden. Nach der Scheidung von Marion stellte Ludwig Thoma im März 1913 das Dienstmädchen Maria Gottschlicht (1900–1974) aus Rottach ein, die über 50 Jahre im Thoma-Haus blieb, sowie den Gärtner Wastl Kölbl, der das etwa 9 Tagwerk große Grundstück pflegte. Bereits 1908 hatte Ludwig Thoma den »Schweizer« Georg Seestaller (1861–1938) eingestellt. 30 Jahre lang blieb er auf der Tuften für die Nutztiere und die Feldarbeit zuständig.

stellerisch äußerst produktiv. Dort entstanden u. a. das Lustspiel *Moral* (1908), die Dorfgeschichte *Der Wittiber* (1910), das Volksstück *Magdalena* (1912), die Weihnachtsgeschichte *Heilige Nacht* (1915 / 16) der Roman *Der Ruepp* (1921) und die Autobiografie *Erinnerungen* (1919).

Zunächst fand Marion Gefallen am Leben auf der Tuften. Mit mehreren weiblichen Hausangestellten war sie für das leibliche und seelische Wohl von Ludwig Thoma zuständig, während sich der Schriftsteller als Bauer betätigte, seine Felder mähte und das Heu erntete. Mit seinen Freunden saß er in der verqualmten Jägerstube und spielte nächtelang Tarock. Häufig besuchten ihn seine Freunde vom »Simplicissimus«, allen voran Olaf Gubransson. Des Weiteren schauten der Schauspieler Gustl Waldau (1871–1958), der Komponist Richard Strauss und Ludwig Ganghofer hie und da

In den Kriegsjahren wandelte sich Ludwig Thoma zu einem streng nationalen Hurrapatrioten. Der einst so kritische Geist war von Anfang an voller Begeisterung für den »großen Krieg fürs Vaterland«. Er zeichnete und warb für Kriegsanleihen. Auch litt er darunter, dass er im Herbst 1914 zwar an die Westfront fahren konnte, jedoch nur »Liebesgaben« wie Tabak und Zigarren verteilen durfte. Im März 1915 tat er als freiwilliger Sanitäter an der Westfront, ab dem 26. April an der Ostfront in Galizien und Russland Dienst. Am 9. Juni 1915 schlug er allen Ernstes seinem gerade in Skoloszow-Radymno weilenden Freund Ludwig Ganghofer vor, doch ein Scharfschützenkorps gegen Italien zu bilden: »Die Besten nehmen und Du das Kommando übernehmen. (…) Herrgott, Ludwigl, wenn ich das mit Dir erleben dürfte, das Leben wär'nochmal so schön, und das Sterben nicht schwer.« (*Ludwig Thoma an Ludwig Ganghofer, 9. Juni 1915*)

Doch für den 48-Jährigen waren die Kriegsstrapazen zu anstrengend. Im August 1915 erkrankte Ludwig Thoma schwer an der Ruhr und wurde kurz darauf als kriegsuntauglich entlassen. Für seinen Kriegseinsatz wurde er mehrfach ausgezeichnet, u.a. mit dem »Eisernen Kreuz II. Klasse« und vom bayerischen König Ludwig III. mit dem »König-Ludwig-Kreuz«. Nach seinem Militäreinsatz zog sich Thoma ganz in sein Landhaus auf der Tuften zurück und begann im Dezember 1915 mit der *Heiligen Nacht.* In dieser Weihnachtslegende in Lenggrieser Mundart verlegt er das Weihnachtsevangelium von Bethlehem in seine oberbayerische Heimat. 1917 trat Thoma der neugegründeten Deutschen Vaterlandspartei bei. Diese erkonservative und monarchistische Partei setzte sich offen und aggressiv für eine Fortführung des Kriegs bis zum »Siegfrieden« ein. Thoma unterstützte sie mit Vorträgen und Reden. Die Enttäuschung darüber, dass der Krieg nicht mehr zu gewinnen war, kompensierte er mit dem Rückzug ins private Glück. Im August 1918 ging er mit Maria (»Maidi«) Liebermann von Wahlendorf eine komplizierte Liebesbeziehung ein. Sie entstammte der wohlhabenden jüdischen Unternehmerfamilie Feist-Belmont und war seit 1910 mit

Ludwig Thoma mit Peter und Marion Thoma in der Stube kurz nach dem Einzug auf der Tuften, Frühjahr 1908

dem Chemiker Willy Liebermann von Wahlendorf verheiratet. Die beiden hatten einen gemeinsamen Sohn. Seit ihrer Kindheit liebte die Weltbürgerin aus bestem Hause den Tegernsee, doch ein gemeinsames Leben mit Ludwig Thoma auf der Tuften war für die Großstädterin ausgeschlossen. Während sich der fast 50-Jährige vergeblich nach seiner großbürgerlichen Geliebten sehnte, schrieb er ab Juli 1920 unter Pseudonym im »Miesbacher Anzeiger« 170 hasserfüllte, antisemitische und antidemokratische Hetzartikel. Damit machte er sich zum Sprachrohr rüdesten Antisemitismus und zum eingeschworenen Feind der Demokratie. Zur selben Zeit entstand, einfühlsam beobachtet und brillant formuliert, sein letzter Roman *Ruepp*. Seiner Geliebten erklärte er, warum er so frustriert und böse sei: »Jetzt sitz' ich wieder allein in der Stube und korrigiere den ›Ruepp‹ und denk' daran, wie nett und lieb es war, als Du daneben saßest (…). Ich war immer heißblütig dabei für unser Deutschland (…). Und jetzt ist alles, was ich meiner Lebtag haßte, obenauf. Die Hundsfranzosen, die Sozi, das Gesindel, die Schwätzer. Und alles, was ich so liebte, ist im Untergang.« (*Ludwig Thoma an Maidi von Liebermann, 27. April 1921*) Maidi von Liebermann wusste von Thomas Mitarbeit beim »Miesbacher Anzeiger« und forderte ihn am 27. Juni 1921 auf: »Schreibe für eine anständige Zeitung, aber zu den hinterfozzigen Geschichten würde ich mich nicht hergeben.« (*Brief vom 27. Juni 1921, zit. n. Martha Schad, Weiberheld und Weiberfeind. Ludwig Thoma und die Frauen, München 2016*)

Ludwig Thoma in Jagdmontur vor seinem Landhaus auf der Tuften, um 1912

Der NS-Ortsgruppenleiter Erich Gärtner, der damals den Schererhof besaß, wollte Ludwig Thoma in seinem Schreiben vom 14. Juli 1921 zu einer Mitgliedschaft in der NSDAP bewegen. Doch dazu kam es nicht mehr. Ludwig Thoma starb am 26. August 1921 auf der Tuften an Magenkrebs und wurde drei Tage später neben seinem Schriftstellerfreund Ludwig Ganghofer im Friedhof Egern beerdigt. In der Zeit des Nationalsozialismus war Ludwig Thoma wegen seiner Darstellung des Bauerntums ein hochverehrter Schriftsteller.

Thoma vererbte seiner Geliebten Maidi von Liebermann die Verwertungsrechte an seinem literarischen Werk, Teile seines Vermögens sowie Haus und Grundbesitz auf der Tuften. Sie nahm 1921 das Erbe an, gleichzeitig setzte sie ihre Karriere als Konzertsängerin auf deutschen Bühnen fort. Das Anwesen ließ sie zunächst durch Hausangestellte verwalten.

1932 kehrte sie auf die Tuften zurück und betrieb im Ludwig-Thoma-Haus bis ins hohe Alter eine Pension. Bereits 1923 waren die ersten zahlenden Gäste auf der Tuften. Auch während der gesamten Zeit des Nationalsozialismus gelang es der nach NS-Diktion »Halbjüdin«, der Zwangsenteignung zu entgehen. Von 1943 bis 1945 wurde der NS-Funktionär Hans Zöberlein mit seiner Familie im Ludwig-Thoma-Haus zwangseinquartiert. Einer der Gründe, warum Maidi von Liebermann ihren Besitz gegenüber den Machthabern behaupten konnte, war das geschickte Taktieren ihrer Anwälte. 1964 wurde ein Stiftungsvertrag zwischen der Landeshauptstadt München und der Thoma-Erbin geschlossen. Die 80-jährige Maidi von Liebermann schenkte der Stadt das Haus, diese erwarb für 1 Million Mark einen Teil des Grunds am Thoma-Haus. Bis 1968 blieb sie auf der Tuften wohnen. Die letzten Lebensjahre verbrachte sie in ihrem Haus in Tirol und starb 1971 im Krankenhaus in Bad Wiessee.

Das Ludwig-Thoma-Haus kann nach telefonischer Voranmeldung bei der Hausverwalterin besichtigt werden – viele Zimmer sind im Originalzustand erhalten.

13 D. H. Lawrence zu Besuch bei Max Mohr, *Löblhof in der Wolfsgrub bei Rottach*

Von 1920 bis 1934 lebte der Schriftsteller und Arzt Max Mohr (1891–1937) mit seiner Frau Käthe und seiner Tochter Eva (1926–1992) am Löblhof unterhalb des Wallbergs, nur wenige Kilometer von Rottach entfernt. Max Mohr war praktischer Arzt und zugleich einer der erfolgreichsten Bühnenautoren der Weimarer Republik. Der leidenschaftliche Bergsteiger und Abenteurer gab 1920 seine Arztpraxis in München auf und zog mit seiner Frau Käthe auf einen alten Bauernhof in die Wolfsgrub bei Rottach, der früher zum Besitz des Klosters Tegernsee gehört hatte. Max Mohr stammte aus einer jüdischen Familie, die in Würzburg eine Malzfabrik besaß. 1891 kam er als drittes Kind in Würzburg zur Welt. Dort verbrachte er seine Jugend und Gymnasialzeit. Am 20. März 1920 heiratete er Käthe Westphal, Tochter einer wohlhabenden protestantischen Handelsfamilie aus Hamburg. Zur Hochzeit schenkte Käthes Mutter dem jungen Paar den alten Bauernhof in der Wolfsgrub, der bis heute im Besitz der Familie ist. Die beiden entschlossen sich, der Zivilisation den Rücken zu kehren und aufs Land zu ziehen. Im Erinnerungsbuch von Käthe Mohr heißt es: »Wir lebten nun in der Wolfsgrub und waren glücklich. Mohr war ja fertig als Arzt und wollte nun versuchen, der größte Dramatiker zu werden. Er war drei Jahre als Infanteriearzt im Westen an der vordersten Front gewesen, in England gefangen. Er blieb noch Arzt in München, bis die Revolution vorbei war, dann fühlte er, er müsse erst einmal mit all dem Vergangenen fertig werden. Und so fing er an zu schreiben, ganz besessen von dem Wunsch, das Theater zu erobern.«

Max Mohr mit seiner Tochter Eva vor dem Löblhof in der Wolfsgrub, 1931

Mit dem *Theaterstück Improvisationen im Juni* (1922) eroberte Max Mohr tatsächlich die deutschen Bühnen. Allein im Residenztheater München wurde es 50 Mal aufgeführt und in kurzer Zeit von zwölf anderen Bühnen ins Repertoire aufgenommen. Die Stücke *Sirill am Wrack* und *Die Karawane* (1924) folgten. Mit dem Drama *Ramper* gelang Max Mohr 1925 ein sensationeller Bühnenerfolg. Die Romane *Venus in den Fischen* (1927) und *Frau ohne Reue* (1933) fanden zahlreiche Leser.

Das Bauernhaus entwickelte sich zu einem beliebten Künstlertreff am Tegernsee. Mit dem Schauspieler Heinrich George war Max Mohr eng befreundet. Thomas Mann kam zu Besuch und beeindruckte Max Mohrs Tochter mit seinen weißen Turnschuhen. Zwischen ihm und Max Mohr fand ein reger Briefwechsel statt, der auch nicht abriss, als dieser 1934 ins Exil ging.

Mohr war ein Weltenbummler und sprach hervorragend Englisch. Das kam ihm auf seinen zahlreichen Reisen, im Exil in Shanghai und im Umgang mit seinem Freund David Herbert Lawrence sehr entgegen. 1927 suchte Max Mohr den Kontakt zum englischen Schriftstellerkollegen; die beiden wurden rasch enge Freunde und Max Mohr wurde der Hausarzt von D. H. Lawrence, der an Lungentuberkulose erkrankt war. Im August/September 1929 verbrachte Lawrence fast vier Wochen in der Wolfsgrub. Er quartierte sich mit seiner Frau Frieda ins nahegelegene Café Angermaier ein. Der kränkelnde Dichter fühlte sich hier sehr wohl: »Everybody here is extraordinary nice.« Und weiter: »Wir sind wieder in den Bergen, an einem hübschen Ort, sehr ruhig und friedlich; das kleine Wirtshaus riecht zwar furchtbar nach Kühen, – aber wir essen außerhalb unter den Bäumen und wohnen in einem kleinen Häuschen nebenan für uns allein. Um uns Kühe, Heuhaufen, und Äpfel von hohen, alten Bäumen, die plötzlich herabplumpsen.« In Rottach feierte D. H. Lawrence am 11. September 1929 seinen 44. Geburtstag. Eine Vase, verziert mit bayerischem Enzian, inspirierte ihn zu dem Gedicht *Bavarian Gentian* (*Bayerischer Enzian*), eines seiner großartigsten und einsamsten Gedichte. Dass sich Mohr und Lawrence hervorragend verstanden, dokumentieren die erhaltenen Briefe. Max Mohr war ursprünglich sogar als Übersetzer von *Lady Chatterley's Lover* im Gespräch gewesen. Er glaubte, er könne D. H. Lawrence als Arzt helfen und begleitete ihn und seine Frau Frieda an die französische Riviera nach Bandol. Dort blieb er einen ganzen Monat bis kurz vor Lawrences Tod am 2. März 1930 in Vence. Dann kam er nach Wolfsgrub zurück und nahm wieder sein Leben als Schriftsteller auf. Als Erinnerung an den einzigartigen Freund widmete er ihm den Roman *Freundschaft von Ladiz* (1931).

Max Mohr und Heinrich George, um 1932

Am 8. November 1934 ging Max Mohr von der Wolfsgrub aus ins Exil nach Shanghai/China und arbeitete dort als Arzt. Seine Frau Käthe und seine Tochter Eva ließ er am Tegernsee zurück – er wollte die beiden aber sobald als möglich nachholen. Dazu kam es aber wegen seines unerwarteten Todes im Jahr 1937 nicht mehr. Mohrs nach NS-Diktion »halbjüdische« Tochter Eva überlebte die für sie gefährlichen Jahre des NS-Regimes mit Unterstützung der Nachbarn in der Wolfsgrub. Ende Februar 1935 ließ sich Max Mohr als Allgemeinmediziner in einem der teuesten Viertel Shanghais nieder. Zu seinen prominenten Patienten zählte die österreichische Schriftstellerin Vicki Baum. Als die Japaner die Stadt 1937 besetzten, versorgte Max Mohr gemeinsam mit anderen Ärzten, Krankenschwestern und Helfern die Verwundeten. Die japanische Okkupation hatte Auswirkungen auf sein Geschäft: Viele wohlhabende Patienten verließen die Stadt. Am 13. November 1937 starb der 46-Jährige unerwartet an einem Herzinfarkt. Seine literarische Hinterlassenschaft, Manuskripte, Dokumente und die 39 Briefe von D. H. Lawrence schickte eine Freundin in einem Lederkoffer zurück in die Wolfsgrub. Die Urne mit seiner Asche versenkte ein mit ihm befreundeter Schiffskapitän vor Helgoland in der Nordsee. Die Asche eines Juden erhielt damals in Deutschland keine Einreiseerlaubnis. Der Löblhof ist bis heute im Besitz der Familie und öffentlich nicht zugänglich.

14 Häusl der Künstlerfamilie Slezak (heute Hotel Malerwinkel), *Überfahrtstraße 3*

Hier wohnte seit 1910 Leo Slezak (1873–1946), einer der berühmtesten Tenöre des ausgehenden 19. und beginnenden 20. Jahrhunderts, mit seiner Familie. 1910 kaufte er am Egerner Spitz, an einem der schönsten Plätze im Tegernseer Malerwinkel, den Schormann-Hof: »In Egern, am Tegernsee, im bayerischen Hochgebirge, habe ich mir ein kleines Sommerheim geschaffen. Ein kleines, liebes altes Bauernhaus mit einem selbst angelegten Garten, den ich mir aus einer Wiese durch Pflanzen von großen Bäumen in einen herrlichen Park verwandelte. Jeder Baum, jeder Strauch ist mein eigenes Werk, und so konzentrieren sich während des ganzen Jahres meine Gedanken auf dieses Fleckchen Erde, das ich so grenzenlos liebe.« (*Leo Slezak, mein Lebensmärchen*) Zuvor war er bereits einige Jahre Sommergast im benachbarten Fischerweberhof. Mit den Einheimischen pflegte er beste Kontakte. Zu seinen Freunden zählten

Emil Ganghofer, Fotograf, Filmpionier und Bruder von Ludwig Ganghofer, und Peter Thoma, Bruder von Ludwig Thoma. Über Peter Thoma lernte Slezak den damals schon prominenten bayerischen Schriftsteller kennen. Leo Slezak nannte sein Domizil »Blumenhäusl«; es wurde für ihn und seine Familie Heimat und Fluchtpunkt zugleich. »Wenn du nun mit der Fähre den See übersetzt hast und gehst einige Meter, so stehst du vor einem kleinen Holzhause, das mit Blumen derart übersät ist, daß es dir wie ein Blumenstrauß erscheint. Das ist mein Häuserl, mein Blumenschloß, das ich nicht gegen alle Paläste der Welt eintauschen wollte.« (*Leo Slezak, Meine sämtlichen Werke in einem Bande*)

Das »Blumenhäusl« von Leo Slezak in Egern

Der Weltstar begann seine Karriere unter Gustav Mahler in Wien und sang neben Enrico Caruso an der Metropolitan Opera in New York. Sein Repertoire war vielfältig und reichte von Mozart-Opern über Richard Wagner bis Guiseppe Verdi. An der Wiener Hof- bzw. Staatsoper war Leo Slezak von 1901 bis 1926 festes Ensemblemitglied. »Die großen Häuser der damaligen Zeit stritten sich um ihn.« (*Sonja Still, Leo Slezak – Ein Weltstar und seine Künstlerfamilie am Tegernsee*)

Elsa, Leo und Margarete Slezak, um 1916

Geboren wurde Leo Slezak 1873 in Mährisch Schönberg. Er lernte zunächst Gärtner, dann Schlosser, bevor 1896 am Stadttheater in Brünn als Lohengrin sein kometenhafter Aufstieg begann. Seine Frau Elsa Wertheim, gebürtige Wienerin aus bester jüdischer Familie, lernte er während eines Engagements in Breslau kennen. Nach ihrer Hochzeit gab sie ihren Beruf als Schauspielerin auf. Die beiden Kinder Margarete (1901–1953) und Walter Slezak (1902–1983) schafften es als Künstler zu eigener Berühmtheit. Margarete wurde Opern- und Konzertsängerin. Zunächst lernte sie Zither und Geige; dann nahm sie heimlich Gesangsunterricht: »Leo Slezak war vollkommen überrascht, als er vom Debüt seiner Tochter in einer Revue am Theater an der Wien hörte. Er raufte sich die Haare, aber als es ein großer Erfolg wurde, freute er sich mit ihr und verzieh ihr die Heimlichtuerei. Jahre später standen Vater und Tochter gemeinsam auf der Opernbühne, sie sangen die *Jüdin*, *Othello* und den *Tannhäuser* zusammen«. (*Hanna von Feilitzsch, Leo Slezak. Der Meister des hohen C's*) Ihr erstes Engagement führte sie von 1930 bis 1933 an die Deutsche Staatsoper Berlin. »Während der Münchner Zeit hatte Margarete durch Zufall Adolf Hitler kennengelernt, der die junge Künstlerin sehr verehrte. Es entwickelte sich eine enge Freundschaft, über ihn auch mit anderen Nazi-Größen, die ihr die unterschiedlichsten Privilegien verschaffte. Adolf Hitler protegierte Margarete Slezak, wo immer es möglich war, und so konnte sie am Deutschen Opernhaus von 1935 bis 1943 mit großem Erfolg tätig sein.« (*Hanna von Feilitzsch, Leo Slezak. Der Meister des hohen C's*) Ihr Bruder Walter wurde Schauspieler in Hollywood. Anfänglich studierte er Medizin, wurde dann aber Bankangestellter. Sein Freund Michael Curtiz überredete ihn 1922, eine Rolle in dessen Film *Sodom und Gomorrha* zu übernehmen. Im jungen Medium Film spielte Walter Slezak in einer Reihe von deutschen Stummfilmen den romantischen Liebhaber. Nach einem Debüt am Broadway 1930 blieb er zwölf Jahre der Theaterbühne treu. Weil sich die Verhältnisse in Deutschland nach dem Machtantritt Hitlers verschlechterten, ließ er sich in den Vereinigten Staaten nieder; 1936 erhielt er die amerikanische Staatsbürgerschaft. Spätestens mit seinem Auftritt in Alfred Hitchcocks Spielfim *Lifeboat* von 1943 wurde er ein international bekannter Filmstar.

Auch Leo Slezak machte als 61-Jähriger noch einmal eine Karriere im neuen Medium Film, nachdem er 1934 von der Opernbühne abgetreten war. An der Seite von Zarah Leander, Hans Moser oder Hans Albers prägte er den Beginn der deutschen Filmgeschichte. Daneben schrieb er mehrere Bestseller, die in den USA große Verkaufsschlager wurden. Briefe an den in den USA lebenden Sohn dokumentieren, dass der Weltstar in großer Unsicherheit und Angst vor den Nationalsozialisten lebte. Leo und Elsa Slezak konnten sich bis 1943 ungehindert in Deutschland bewegen. Dann zogen sie sich ganz an den Tegernsee zurück. Ihre Tochter Margarete Slezak hatte nach einem Zerwürfnis mit Hitler in Berlin Auftrittsverbot. Mit ihrem zweiten Mann wartete sie das Kriegsende ebenfalls am Tegernsee ab. Ende Mai 1945 starb Elsa Slezak; ihr Mann Leo folgte ihr am 1. Juni 1946. Auch ihre Kinder Margarete und Walter fanden auf dem Egerner Friedhof ganz in der Nähe des »Blumenhäusls« ihre letzte Ruhe.

15 Gasthof Zur Überfahrt, *Überfahrtstraße 10*

Seit 1873 ist auf dem Egerner Spitz der Gasthof zur Überfahrt nachweisbar. Dort wurden 1892 die ersten Touristenzimmer eingerichtet und 1902 der große Theatersaal erbaut. Über 40 Jahre lang war die Überfahrt für Einheimische und Sommergäste der bedeutendste gesellschaftliche Mittelpunkt am See. Emil Ganghofer, der Bruder von Ludwig Ganghofer, zeigte dort die erste Kinovorstellung mit einem Lokomobil als Stromversorger. Der Volksschauspieler und Theaterleiter Michael Dengg gründete 1903 dort das Große Oberbayerische Bauerntheater, das spätere Tegernseer Bauerntheater. Es erfreute sich bei den Einheimischen, den Rottacher Honoratioren und bei den Sommergästen großer Beliebtheit. Die Aufführungen waren immer überfüllt. Dengg stellte den damals noch unbekannten Kiem Pauli als festen Musiker und Kassierer an. Beide waren eng befreundet mit dem Schriftsteller Ludwig Thoma, dessen Komödie *Erste Klasse* am 12. August 1910 auf der Dengg-Bühne uraufgeführt wurde. Die Künstlerprominenz, allen voran Ludwig Thoma, Ludwig Ganghofer, Olaf Gulbransson, Eduard Thöny und der Operntenor Leo Slezak amüsierten sich dort. »Wo man hinsah:

Hotel Überfahrt in Egern, um 1900

Prominente, Prominente. Unmöglich, alle Namen zu nennen: Fürst Donnersmarck, Olaf Gulbransson, Eduard Thöny, Leo Slezak – sie alle saßen zwischen Theater-Zaren aus allen deutschen Gauen in den ersten Reihen. (…) Thoma lehnte sich mit einer Ruhe zurück, als ob ihn die Sache persönlich überhaupt nichts anginge. Er rauchte behäbig seine Pfeife.« (*Bertl Schultes, Ein Komödiant blickt zurück*) Das Interesse an dieser Uraufführung war so groß, dass alle Hotelzimmer in der Tegernseer Gegend ausgebucht waren und im Gasthaus Zur Überfahrt Telefonleitungen gelegt werden mussten. Nach der Theatervorstellung saßen Thoma und seine Frau Marion gerne im »Salettl« des Gasthauses bei Wiener Würstl mit Kraut und Bier, die Thoma den Darstellern gestiftet hatte.

Nach Denggs Tod 1914 führte seine Frau Anna das Theater weiter und der Schauspieler Bertl Schultes übernahm vorübergehend die Spielleitung. Ab 1927 spielte die Bauernbühne unter der Leitung der Brüder Anderl und Bertl Schultes während der Badesaison regelmäßig im Saal des Gasthof Zur Überfahrt. Die Truppe bestand aus etwa einem Dutzend Schauspielern. Während der Theaterdarbietungen wurde Bier und Brotzeit serviert. Zur Aufführung kamen Volksstücke in oberbayerischer Mundart, u.a. von Anzengruber, Ganghofer und Thoma. Ein Theaterereignis der besonderen Art war die Aufführung von Ludwig Thomas Tragödie *Magdalena* im August 1930. Der Dramatiker Ödön von Horváth kam von seinem Wohnsitz Murnau an den Tegernsee und entdeckte auf der Ganghofer-Thoma-Bühne die ideale Besetzung für sein Volksstück *Kasimir und Karoline*, das im November 1932 in Berlin und Leipzig uraufgeführt wurde. Horváths Freund Carl Zuckmayer kam aus Henndorf bei Salzburg und besprach *Magdalena* euphorisch am 18. August 1930 in der »Berliner Zeitung am Mittag«: »Mitten im Sommer, fern von Berlin, sah ich eine Aufführung, die zum stärksten und haftendsten gehört, was mir je vom Theater kam. Es war Ludwig Thomas ›Magdalena‹, in Tegernsee, von der Schultes-Truppe gespielt. (…) Das hat nichts mit ›Bauerntheater‹ im landläufigen Sinn, nichts mit Spezialitätenbühne zu tun. Das ist beste Schauspielkunst von großem Format. (…) Es ist eine Schande, daß Thomas ›Magdalena‹ für Berlin seit vielen Jahren verschollen ist.« (*Carl Zuckmayer, Berliner Zeitung am Mittag, 18. August 1930*) Fritzi Massary und Max Pallenberg waren von dieser Theateraufführung so begeistert, dass sie die Laientruppe an die Berliner Kammerspiele vermittelten. Das von Kiem Pauli 1929 und 1930 in der Überfahrt organisierte legendäre Egerer Preissingen fand weite Beachtung.

16 Grete Weils Egerner Kindheit, *Fürstenstraße 30*

Grete Weil war »eine Jüdin in bayrischer Landschaft«, wie sie selbst sagte. Zur Welt kam sie als Margarete Elisabeth Dispeker am 18. Juli 1906 in Egern im Haus von Emil Ganghofer (Überfahrtstraße 7), das früher neben dem Gasthof zur Überfahrt lag. In ihrer Autobiografie *Leb ich denn, wenn andere leben* von 1998 schrieb sie: »Ich bin in Egern, an dem von beiden Eltern geliebten Tegernsee, geboren. (…) Hausgeburten waren zu jener Zeit eine Selbstverständlichkeit, sonst wäre es nicht zu begreifen, warum meine Eltern sich für das damals so abgelegene Egern entschieden hatten. (…) Das Ganghoferhaus liegt genau an dem Punkt, von dem aus man den ganzen See und die Egerner Bucht überblickt. Meine Augen sahen als Erstes die geliebte Landschaft, Schönheit, nur Schönheit.« (*Grete Weil, Leb ich denn, wenn andere leben*)

Ihr Vater, Dr. Siegfried Dispeker, war erfolgreicher Rechtsanwalt in München und engagierte sich im Vorstand der jüdischen Gemeinde als juristischer Berater. Die religiöse jüdische Tradition spielte im liberal-fortschrittlichen Lebensstil der Familie keine Rolle. Man hatte sich an die bürgerliche Gesellschaft assimiliert. Seit 1902 verbrachte Siegfried Dispeker mit seiner Frau Isabella und seinen Kindern Fritz, Dorle und Grete regelmäßig die Freizeit am Tegernsee. Ein Jahr vor Gretes Geburt war ihre

Gruppenbild vor dem Landhaus der Familie Dispeker in Egern, um 1910

Schwester Dorle gestorben. Und so schenkte Siegfried Dispeker seiner Frau zur Geburt des über alles geliebten »Ersatzkindes« einen Baugrund in der Fürstenstraße. Das Haus wurde im Baustil der Gegend errichtet und hatte ein elegantes Herrenzimmer, eine moderne Küche und Schlafzimmer im Dekor des Jugendstils. An den Wochenenden und in den Ferien fuhr die Familie, die eigentlich in München in der Prinzregentenstraße, später in der Widenmayerstraße 31 wohnte, hinaus aufs Land. »Ich liebe Bayern, oder besser gesagt Oberbayern, ohne Einschränkung, fand schon als Kind, daß die Berge um den Tegernsee, wo meine Eltern ein Landhaus hatten, mir gehörten und der See, durch den ich schwamm, auf dem ich segelte, erst recht. Am Anfang des Hitler-Reiches nannte mich eine Freundesgruppe liebevoll spottend: Jüdin in bayrischer Landschaft. Das war so, das ist so geblieben.« (*Grete Weil, zit. n.: Lisbeth Exner, Land meiner Mörder, Land meiner Sprache. Die Schriftstellerin Grete Weil*) Seit 1917 besaßen die Dispekers in Egern das Bürgerrecht. (*Schreiben von Isabella Dispeker vom 5. Januar 1938*)

Mit dem Vater ging Grete im Sommer zum Schwimmen, Segeln und in die Berge, im Winter überquerten die beiden – kaum war der See zugefroren – auf Schlittschuhen den See. Prominente Künstler und Intellektuelle, die damals am Tegernsee wohnten, waren bei den Dispekers gern und oft gesehene Gäste: der Heldentenor Leo Slezak, Prinzessin Pilar von Bayern, die Schriftsteller Max Mohr und Ludwig Thoma. Dann wurde im Garten unter den drei alten Linden zum Tee gedeckt und die Platten mit Kirschkuchen und butterbestrichenen Stollen aufgetragen. »Die Unterhaltung plätscherte sanft dahin, man sprach über Bridge, Psychoanalyse und das letzte Buch von Stefan Zweig, dazwischen erzählte die Mutter amüsant und unerschöpflich über andere Menschen.« (*Grete Weil, Der Weg zur Grenze, unveröffentlichtes Manuskript MON , Sig GW 48*)

Bereits im November 1923 floh Siegfried Dispeker mit seiner 17-jährigen Tochter wegen Adolf Hitlers Putsch im Münchner Bürgerbräukeller für kurze Zeit zu Verwandten nach Untergrainau bei Garmisch, weil SA-Leute seine Anwaltskanzlei in München aufgesucht hatten. Nach Hitlers Verhaftung kehrten die beiden erleichtert nach München zurück. Am 26. Juli 1932 heiratete Grete Dispeker in Rottach Edgar Weil, Dramaturg an den Münchner Kammerspielen. Nach dem Reichstagsbrand im Februar 1933 wurde die Direktion der Münchner Kammerspiele verhaftet, und auch Edgar Weil. Zwei Wochen wurde er im Polizeipräsidium in der Ettstraße festgehalten. Nach seiner Freilassung musste er sich eine Zeit lang jeden Tag auf der Polizeiwache melden. Als Teile der pharmazeutischen Firma seiner Eltern nach Amsterdam verlagert wurden, emigrierte er. Die Eltern von Grete Weil wohnten inzwischen ganz in Egern, weil Siegfried Dispeker in München seine fast ausschließlich nichtjüdische Klientel verloren hatte. In ihrem Haus betrieben sie eine Pension für jüdische Gäste. Mit dem aufkommenden Nationalsozialismus wurde der Tegernsee zum begehrten Wohnort führender Nationalsozialisten, was dem See schon bald den Namen »Lago di Bonzo« einbrachte. Es war das erklärte Ziel der nationalsozialistischen Machthaber, »das Tegernseer Tal in kurzer Zeit überhaupt möglichst judenfrei zu machen«. (*Schreiben vom 15. März 1938, LRA 15 29152 910*)

Auch Siegfried Dispeker sah sich zunehmend mit judenfeindlichen Äußerungen konfrontiert. Am 23. Mai 1935 schrieb er an den Egerner Bürgermeister: »Sehr geehrter Herr Bürgermeister! Nachdem vorige Woche bereits an einigen Häusern in Rottach judenfeindliche Inschriften angebracht &, wie mir mitgeteilt wird, auch im hiesigen Friedhof unwürdige Handlungen vorgenommen wurden, wurde in der Nacht vom 21–22, in der Fürstenstrasse hier vor meinem Haus mit grossen roten Buchstaben quer über die Strasse geschrieben: ›Judenschwein packe Dich fort.‹ (…) Ich muss selbstverständlich Ihnen, Herr

Grete Weil im Alter von sieben Jahren, 1913

Bürgermeister, es überlassen, welche Schritte Sie für geeignet erachten, derartige Vorkommnisse abzustellen – die Aufschrift befindet sich auch heute, 23. Ds.vormittags immer noch auf der Strasse – & in Zukunft nach Möglichkeit zu verhindern. In vorzüglicher Hochachtung Dr. Dispeker Geheimer Justizrat«.

Grete Weil folgte nach ihrer Fotografenausbildung im Dezember 1935 ihrem Mann nach Amsterdam. Schon bald führte sie ein eigenes Fotostudio. Als ihr Vater 1937 im Sterben lag, fuhr sie zum letzten Mal an den Tegernsee. Damals wohnten nur noch 13 Juden in Rottach, davon vermieteten neun an Urlauber. Ihnen wurde das »Fremdenbuch« abgenommen. Sie durften fortan jüdischen Urlaubern, die nicht mit ihnen verwandt waren, keine Unterkunft mehr gewähren.

Der Nationalsozialismus zerstörte immer mehr menschliche Beziehungen, den sozialen Frieden und das Miteinander am Tegernsee. Auch Grete Weils Bruder Fritz emigrierte 1938 nach London, wo er als Syndikus einer Stahlveredelungsfirma arbeitete. Im Mai 1940 überfielen die Deutschen die Niederlande. Die deutsche Zivilregierung leitete sofort Maßnahmen gegen die niederländische jüdische Bevölkerung ein. Im Oktober 1940 traten die Nürnberger Rassengesetze in Kraft. Nach einem Pfingsturlaub 1941 in Südholland erfuhren Grete und Edgar Weil von drohenden Verhaftungen und versuchten, aus den Niederlanden zu fliehen. Am 11. Juni 1941 verließ der 32-jährige Edgar Weil die gemeinsame Wohnung und wurde auf offener Straße verhaftet. Zehn Tage wurde er im niederländischen Lager Schoorl interniert, dann wurde er in das oberösterreichische Konzentrationslager Mauthausen verschleppt. Ende Dezember 1941 waren von den rund 850 Gefangenen nur noch acht am Leben. Edgar Weil gehörte nicht dazu. Offiziellen Angaben zufolge starb er am 17. September 1941. Im November 1941 wurde Grete Weil die deutsche Staatsbürgerschaft aberkannt. Sie schloss sich dem holländischen Widerstand an und fertigte vor allem Fotos für gefälschte Ausweise an. Ab 13. Juli 1942 war sie beim Jüdischen Rat in Amsterdam als Fotografin und Schreibkraft tätig. Als bei einer Großrazzia am 29. September 1943 die letzten in Amsterdam verbliebenen Juden abtransportiert wurden, gingen Grete Weil und ihre Mutter in den Untergrund und überlebten so den Terror des Nationalsozialismus. Nach Kriegsende erhielt Grete Weil das Haus ihrer Eltern in Egern zurück. Doch sie verkaufte es Mitte der 1950er-Jahre. Die schrecklichen Erinnerungen hatten sie dort immer wieder eingeholt. (*Vgl. Elisabeth Tworek, Literarisches München zur Zeit von Thomas Mann*)

Ihr tragisches Schicksal als Jüdin während der Diktatur des Nationalsozialismus machte Grete Weil im Nachkriegsdeutschland zum Lebensthema. In ihren stark autobiografisch geprägten Erzählungen und Romanen wie *Tramhalte Beethovenstraat* (1963), *Meine Schwester Antigone* (1980), *Generationen* (1983) und *Brautpreis* (1986) porträtiert sie Verfolgte und die Verfolger des nationalsozialistischen Terrors mit einer Aufrichtigkeit, die ihr einen besonderen Platz in der Gegenwartsliteratur zuweist. Sie vermittelt das Bild eines freien, selbstbewussten und heimattreuen Judentums, das der Nationalsozialismus gewaltsam beendete. In ihrer Autobiografie *Leb ich denn, wenn andere leben* fragt sich die 91-Jährige am Ende ihres Lebens: »Habe ich gewußt, dass es lebensgefährlich war, Jude oder Jüdin zu sein? (…) Hat die kleine, die glückliche Grete irgendwann begriffen, dass sie nicht nur mit einem silbernen Löffel im Mund geboren wurde, sondern dass sie durch ihre Geburt in eine tödliche Falle gelaufen war? (…) Denn was ist das überhaupt: Jude? Wir lebten wie alle Menschen rings um uns, feierten Weihnachten mit einer mit bunten Kugeln und Lametta geschmückten Riesentanne in Egern. (…) Wir gingen weder zur Kirche noch zur Synagoge, sprachen keine Gebete, redeten nicht über Gott, ganz sicher nicht über Jahwe. Dass der Antisemitismus im Land wuchs, das nahmen wir, versteht sich, zur Kenntnis, wenn es uns selbst auch erst spät betraf.« (*Grete Weil, Leb ich denn, wenn andere leben*)

17 Wilhelm von Kobell, *Fürstenstraße 5*

Der 1766 in Mannheim geborene Schlachtenmaler Wilhelm von Kobell (1749–1822) errichtete sich am Tegernsee einen Landsitz, der sich auf die Künstlerfamilie sehr inspirierend auswirkte. Er verewigte die Tegernseer Landschaft auf vielen Aquarellen. Lange Jahre begleitete er die bayerische Armee von Kriegsschauplatz zu Kriegsschauplatz, wobei er die Landschaftsmalerei nicht aus den Augen verlor. 1814 wurde er mit dem Lehrstuhl für Landschaftsmalerei an der Akademie in München belohnt. Zwei Jahre später wurde ihm der Adelstitel verliehen. Dem Wittelsbacher Königshaus sehr nahe stand sein Sohn, der Dichter Franz von Kobell. Im Jahr der Klosteraufhebung 1803 in München geboren, führte ihn die Hochzeit mit seiner Cousine Caroline nach Egern. Kobell gilt als der »Schöpfer der bairischen Mundartdichtung«. In seine Geschichten fließt altbairischer Dialekt ein, was für die damalige Zeit ganz ungewöhnlich war. Seine Lautübertragungen machen allerdings deutlich, dass er als Sohn einer Ungarin und eines Mannheimers durchaus mit dem Bairischen seine liebe Not hatte. Seine *G'schicht von' Brandner Kasper* (1871) ist eine der populärsten bairischen Erzählungen, bekanntgeworden nicht zuletzt durch den Film und das Theaterstück, das Kurt Wilhelm 1975 für die Bühne bearbeitet hat. Das Landhaus ist längst abgerissen und stand früher nahe der Radelin-Häuser.

Kreuth

18 Wildbad Kreuth – Familie Senator Mann und Professor Pringsheim beim Kuren

In Wildbad Kreuth, dort wo Kaiser, Könige und Zaren kurten, verbrachten in den 1880er-Jahren die Familie des Senators Heinrich Mann aus Lübeck und die Familie des Mathematikprofessors Alfred Pringsheim aus München die Sommerfrische. Ihre Elternpaare erholten sich in der idyllischen Gebirgslandschaft, lange bevor ihre Kinder Thomas Mann und Katia Pringsheim ein Paar wurden und 1905 heirateten. Senator Thomas Heinrich Mann (1840–1891) und seine schöne, aus Brasilien stammende Frau Julia da Silva Bruhns (1851–1923) kamen zwischen 1883 und 1893 mit ihren Kindern immer wieder zur Sommerfrische nach Wildbad Kreuth. Sie sind als »Kurgäste und Passanten im Bade Kreuth« vom 28. August bis 3. September 1888 in der Fremdenliste Nr. 30 registriert. (*Zit. n.: Karl Smikalla, Thomas Manns heimliche Liebe zum Tegernsee oder Die Entstehung des Denkmals*) Julia Mann hielt diesen Aufenthalt in einer ausführlichen *Reiseskizze* 1888 fest: »Mittwoch, d. 29ten, herrliches Wetter (was wir bisher immer gehabt), Molken getrunken, im Grüneck Dreyfus besucht. 1 Uhr Table d'hôte in Kreuth. Nach Tische zu den »7 Hütten«, früh zu Bette. Das österr. Kaiserpaar mit Familie vom Dienstag bis Samstag dort.« (*Julia Mann, Ich spreche so gern mit meinen Kindern. Erinnerungen, Skizzen, Briefwechsel mit Heinrich Mann*) Thomas Manns Biograf Peter de Mendelssohn nennt diese Reise nach Süddeutschland eine »Opernfahrt in den Süden« und schrieb, dass die Eltern der Kinder Heinrich (1871–1950), Thomas (1875–1955), Julia (1877–1927) und Carla (1881–1910)

Heilig-Kreuz-Kapelle neben dem Alten Bad in Wildbad Kreuth

»für gewöhnlich« diese Fahrt im Anschluss an die alljährlichen Sommerferien in Travemünde an der Ostsee unternahmen. »Senator Mann, Lübeck« ist als Gast in Tegernsee bereits im September 1884 nachweisbar. Ende August 1890 ist Senator Mann wieder in Wildbad Kreuth, diesmal erneut allein. Denn Julia Mann hatte nur wenige Monate zuvor den jüngsten Sohn Viktor (1890–1949) zur Welt gebracht. Es war die letzte Reise des Senators ins Alpenvorland; im Herbst 1891 starb er in Lübeck an einem Krebsleiden. Zwei Jahre nach dem Tod ihres Gatten und ein Jahr nach dem Umzug nach München kam Julia Mann wieder nach Wildbad Kreuth, wie die Gästeliste vom 20. Juli 1893 dokumentiert. An einen früheren Aufenthalt zusammen mit ihrem kleinen Sohn Heinrich erinnerte sich Julia Mann im Februar 1922. Ihrem damals 51-jährigen Sohn schickt die 71-Jährige aus Polling eine Ansichtskarte mit dem Motiv »Wildbad Kreuth«: »Bei dieser Ansicht fällt mir die Zeit wieder ein, wo Papa u. ich mit unserem kleinen Heini in Kreuth waren, in dem einzelnen Hause wohnten u. bald darauf nach Kirchberg bei Reichenhall fuhren, wo Heini Solbäder bekam, die ihm recht gut taten.« (*Ansichtskarte von Julia Mann aus Polling vom 9. Februar 1922*)

Wildbad Kreuth geht auf die Benediktinermönche vom Kloster Tegernsee zurück, die es nachweislich 1490 »Bad Sankt Leonhard« und 1707 »Bad zum heiligen Kreuz« nannten. Auswärtige Gäste und Einheimische fanden dort Heilung und Stärkung, und so entstand mit der Zeit ein Heilbad, das ab 1822 auf Initiative von König Max I. Joseph als »Molken- und Bad-Anstalt« für Fürsten und das Großbürgertum aus ganz Europa zur ersten Adresse im Alpenvorland wurde. Auch König Maximilian II.

Die Geschwister Katia (später verheiratete Mann), Klaus, Peter, Heinz und Erik Pringsheim, September 1890

von Bayern kam 1858 auf seiner Reise von Lindau bis Berchtesgaden nach Wildbad Kreuth. Sein Begleiter Friedrich Bodenstedt erinnerte sich: »Ich war schon oft in Kreuth gewesen, und doch kam ich mir dieses Mal vor wie in eine neue Welt versetzt. (…) Dies erklärte sich einfach daher, dass wir seit unserer Abreise von Lindau nichts Städtisches gesehen, nur mit dem Volke verkehrt und nun plötzlich wieder einen gedrängten Auszug der sogenannten großen Welt vor uns hatten, in auffallendem Kontrast zu unserer eigenen, nichts weniger als eleganten Erscheinung. (…) So traten wir denn in unseren mit Nägeln beschlagenen Bergschuhen ganz anders auf als die in lackierten Stiefelchen an uns vorüberschwebenden modischen Herren und Damen.« (*Friedrich Bodenstedt, Eines Königs Reise. Erinnerungsblätter an König Maximilian II. von Bayern*) Mit der Zeit entstanden dort Gebäude für Dampf-, Dusch- und Tropfbäder sowie Kursaal, Bäckerei, Backstube und Wirtshaus. Unter Herzog Karl Theodor hatten um 1880 die Kellnerinnen, ausschließlich Frauen und Bauerndirndln aus dem Kreuther Tal, im Mieder zu bedienen: »München war unter den Badegästen besonders durch höhere Beamte zahlreich vertreten; (…) Auch an Fremden war kein Mangel, die sich in Kreuth aufhielten, um die Heilkraft der eisenhaltigen Schwefelquelle und der kräftigen Luft des waldfrischen Hochalpentals zu erproben, welches gern von Brust- und Nervenleidenden aufgesucht wird und besonders durch seine treffliche Molke berühmt ist, wozu eine ganze Herde von Ziegen aus den würzigen Kräutern der Alpenweiden das Material liefert.« (*Friedrich Bodenstedt, Eines Königs Reise. Erinnerungsblätter an König Maximilian II. von Bayern*)

Zu den noblen Gästen gehörten auch die Eltern von Katia Mann. Die Familie von Prof. Dr. Alfred Pringsheim aus München reiste 1886 »mit Familie u. Dienerschaft« mit elf Personen an und verbrachte die Sommerfrische in der Villa Holz. Drei Jahr später logierte die Familie mit Kind und Kegel im »Bade Kreuth«, dem heutigen Wildbad Kreuth, im Hotel Steinmetz, dem damals ersten Haus am Platz. Die Tagebücher von Hedwig Pringsheim, geborene Dohm, erzählen davon: »22/6 1889 Früh mit den Kindern, außer Klaus, in die Wolfsschlucht, Alpenrosen gepflückt, durchs Wasser gewatet, gekraxelt, große Lustbarkeit. Nachmittag mit Alfr. im Einspänner nach Gmund (im Kaffee am See, Tegernsee, Kaffee getrunken), Eti geholt, der allein von München kam. Im Regen wieder heim.« (*Hedwig Pringsheim, Tagebücher 1885–1891*)

Hedwig Pringsheim war die Tochter der Schriftstellerin und Frauenrechtlerin Hedwig Dohm und des »Kladderadatsch«-Redakteurs Ernst Dohm. Sie war in München mit dem Mathematikprofessor und Kunstmäzen Alfred Pringsheim verheiratet, der aus einer wohlhabenden jüdischen Unternehmerfamilie stammte. Das Jahr 1933 bedeutete für die Familie Pringsheim eine existenzielle Katastrophe. Ihr Münchner Palais an der Arcisstraße 12 wurde enteignet und abgerissen, um einem Parteigebäude der NSDAP Platz zu machen. Ende Oktober 1939 gelangen Hedwig und Alfred Pringsheim die Flucht in die Schweiz. Dort starb Alfred Pringsheim im Juni 1941, seine Frau Hedwig folgte ihm im

Juli 1942. In Reminiszenz an unbeschwerte Sommertage kam Katia Mann nach dem Tod ihres Mannes mit ihrer ältesten Tochter Erika zwischen 1963 und 1965 wieder an den Tegernsee und verbrachte den Sommer in Kreuth, um im Wildbad »zu kuren und Molke zu trinken«.

19 »Der Künstler-Stoa«, *Kurpark*

Mit dem Denkmal »Künstler-Stoa« erinnert die Gemeinde Kreuth an bedeutende Künstler, die in Kreuth und Umgebung längere Zeit wohnten und mit dem Ort verbunden sind. Bereits jetzt sind am »Künstler-Stoa« folgende Künstler verewigt:

Josef Oberberger (1905–1994), Zeichner, Plakatkünstler, Karikaturist, Maler religiöser Glasfenster, Meisterschüler und Freund von Olaf Gulbransson war Professor für Grafik und Malerei an der Akademie der Bildenden Künste in München. Oberberger verbrachte die letzten Jahre seinen Lebens in einem Seniorenheim in Kreuth.

Willy Preetorius (1882–1964) Maler und Porträtist, Erfinder der Ölgrafik, Freund des Schriftstellers Thomas Mann und des Komponisten Hans Pfitzner. Er hatte sein Atelier in München und zuletzt in Enterfels im Haus Lauteren.

Thomas Baumgartner (1892–1962) Kunstmaler, Porträtist, Zeichner im Stil der Münchner Schule um Wilhelm Leibl, malte zeitlebens vor allem bäuerliche Genreszenen seiner oberbayerischen Heimat. Seit 1932 hatte er sein Atelier in Point. Mit dem Kiem Pauli verband ihn eine enge Freundschaft.

Kiem Pauli (1882–1960) Volkssänger und Liedersammler. Für die bairische Mundart war er weit über Kreuth hinaus von Bedeutung. Jahrzehntelang wohnte er in Wildbad Kreuth, von wo aus er das mündlich überlieferte Liedgut sammelte. Er war ein enger Freund von Ludwig Thoma und Olaf Gulbransson.

20 Sommerfrische von Thomas Mann – Villa Taube, *Kurpark*

Das Denkmal »Künstler-Stoa« steht mitten im Kurpark nicht weit von dem Platz, wo früher die Villa Taube stand, die sich Thomas Manns Freund und Schriftstellerkollege Kurt Martens (1870–1945) während der Sommermonate von Baron Adolf von Taube gemietet hatte. Als Junggeselle verbrachte Thomas Mann hier im Sommer 1902 und 1903 mehrere Wochen bei seinem Vertrauten Kurt Martens am See. Thomas Mann hatte den promovierten Juristen und Schriftstellerkollegen in München über die Satirezeitschrift »Simplicissimus« kennengelernt. Seit 1899 waren Kurt Martens und Maria Martens, geborene Fischer, verheiratet und hatten eine Tochter. 1902 verbrachten sie mehrere Sommermonate hinter Kreuth im Ortsteil Enterfels in der abgelegenen Villa des Baron Taube. Dort nahm Thomas Mann Anfang Juli 1902 für eine Woche Quartier in einem der Gästezimmer. Mit dem Gastgeber besprach er auf ausgedehnten Spaziergängen »die autobiographischen Bestandteile seines ›Tonio Kröger‹, dessen erste Seiten (…) er mitgebracht hatte.« (*Kurt Martens, zit. n. Dirk Heißerer, Im Zaubergarten. Thomas Mann in Bayern*) Im Frühjahr des nächsten Jahres besuchte Thomas Mann wieder die Familie Martens in Kreuth. Dieses Mal nahmen sie Logis beim Fotografen Hoffmann. Seinem Freund Paul Ehrenberg schrieb er: »Wir haben sehr gute Unterkunft gefunden, bei einem wahren Wunderwetter auf dem See gerudert u. nach dem Abendbrot der musikalischen Probe zu einem morgen stattfindenden Maifest beigewohnt. Gar nicht übel.« (*Thomas Mann an Paul Ehrenberg, 23. Mai 1903, zit. n.: Dirk Heißerer, Im Zaubergarten. Thomas Mann in Bayern*)

21 Sommerfrische der Familie Mann – Defregger-Haus, *Abwinkl, Defreggerweg*

Erst 15 Jahre später kam Thomas Mann 1918 wieder zur Sommerfrische an den Tegernsee. Seit 1905 war er mit Katia Pringsheim verheiratet. Die beiden besaßen in München im Herzogpark eine stattliche Villa und hatten inzwischen fünf Kinder. Zuletzt war im April 1918 die jüngste Tochter Elisabeth zur Welt gekommen; der jüngste Sohn Michael war noch nicht auf der Welt. Mitte Juli 1918 mietete sich die Familie Mann für zwei Monate in Abwinkl am Ringsee die Villa Defregger. Der Bildhauer Hans von Defregger (1886–1956), Sohn des bekannten Tiroler Malers Franz von Defregger, hatte sie 1911 erbauen lassen und war noch »im Felde«. (*Thomas Mann an Paul Amann, 11. Juli 1918, zit. n.: Dirk Heißerer, Im Zaubergarten. Thomas Mann in Bayern*)

Das Landhaus in Tölz, wo die Kinder der Manns glückliche Kindheitstage erlebt hatten, war inzwischen verkauft worden. Am Tegernsee genoss die Familie fernab des Großstadtlärms die Stille am Wasser, das Rudern, den Badestrand und die Wanderungen. Thomas Mann stieg zum ersten Mal in seinem Leben auf den Gipfel eines höheren Bergs, den Hirschberg, und war von der kolossalen Fernsicht »bei Sonnenaufgang in die tiefsten Alpen« (*Thomas Mann an Prof. Philipp Witkop, 9. September 1918*) überwältigt. Sohn Golo mutmaßte später, »dass es die einzige Bergtour war, die mein Vater je machte. Wie bekannt, liebte er das Meer sehr, wenn gleich nur vom Ufer aus; Berge kümmerten ihn nicht viel.« (*Golo Mann, Erinnerungen und Gedanken. Eine Jugend in Deutschland*)

In Abwinkl schrieb Thomas Mann am Prosa-Idyll *Herr und Hund* und fieberte danach, sich schon bald wieder seinem Roman *Zauberberg* zuwenden zu können. Die Verpflegung war im letzten Kriegsjahr auch auf dem Land erbärmlich. Katia Mann radelte zweimal die Woche den langen Weg nach Gmund, um Eier und Gemüse zu kaufen; und Großmutter Julia unterstützte die Familie mit Lebensmitteln aus Polling, wo sie seit geraumer Zeit lebte. Bei den Kindern Erika und Golo grub sich der Landaufenthalt im letzten Kriegsjahr tief ins Gedächtnis ein. Erika Mann fand es schwierig, dass das Familienoberhaupt »alles kriegte (er und das Baby), was etwa an Essbarem aufzutreiben war«, dass sich der Rest der Kinderschar aber »von selbst gesuchten

Schnecken und selbstgefischten Rotaugen ernährten«. (*Erika Mann an Hans-Otto Mayer vom 3. Juli 1968, zit. n.: Erika Mann, Thomas Mann. Briefe. 1889–1936*)

Auch Golo bestätigt die schwierige Ernährungslage in seinen Erinnerungen: »Wir halfen etwas nach, indem wir mit Stock, Schnur und Angelhaken zu fischen begannen. Was wir fingen, waren nur ›Bürschlinge‹, sehr kleine Dinger, und die etwas größeren ›Rotaugen‹,

Blick auf den Tegernsee von Kaltenbrunn bei Gmund aus

mit denen wir die Tafel belieferten.« (*Golo Mann, Erinnerungen und Gedanken. Eine Jugend in Deutschland*) Doch die alltäglichen Herausforderungen konnten den schönen Aufenthalt am Ringsee nicht trüben. Nach der Abreise am 9. September 1918 schrieb Thomas Mann an Prof. Philipp Witkop: »Ich genoß das Wasser, das uns in Tölz so gänzlich fehlte, das Rudern, den Badestrand etc. beinahe so sehr wie die Kinder und war, komisch zu sagen, zum ersten Mal in meinem Leben auf dem Gipfel eines höheren Berges, dem Hirschberg. 1670 m (…). Der Eindruck paßte gut zu meiner Lektüre. Stifter, – meiner neuesten Entdeckung: ich las die ganze Zeit beinahe nichts anderes und bin bei ihm irgendwie bei mir zu Hause.« (*Zit. n.: Erika Mann, Thomas Mann. Briefe. 1889–1936*)

Anhang

Literaturverzeichnis

Aberle, Andreas und Jörg Wedekind (Hg.): Ludwig Ganghofers Jagdbuch. Von Jägern und Wilderern, Rosenheim 1978

Ammann, Edith: Das graphische Werk von Alexander Kanoldt, Schriften der staatlichen Kunsthalle Karlsruhe, Heft 7, Karlsruhe 1963

Andreas-Salomé, Lou: Rainer Maria Rilke, herausgegeben von Ernst Pfeiffer, Frankfurt am Main 1988

Arbeitsgemeinschaft Spurensuche, Tourismusverband München-Oberbayern (Hg.): Maler und Poeten in Oberbayern und im Allgäu, im Salzburger Land und im Salzkammergut, München o. J.

Dies.: Musiker und Komponisten in Oberbayern und in Allgäu / Bayerisch-Schwaben, von Vorarlberg bis ins Salzkammergut, München o. J.

Ausstellungskatalog: Der Maler Ernst Kreidolf, Ausstellung im Kunsthaus Bern 1984

Ausstellungskatalog: Franz Marc 1880–1916, Ausstellung in der städtischen Galerie im Lenbachhaus, München 1980

Avé, Lia: Das Leben der Hedwig Courths-Mahler, München / Wien 1990

Bambi, Andrea: Zur Rezeption von Olaf Gulbranssons Werk in der Zeit des Nationalsozialismus und in der Nachkriegszeit, in: Trügerische Idylle, herausgegeben von Elisabeth Tworek, München 2017

Bätzing, Werner: Die Alpen. Geschichte und Zukunft einer europäischen Kulturlandschaft, München 2003

Beauvoir, Simone de: In den besten Jahren, aus dem Französischen von Rolf Soellner, Reinbek bei Hamburg 1961

Beckmann, Mathilde Quappi: Mein Leben mit Max Beckmann, München / Zürich 1980

Beckmann, Max: Briefe. 1899–1925, Band 1, bearbeitet von Uwe M. Schneede, München / Zürich 1993

Ders.: Briefe. 1925–1937, Band 2, bearbeitet von Stephan von Wiese, München / Zürich 1994

Ders.: Briefe. 1937–1950, Band 3, bearbeitet von Klaus Gallwitz unter Mitarbeit von Ursula Harter, München / Zürich 1996

Bieler, Manfred: Der Kanal. Roman, München 1978

Bloch, Ernst: Briefe 1903–1975, Band 1 und 2, herausgegeben von Karola Bloch u. a., Frankfurt am Main / Berlin 1995

Boccarius, Peter: Michael Ende. Der Anfang der Geschichte. Biographie, Frankfurt am Main / Berlin 1995

Bodenstedt, Friedrich: Eines Königs Reise. Erinnerungsblätter an König Maximilian II. von Bayern, München 2011

Bonhoeffer, Dietrich: Gesammelte Schriften. Tagebücher, Briefe, Dokumente. 1923–1945, Band 6, Ergänzungsband 2, herausgegeben von Eberhard Bethge, München 1974

Ders.: So ist es gewesen. Briefe im Kirchenkampf 1933–1942 von Gerhard Vibrans aus seinem Familien- und Freundeskreis und von Dietrich Bonhoeffer, herausgegeben von Dorothea Andersen u. a., München 1995
Bonsels, Rose-Marie (Hg.): Paula Ludwig – Waldemar Bonsels. Dokumente einer Freundschaft, Ambacher Schriften 8, Wiesbaden 1994
Breito, Emil Karl: Ludwig Ganghofer im Wettersteingebirge bei Leutasch und Mittenwald, Innsbruck 1999
Carossa, Hans: Briefe I 1886–1918, herausgegeben von Eva Kampmann-Carossa, Frankfurt am Main 1878
Ders.: Raube das Licht aus dem Rachen der Schlange. Erinnerungen und Bekenntnisse, ausgewählt und eingeleitet von Ludwig Emanuel Reindl, Zürich 1952
Ders.: Sämtliche Werke in zwei Bänden, Frankfurt am Main 1962
Ders.: »Aus tiefem Abend glänzt ein heller Stern«. Tagebücher 1925 bis 1935, Frankfurt am Main 1993
Chiavacci, Vincenz: Ludwig Ganghofer. Ein Bild seines Lebens und Schaffens, Stuttgart 1905
Corinth, Lovis: Legenden aus dem Künstlerleben, Berlin 1909
Ders.: Selbstbiografie, Leipzig 1926
Ders.: Meine frühen Jahre, Hamburg 1954
Ders.: Walchensee, mit einer Einführung von Horst Keller, München / Zürich 1976
Ders.: Eine Dokumentation, zusammengestellt und erläutert von Thomas Corinth, Tübingen 1979
Dering, Peter: Die »Rheinischen Expressionisten«. August Macke und sein Kreis, in: Die Expressionisten. Vom Aufbruch bis zur Verfemung, Köln 1996
Diehl, Walther: Die Künstlerkneipe »Simplicissimus«. Geschichte eines Münchner Kabaretts 1903 bis 1960, München 1989
Dimpfl, Monika: Immer veränderlich. Liesl Karlstadt 1892–1960, München 1996
Egbringhoff, Ulla: Franziska zu Reventlow, Reinbek bei Hamburg 2000
Eichner, Johannes: Kandinsky und Gabriele Münter. Von Ursprüngen moderner Kunst, München 1952
Eigenverlag der Gemeinde Lenggries (Hg.): Lenggries. Ein Streifzug durch Vergangenheit und Gegenwart, 1984
Eisner, Lotte: Murnau. Der Klassiker des deutschen Films, übersetzt von der Autorin, Velber / Hannover 1967
Elgar, Edward: A Creative Life, London 1961
Erdmann-Macke, Elisabeth: Erinnerung an August Macke, Frankfurt am Main 1987
Exner, Lisbeth: Land meiner Mörder, Land meiner Sprache. Die Schriftstellerin Grete Weil, München 1998
Feilitzsch, Hanna von: Leo Slezak. Der Meister des hohen C's, Rottach-Egern 1996
Festner, Katharina und Christiane Raabe: Spaziergänge durch das München berühmter Frauen, Zürich / Hamburg 1996
Feuchtwanger, Lion: Erfolg. Drei Jahre Geschichte einer Provinz, Berlin 19933
Frantz, Ulrich: Die Leutasch. In der Sendereihe: Bilder einer Landschaft, Bayerisches Fernsehen, Erstsendung am 11. Dezember 2002
Friedel, Helmut und Annegret Hoberg: Der Blaue Reiter, München 2000
Ganghofer, Ludwig: Der Jäger von Fall. Eine Hochlandgeschichte, Stuttgart 1898
Ders.: Lebenslauf eines Optimisten, München 1921

Ders.: Das Schweigen im Walde, München 1982
Ders.: Der Geigenmacher von Mittenwald. Dorfkomödie in drei Aufzügen, Bühnenfassung von Hans Neuert, Stuttgart o. J.
Geiringer, Hans: Kleinigkeiten aus seinem Leben, in: Horváth-Blätter 2. Sportmärchen und Verwandtes, herausgegeben von Traugott Krischke, Göttingen 1984
Goethe, Johann Wolfgang von: Italienische Reise, in: Johann Wolfgang von Goethe: Werke in zehn Bänden. Italienische Reise, Band 10, neu bearbeitet von Gisela Spiekerkötter, Zürich 1970
Goll, Claire und Yvan Goll: Meiner Seele Töne. Das literarische Dokument eines Lebens zwischen Kunst und Liebe, aufgezeichnet in ihren Briefen, München / Zürich 1981
Goll, Yvan und Paula Ludwig: Ich sterbe mein Leben. Briefe 1931–1940. Literarische Dokumente zwischen Kunst und Krieg, herausgegeben und kommentiert von Barbara Glauert Hesse, Frankfurt am Main / Berlin 1993
Graf, Andreas: Hedwig Courths-Mahler, München 2000
Greave, Peter: In the Bavarian Highlands. Edward Elgar's German Holidays in the 1890s, Rickmansworth 2000
Green, Martin: Else und Frieda. Die Richthofen-Schwestern, München 1974
Greve, Ludwig und Jochen Meyer (Hg.): Das 20. Jahrhundert. Von Nietzsche bis zur Gruppe 47, Marbach / Neckar 1980
Grosser, J.F.G.: Die Grosse Kontroverse. Ein Briefwechsel um Deutschland. Walter von Molo – Thomas Mann, Hamburg / Genf / Paris 1963
Grote, Ludwig (Hg.): Erinnerungen an Paul Klee, München 1959
Günzler, Otto und Alfred Zwink: Oberammergau. Berühmtes Dorf – Berühmte Gäste. Drei Jahrhunderte Passionsspiel im Spiegel seiner Besucher, München 1950
Haas, Frithjof: Zwischen Brahms und Wagner. Der Dirigent Hermann Levi, Zürich / Mainz 1995
Hackermüller, Rotraut: Einen Handkuß der Gnädigsten. Roda Roda, München 1986
Heinen, Nicolas: Gertrud von le Fort. Einführung in Leben, Kunst und Gedankenwelt der Dichterin, Luxembourg 1960
Heißerer, Dirk: Im Zaubergarten. Thomas Mann in Bayern, München 2005
Ders.: Wo die Geister wandern. Eine Topographie der Schwabinger Bohème um 1900, München 1993
Helwig, Heide: »Ob niemand mich ruft«. Das Leben der Paula Ludwig, Ebenhausen bei München 2002
Hildebrandt, Irma: Bin halt ein zähes Luder. 15 Münchner Frauenportäts, München 1990
Hillern, Wilhelmine von: Geyerwally, Rosenheim 1984
Hoberg, Annegret: Maria Marc. Leben und Werk 1876–1955, München 1995
Dies. und Helmut Friedel (Hg.): Der Blaue Reiter und das neue Bild. Von der »Neuen Künstlervereinigung München« zum »Blauen Reiter«, München 1999
Hocke, Roman und Thomas Kraft: Michael Ende und seine phantastische Welt. Die Suche nach dem Zauberwort, Stuttgart / Wien / Bern 1997
Hofe, Harold von (Hg.): Briefe von und an Ludwig Marcuse, Zürich 1975
Holm, Korfiz: Ludwig Thoma und Olaf Gulbransson. Wie ich sie erlebte, München 1953
Holzheimer, Gerd, Elisabeth Tworek und Herbert Woyke (Hg.): Leiden schafft Passionen. Oberammergau und sein Spiel, München 2000
Horváth, Ödön von: Italienische Nacht, bibliothek suhrkamp 41, Frankfurt am Main 1974
Ders.: Italienische Nacht, kommentierte Werksausgabe 3, Frankfurt am Main 1984

Ders.: Zur schönen Aussicht und andere Stücke, kommentierte Werksausgabe 1, Frankfurt am Main 1985
Ders.: Geschichten aus dem Wiener Wald, kommentierte Werkausgabe 4, Frankfurt am Main 1986
Ders.: Der jüngste Tag, kommentierte Werksausgabe 10, Frankfurt am Main 1988
Ders.: Fiume, Belgrad, Budapest, 1929, in: Sportmärchen, kommentierte Werkausgabe 11, Frankfurt am Main 1988
Ders.: Mein Onkel Pepi, in: Sportmärchen, kommentierte Werkausgabe 11, Frankfurt am Main 1988
Ders.: Die Bergbahn. Volksstück in drei Akten, Berlin 2015
Hruschka, Marion (Hg.): Markt Murnau am Staffelsee, Beiträge zur Geschichte, Band 1, Murnau 2002
Hülsemann, Irmgard: Lou. Das Leben der Lou Andreas Salomé, München 1998
Hüneke, Andreas (Hg.): Der Blaue Reiter. Dokumente einer geistigen Bewegung, Leipzig 1986
Jens, Inge und Walter: Frau Thomas Mann. Das Leben der Katharina Pringsheim, Hamburg 2003
Joseph, Albrecht: Portraits. I. Carl Zuckmayer. Bruno Frank, Aachen 1993
Jüngling, Kirsten und Brigitte Roßbeck: Franz und Maria Marc, Düsseldorf 2000
Kampmann-Carossa, Eva: Hans Carossa. Leben und Werk im Bild, Frankfurt am Main 1978
Kandinsky, Wassily: Essays über Kunst und Künstler, herausgegeben und kommentiert von Max Bill, Bern 1973
Ders. und Franz Marc (Hg.): Der Blaue Reiter, dokumentarische Neuausgabe von Klaus Lankheit, München 1979
Kaulbach, Fritz August von: Gesamtwerk, herausgegeben von Fritz von Ostini, München 1920
Kerr, Alfred: Erlebtes 1. Deutsche Landschaften, Menschen und Städte, Berlin 1989
Klee, Paul: Tagebücher 1898–1918, textkritische Neuedition, herausgegeben von der Paul-Klee-Stiftung, bearbeitet von Wolfgang Kersten, Bern 1988
Knaus, Albrecht: Der Dichter in der Tuften. Bayerland, 58. Jahrgang, München 1956
Kolb, Annette: Daphne Herbst. Roman, Frankfurt am Main 1982
Kreidolf, Ernst und Leopold Weber: Mit Ernst Kreidolf in den Bayerischen Bergen 1889–1995, Leipzig 1933
Krell, Max: Das alles gab es einmal, Frankfurt am Main 1961
Krischke, Traugott: Ödön von Horváth. Kind seiner Zeit, München 1980
Kur- und Verkehrsverein (Hg.): Führer Murnau am Staffelsee. Bayr. Hochland, o. J., ca. 1911, Nachdruck 1998
Kurzke, Hermann: Thomas Mann. Das Leben als Kunstwerk. Eine Biographie, München 1999
Lamping, Dieter (Hg.): Ludwig Marcuse. Werk und Wirkung, Bonn 1987
Lang, Ulrike (Hg.): Der grüne Vogel des Äthers. Grete Gulbransson. Tagebücher: 1904 bis 1912, Band 1, Frankfurt am Main 1998
Lawrence, D. H.: Söhne und Liebhaber, Reinbek bei Hamburg 1967
Ders.: Mr. Noon, Zürich 1985
Lemp, Richard (Hg.): Das große Ludwig Thoma Buch, München / Zürich 1974
Maaz, Bernhard und Helmut Nanz: Vorwort, in: Trügerische Idylle, herausgegeben von Elisabeth Tworek, München 2017

Maddox, Brenda: Ein verheirateter Mann. D. H. Lawrence und Frieda von Richthofen, Köln 1996
Mann, Erika: Blitze überm Ozean. Aufsätze, Reden, Reportagen, Reinbek bei Hamburg 2000
Mann, Golo: Erinnerungen und Gedanken. Eine Jugend in Deutschland, Frankfurt am Main 1986
Mann, Julia: Ich spreche so gern mit meinen Kindern. Erinnerungen, Skizzen, Briefwechsel mit Heinrich Mann, Berlin / Weimar 1991
Mann, Klaus: Kind dieser Zeit, mit einem Nachwort von William L. Shirer, Reinbek bei Hamburg 1967
Ders.: Der Wendepunkt. Ein Lebensbericht, mit einem Nachwort von Frido Mann, Reinbek bei Hamburg 1984
Ders.: Kind dieser Zeit, mit einem Nachwort von Uwe Naumann, Reinbek bei Hamburg 2000
Mann, Thomas: Doktor Faustus. Das Leben des deutschen Tonsetzers Adrian Leverkühn erzählt von einem Freund, Frankfurt am Main 1951
Ders.: Briefe. 1889–1936, Band 1, herausgegeben von Erika Mann, Frankfurt am Main 1962
Ders.: Briefe. 1937–1947, Band 2, herausgegeben von Erika Mann, Frankfurt am Main 1963
Ders.: Aufsätze, Reden, Essays, mit Anmerkungen versehen von Harry Matter. Band 1–3, Berlin / Weimar 1983–1986
Ders.: Die Erzählungen, Frankfurt am Main 1986
Marc, Maria: »Das Herz droht mir manchmal zu zerspringen«. Mein Leben mit Franz Marc, München 2016
Mendelssohn, Peter de: Der Zauberer. Das Leben des deutschen Schriftstellers Thomas Mann in drei Bänden, Frankfurt am Main 1972
Ders. und Inge Jens (Hg.): Thomas Mann. Tagebücher, 10 Bände, Frankfurt am Main 1979–1995
Meyers Lexikon, Band 8, Leipzig 1928
Moeller, Magdalena M.: Der Blaue Reiter, Köln 1987
Molo, Walter von: Zu neuem Tag. Ein Lebensbericht, Berlin 1950
Ders.: So wunderbar ist das Leben. Erinnerungen und Begegnungen, Stuttgart 1957
Ders.: Wo ich Frieden fand. Erlebnisse und Erinnerungen, München 1959
Montaigne, Michel de: Tagebuch der Reise nach Italien über die Schweiz und Deutschland von 1580 bis 1981, Berlin 2002
Mühsam, Erich: Namen und Menschen. Unpolitische Erinnerungen, Leipzig 1949
Müller von, Karl Alexander: Mars und Venus. Erinnerungen 1914–1919, Stuttgart 1954
Müller-Stratmann, Claudia: Josef Ruederer (1861–1915). Leben und Werk eines Münchner Dichters der Jahrhundertwende, Frankfurt am Main / Berlin u. a. 1994
Münter, Gabriele: Menschenbilder in Zeichnungen, Berlin 1952
Museum für Neue Kunst Freiburg im Breisgau und Von-der Heydt-Museum Wuppertal (Hg.): Alexander Kanoldt 1881–1939. Gemälde Zeichnungen Lithographien, 1987
Naumann, Uwe (Hg.): »Ruhe gibt es nicht, bis zum Schluß«. Klaus Mann (1906–1949). Bilder und Dokumente, Hamburg 1999
Ostdeutsche Galerie Regensburg (Hg.): Lovis Corinth. Die Bilder vom Walchensee: Vision und Realität, bearbeitet von Werner Timm, mit Beiträgen von Wilhelmine Corinth-Klopfer und Hans-Jürgen Imiela, Regensburg 1986
Ostler, Josef: Garmisch und Partenkirchen 1870–1935. Der Olympia-Ort entsteht. Beiträge

zur Geschichte des Landkreises Garmisch-Partenkirchen, Band 8, Garmisch-Partenkirchen 2000
Peter Boccarius: Michael Ende. Der Anfang der Geschichte, München 1995
Piper, Reinhard: Mein Leben als Verleger. Vormittag. Nachmittag, München 1947
Pophanken, Andrea: Kaulbach-Villa Ohlstadt, Würzburg 1997
Porten, Henny: Wie ich wurde, in: Helga Belach: Henny Porten. Der erste deutsche Filmstar. 1890–1960, Berlin 1986
Pringsheim, Hedwig: Tagebücher 1885–1891, Band 1, Göttingen 2013
Prokofjew, Sergej: Dokumente. Briefe. Erinnerungen, Zusammenstellung, Anmerkungen und Einführungen von S. I. Schlifstein, Leipzig 1965
Prosel, Theo: Freistaat Schwabing. Erinnerungen des Simplwirtes Theo Prosel, München 1951
Queri, Georg: 1879–1919. Journalist, Schriftsteller und Volkskundler aus Oberbayern. Ein Lesebuch, München 2002
Reichert, Carl-Ludwig: Lieber keinen Kompaß, als einen falschen. Würzburg – Wolfsgrub – Shanghai. Der Schriftsteller Max Mohr (1891 bis 1937), München 1997
Reimertz, Stephan: Max Beckmann. Biographie, München 2003
Reinhardt, Max: Ich bin nichts als ein Theatermann. Briefe, Reden, Aufsätze, Interviews, Gespräche, Auszüge aus Regiebüchern, herausgegeben von Hugo Fetting, Berlin 1989
Reiser, Rudolf: Alte Häuser – Große Namen, München 1988
Reventlow, Franziska zu: Sämtliche Werke. Band 3. Tagebücher 1886–1910, mit einem Nachwort herausgegeben von Brigitta Kubitschek, Oldenburg 2004
Richard Strauss Institut (Hg.): Familienglück, Heimat, Refugium. Richard Strauss und Garmisch-Partenkirchen, Garmisch-Partenkirchen 1999
Riegler, Theo: Das Liesl Karlstadt Buch, München 1960
Rilke, Rainer Maria und Lou Andreas-Salomé: Briefwechsel, herausgegeben von Ernst Pfeiffer, Frankfurt am Main, 1975
Ringelnatz, Joachim: Mein Leben bis zum Kriege, Berlin 1931
Roeper, Malte und Tom Dauer: Eine Expedition durch die bayerisch-afrikanischen Berge, Bayerisches Fernsehen, Erstsendung am 12. Dezember 2002
Roth, Eugen und Claus Hansmann: Oberammergau, München 1960
Ruederer, Josef: Die Fahnenweihe, München / Dresden 1895
Ders.: Bei Literatur und Bier, in: Allgemeine Zeitung, 27. Mai 1904
Salmen, Brigitte (Hg.): Gelobtes Land. Emanuel von Seidl. Parklandschaft in Murnau. Einst und Jetzt – Fotos, Dokumente, Relikte, Murnau 1993
Dies. (Hg.): Hannah Höch (1889–1978). Collagen, Aquarelle, Gemälde, Murnau 1994
Dies. (Hg.): Der Almanach »Der Blaue Reiter«. Bilder und Bildwerke in Originalen, Murnau 1998
Dies. (Hg.): Max Beckmann (1884–1950). Abseits der Großstadt – oberbayerische Landschaft, Murnau 1998
Dies. (Hg.): James Loeb 1867–1933. Kunstsammler und Mäzen, Murnau 2000
Dies. (Hg.): »Ich kann wirklich ganz gut malen«. Friedrich August von Kaulbach – Max Beckmann, Murnau 2002
Dies. (Hg.): Murnau (Friedrich Wilhelm) in Murnau (Oberbayern). Der Stummfilm-Regisseur der 1920er Jahre, Murnau 2003
Schad, Martha: Ludwig Thoma und die Frauen, Regensburg 1995
Dies.: Weiberheld und Weiberfeind. Ludwig Thoma und die Frauen, München 2016

Schaefer, Oda: Auch wenn Du träumst, gehen die Uhren. Lebenserinnerungen, München 1970
Dies.: Die leuchtende Feste über der Trauer. Erinnerungen, München 1977
Schank, Stefan: Rainer Maria Rilke, München 1998
Schneider-Emhardt, Gustl: Erinnerungen an Ödön von Horváths Jugendzeit, in: Horváth-Blätter 1 / 83, herausgegeben von Traugott Krischke, Göttingen 1983
Schnitzler, Arthur: Tagebücher 1879–1931, herausgegeben von Werner Welzig, Wien 1989
Ders. und Richard Beer-Hofmann: Briefwechsel 1891–1931, herausgegeben von Konstanze Fiedl, Wien / Zürich 1992
Schönberg, Arnold und Wassily Kandinsky: Briefe, Bilder und Dokumente einer außergewöhnlichen Begegnung, Salzburg 1980
Schultes, Bertl: Ein Komödiant blickt zurück. Erinnerungen an Ludwig Thoma, die Bauernbühne und deren Freunde, München 1963
Slezak, Leo: Meine sämtlichen Werke in einem Bande, Berlin 1934
Ders.: Mein Lebensmärchen, München 1954
Smikalla, Karl: Thomas Manns heimliche Liebe zum Tegernsee oder Die Entstehung des Denkmals, Oberammergau 2001
Stern, Carola: Die Sache, die man Liebe nennt. Das Leben der Fritzi Massary, Berlin 1998
Still, Sonja: Leo Slezak – Ein Weltstar und seine Künstlerfamilie am Tegernsee, in: Trügerische Idylle, herausgegeben von Elisabeth Tworek, München 2017
Strauss, Richard und Rolland Romain: Briefwechsel und Tagebuchnotizen, herausgegeben von Maria Hülle-Keeding, mit einer Einleitung von Gustave Samazeuilh, Berlin 1994
Strohmeyr, Armin: Annette Kolb. Dichterin zwischen den Völkern, München 2002
Thoma, Ludwig: Ausgewählte Briefe, herausgegeben von Josef Hofmiller und Michael Hochgesang, München 1927
Ders.: Das Schönste von Ludwig Thoma. Lausbubengeschichten. Tante Frieda. Jozef Filsers Briefwexel, München / Zürich 1980
Ders.: Erinnerungen: Leute, die ich kannte, herausgegeben von Hans Pörnbacher, München / Zürich 1996
Tschechowa, Olga: Ich verschweige nichts! Autobiographie, Berchtesgaden 1952
Tucholsky, Kurt: Unser ungelebtes Leben. Briefe an Mary, herausgegeben von Fritz J. Raddatz, Reinbek bei Hamburg 1982
Tworek, Elisabeth (Hg.): Bayerisches Lesebuch, München 1999
Dies. und Helmut Bauer (Hg.): Schwabing. Kunst und Leben um 1900, München 1998
Dies. und Brigitte Salmen: Ödön von Horváth. Ein Kulturführer des Schloßmuseums, Murnau 2001
Dies.: Heinz Lunzer und Victoria Lunzer: Horváth. Einem Schriftsteller auf der Spur, Salzburg 2001
Dies.: Literarisches München zur Zeit von Thomas Mann, Regensburg 2016
Dies.: Ursprünglich und echt. Echt? Eine Spurensuche nach dem bayerischen Heimatabend, in: MUH, Bayerische Aspekte, Ausgabe 20, Frühjahr 2016
Dies. (Hg.): Trügerische Idylle. Schriftsteller und Künstler am Tegernsee 1900–1945, München 2017
Uhde-Bernays, Hermann: Im Lichte der Freiheit. Erinnerungen aus den Jahren 1880 bis 1914, München 1963
Veit, Ludwig: Olaf Gulbransson in Tegernsee, München / Berlin 1986

Vogelweide, Walther von: Sämtliche Lieder, herausgegeben und übertragen von Friedrich Maurer, München 1995
Wagner, Renate (Hg.): Der Briefwechsel Arthur Schnitzlers mit Max Reinhardt und dessen Mitarbeitern, Salzburg 1971
Wagner-Trenkwitz, Christoph (Hg.): Sie kannten Richard Strauss. Ein Genie in Nahaufnahme, Wien 2013
Weber, Leopold: Mit Ernst Kreidolf in den Bayerischen Bergen. 1889 bis 1895. Mit 23 Zeichnungen von Ernst Kreidolf, Zürich / Leipzig 1933
Weil, Grete: Generationen. Roman, Zürich / Köln 1983
Dies.: Leb ich denn, wenn andere leben, Zürich 1998
Weinzierl, Ulrich: Alfred Polgar. Eine Biographie. Wien / München 1985
Wendt, Gunna: Liesl Karlstadt. Ein Leben, München 1998
Wißkirchen, Hans: Die Familie Mann, Reinbek bei Hamburg 1999
Wolf, Georg Jakob: Münchner Künstlerfeste. Münchner Künstlerchroniken, München 1925
Zdenek, Felix (Hg.): Lovis Corinth 1858–1925, mit Beiträgen von Gerhard Gerkens, Friedrich Gross und Joachim Heusinger von Waldegg, Köln 1985
Ziegler, Edda (Hg.): Der Traum vom Schreiben. Schriftstellerinnen in München 1860 bis 1960, München 2000
Ziersch, Walther: Ludwig Thoma. Die Geschichte seiner Liebe und Ehe aus Briefen und Erinnerungen, München 1928
Ders.: Das Gustav Waldau Buch, mit Beiträgen von Gustav Waldau, München 1948
Zuckmayer, Carl: Theaterkritik zu Ludwig Thoma: Magdalena, in: Berliner Zeitung am Mittag, 18. August 1930

Zeitungen

Ammergauer Zeitung, 14. Januar 1930
Berliner Tageblatt, 1912
Das Bayerland, April 1929
Innsbrucker Volkszeitung, 5. Mai 1926
Münchner Post, 23. Juli 1931
Murnauer Tageblatt, 14. November 1933
Staffelsee-Bote, Ausgaben 15. Dezember 1925, 5. Juni 1928, 31. August 1929, 8. Juni 1929
Vorarlberger Tagblatt, Wochenendbeilage »Feierabend«, 12. Julmond [Dezember] 1936

Dokumente und Quellen

Historisches Archiv Akademie der Künste, Berlin:
Ansichtskarte von Julia Mann mit Motiv »Wildbad Kreuth« aus Polling vom 9. Februar 1922
AdK Nr. 807, Abteilung Dichtkunst, Umbildung der Abteilung
Schreiben Dr. Karl Friedrich Schrieber an Hauptamtsleiter Hagemeyer, 15. März 1939, AdK-W, Personalnachrichten Walter von Molo, Nr. 84, Bl. 40 (Abschrift)
Schreiben vom 1. Dezember 1933, AdK-W, Personalnachrichten Walter von Molo, Nr. 84
Walter von Molo an Friedrich Blunck, 26. Februar 1935, AdK-W, Personalnachrichten Walter von Molo, Nr. 84

Bayerische Staatsbibliothek München:
Autograf Alexander Kanoldt an Walter Blumtritt, o. J., nach 1931
Bundesarchiv Berlin:
Schreiben des Gau-Personalamtsleiters. In: BArch (ehem. BDC, PK (Parteikorrespondenz), Molo Walter von
Deutsches Bundesarchiv Koblenz:
Brief Dagny Gulbransson an Hans Frank, Tegernsee, 14. April 1942. Nachlass Hans Frank
Brief Olaf Gulbransson an Hans Frank, o.D., ca. April 1942. Nachlass Hans Frank
ETH Zürich, Thomas-Mann-Archiv:
Brief Katia Mann an Thomas Mann, 12. und 16. Juni 1920
Marktarchiv Murnau:
Flugblatt anlässlich der Verleihung des Ehrenbürgerrechtes an Adolf Hitler 1933
Bauantrag Dr. Edmund von Horváth, MGR ÖNÖ 1920 bis 1922
Monacensia im Hildebrandhaus, München:
Brief Erika Mann an Hans-Otto Mayer vom 3. Juli 1968
Brief Ludwig Thoma an Ludwig Ganghofer, 9. Juni 1915, Sig. 3808/75
Grete Weil: Der Weg zur Grenze, unveröffentlichtes Manuskript, Sig. GW 48
Johannes Eichner-Stiftung:
Handschriftliche Notiz Gabriele Münter, Konv. 14
Staatsarchiv München:
Gerichtsprotokoll im Saalschlachtprozess, Revisionsverfahren, 31. Oktober 1931, LRA W 824-873/32
Schreiben von Isabella Dispeker vom 5. Januar 1938, LRA 152910
Akte Villa Horváth (ca. 1921–1924)
Deutsches Kunstarchiv des Germanischen Nationalmuseums, Nürnberg:
DKA, Bestand Olaf Gulbransson-Gesellschaft, Akte Veit 1a)
DKA 1, A 16, Hektografierte Mitteilung, 28. Mai 1943
DKA/Nachlass Olaf Gulbransson Nr. 371: Karlstadt, Liesl
Österreichisches Literaturarchiv der Österreichischen Nationalbibliothek, Wien:
Horváth, Ödön von: Karfreitag, Entwurf (BS 60c(1), ca. 1928
Archiv der Psychiatrischen Klinik und Poliklinik, Nußbaumstraße, München:
Krankenakte von Liesl Karlstadt

Bildnachweis

Akademie der Künste Berlin, Walter-von-Molo-Archiv: *89* (Sign.: 1335.2), *91* (Sign.: 1329.1)
Alamy: *78* (Raimund Kutter)
Ammergauer Alpen GmbH: *142* (Thomas Klinger)
Bayerische Staatsbibliothek München/Bildarchiv: *221, 262*
Bezirk Oberbayern, Archiv FLM Glentleiten (Nixdorf): *106*
Deutsches Literaturarchiv Marbach: *217*
Franz Marc-Museum: *120*
Franz-Michael-Felder-Archiv, Bregenz (Nachlass Paula Ludwig): *216*
Friedrich-Wilhelm-Murnau-Stiftung, Wiesbaden: *86*
Fotolia: *98* (Andreas Prott), *154/155* (travelpeter), *234*
Gäste-Information Ohlstadt: *102*
Gabriele Münter- und Johannes Eichner-Stiftung: *61* (Fotograf/-in unbekannt; Inv.-Nr. 3339), *108* (Foto: Wassily Kandinsky; Inv.-Nr. 2322)
Gemeinde Ettal: *162*
Infozentrum Walchensee: *121, 122*
Kräutler, Werner (https://tirolischtoll.wordpress.com/): *232/233*
Kulturhaus Ganghofermuseum Leutasch: *229, 230*
Kultur- und Tagungszentrum Murnau: *82*
LEAD Industrie-Marketing GmbH (www.guenterstandl.de): *246, 257*
Markt Garmisch-Partenkirchen: *166, 169, 170* (oben), *172* (oben, Foto Adolf Blumenthal; unten), *173, 177, 178, 181, 187, 189, 190, 192, 193, 206*
Markt Murnau/Tourist-Info: *13, 22* (Fotograf Simon Bauer, Das Blaue Land), *84*
Münchner Stadtbibliothek, Monacensia: *Cover (1. Bild v. r.), 6, 9, 123, 135, 174, 180, 184, 196, 209, 215, 227, 238, 247, 248, 253, 258, 260, 265, 266, 268, 269, 275, 277, 282*
Oberammergauer Archiv: *144, 145*
Olaf Gulbransson Museum: *243*
Passionstheater GmbH: *133*
Privat: *Cover (3. Bild v. r.), 11, 15, 16, 18, 20, 66, 72, 75, 111, 113, 114/115 (oben), 116, 117, 118, 125, 126, 130, 131, 134, 136, 138, 140/141, 147, 148, 149, 152, 158, 160, 164, 167, 176, 179, 182, 183, 195, 207, 218/219, 239, 244/245, 249, 251, 255/256, 259, 264, 271, 273, 281, 286/287*
Richard-Strauss-Institut: *170* (unten), *198, 200, 202* (Anton Brandl, München)
Schloßmuseum Murnau/Archiv: *19, 26, 27, 28, 29, 30, 31, 32, 33, 34, 35, 38, 39, 41, 42, 43, 45, 47, 48, 49, 50, 52, 54, 55, 56, 57, 63, 64, 70, 76, 79, 81, 83, 85, 95, 96*
Staffelsee-Museum Seehausen: *58, 59*
Süddeutsche Zeitung Photo: *157* (Scherl)
Shutterstock: *Cover/Hintergrundbild* (Klaus Ulrich Mueller), *68/69* (FooT-Too)
Tiroler Zugspitzbahn: *212, 213*
Tourist-Information Gmund a. Tegernsee: *240*
ullstein bild: *Cover (2. Bild v. r.)*
Weisse Rose Institut e. V.: *51*
Wöberlerhof: *220, 222*
Zweckverband Dachauer Galerien und Museen: *115* (unten)

Kartenmaterial S. *24, 60, 80, 100, 128, 150, 168, 186, 210, 236*: Johanna Conrad

Personenregister

(Literaten, Musiker und Maler)

Ortsregister